prépabac

Cours & entraînement

1re S

Sciences de la vie et de la terre

Jacques Bergeron

Jean-Claude Hervé

Hatier

Édition : Michel Zelvelder
Conception graphique : Frédéric Jély
Mise en page : Compo-Méca
Schémas : Philippe Bouillon (Illustratek)
Iconographie : Hatier Illustration

978-2-218-99538-5

Mode d'emploi

Votre ouvrage Prépabac

- Conforme au dernier programme de SVT 1re, ce « Prépabac » vous propose un **outil de travail** très complet.
- Sur chaque thème du programme, vous trouverez : un **cours** structuré, des fiches de **méthode**, des **exercices** progressifs et leurs **corrigés** détaillés.
- Toutes ces ressources vous permettent d'aborder en confiance vos contrôles durant l'année et de vous préparer efficacement à l'épreuve du bac.

COURS | MÉTHODE | EXERCICES | CORRIGÉS

Sur le site www.annabac.com

- L'achat de ce Prépabac vous permet de bénéficier d'un **accès GRATUIT**[1] à toutes les **ressources d'annabac.com** : fiches de cours, résumés audio, quiz interactifs, sujets d'annales corrigés...
- Pour profiter de cette offre, rendez-vous sur **www.annabac.com**, dans la rubrique « Vous avez acheté un ouvrage Hatier ? ».

1 Selon les conditions précisées sur le site

sommaire

LA VIE ET L'ÉVOLUTION DU VIVANT

sommaire

LE CORPS HUMAIN ET LA SANTÉ

La vie et l'évolution du vivant

www.annabac.com

CHAPITRE

1 Reproduction conforme de la cellule et réplication de l'ADN

La cellule, unité fonctionnelle de tous les êtres vivants, possède une information génétique codée en langage ADN qui contrôle toutes les activités cellulaires. La reproduction des organismes unicellulaires et le développement des organismes pluricellulaires reposent sur la multiplication des cellules : toute cellule provient d'une cellule préexistante. Grâce aux mécanismes de cette multiplication cellulaire, toutes les cellules possèdent la même information génétique.

1 Le chromosome dans tous ses états

- Au cours du développement d'un organisme et de sa vie, il y a constamment production de nouvelles cellules à partir de cellules préexistantes.
- Un cycle cellulaire comprend l'ensemble des événements qui se déroulent dans une cellule, depuis sa naissance (à l'issue d'une mitose) jusqu'à la fin de sa propre division. Le cycle cellulaire comprend donc l'**interphase**, située entre deux mitoses, et la **mitose**.
- Les événements les plus marquants du cycle cellulaire concernent les chromosomes. Ils font que la cellule mère et les cellules filles ont le même stock de chromosomes.

La **durée de la mitose** est très courte : une heure en moyenne. La durée de l'interphase est très variable suivant le type cellulaire. Il existe des cellules qui ne se divisent pas : elles sont constamment en interphase.

A Les différents états du chromosome au cours du cycle cellulaire

1. Les états du chromosome mitotique

L'image classique du chromosome est le chromosome métaphasique.

Les chromosomes sont particulièrement visibles, au microscope optique, pendant la division cellulaire (mitose), lorsqu'ils sont situés à l'équateur de la cellule. Cette période de la mitose est appelée métaphase. Il est alors possible de les observer et de les classer de façon à obtenir un **caryotype** (DOCUMENT 1a). **Chaque chromosome est formé de deux chromatides** réunies en un point appelé centromère.

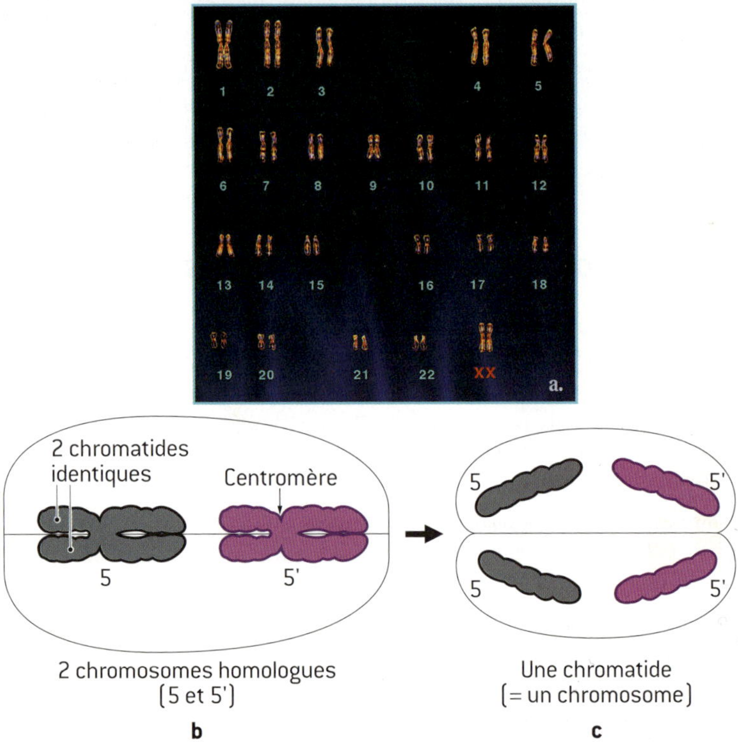

DOCUMENT 1 **Le caryotype. a.** Caryotype humain (féminin), établi à partir de l'analyse des chromosomes en métaphase, comprenant 23 paires de chromosomes homologues. **b.** Aspect d'une paire de chromosomes homologues en métaphase. **c.** Aspect de la même paire de chromosomes en fin de mitose.

Le caryotype met en évidence les paires de chromosomes homologues (23 chez l'Homme, 4 chez la drosophile) **(DOCUMENT 1b)**. Les chromosomes homologues ont la même taille et la même forme (même position du centromère).

Le chromosome en fin de division cellulaire est un chromosome simple.

Une chromatide de chacun des chromosomes métaphasique se retrouve dans une cellule fille **(DOCUMENT 1c)** ; la chromatide est désormais un chromosome.

La vision classique du chromosome est en réalité celle d'un chromosome double constitué de deux futurs chromosomes. **Il est double en début de mitose et simple en fin de mitose**.

CHROMATIDE ET CHROMOSOME HOMOLOGUE

Il faut bien faire la distinction entre deux chromosomes homologues et les deux chromatides d'un même chromosome **(DOCUMENT 2)** :

- les chromosomes homologues, qu'ils soient simples ou doubles, possèdent les mêmes gènes, mais possèdent des allèles différents pour certains de ces gènes ;
- les deux chromatides d'un chromosome sont génétiquement identiques : elles possèdent les mêmes allèles des mêmes gènes.

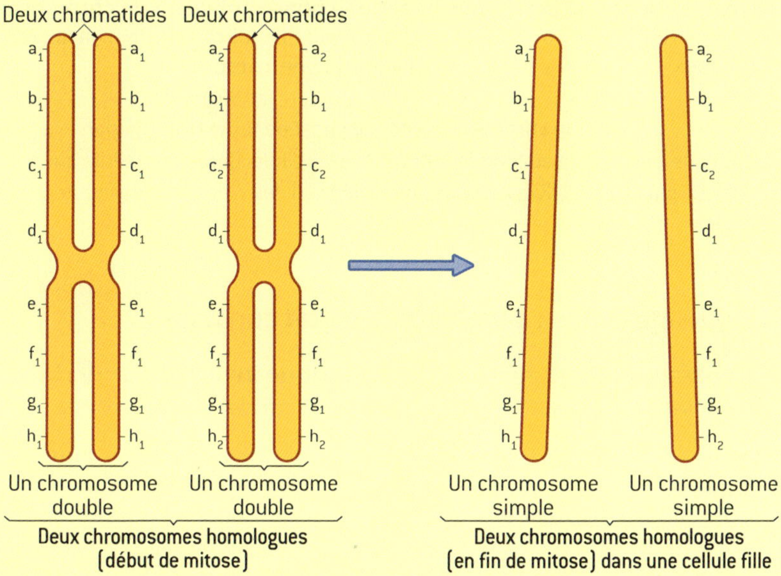

a_1 et a_2 sont deux allèles différents d'un même gène ; de même pour h_1 et h_2…

DOCUMENT 2

2. Les états du chromosome interphasique

Le chromosome au début de l'interphase est invisible au microscope optique. En microscopie électronique, il apparaît sous la forme d'un filament grêle dont la longueur moyenne est d'environ 500 μm soit 100 fois plus long que durant la division cellulaire (5 μm). Ce stade constitue la **phase G1** de l'interphase.

Le chromosome en fin d'interphase est formé de deux filaments grêles, les chromatides, non visibles au microscope optique et reliées au niveau du centromère. Ces deux chromatides sont identiques entre elles et identiques au chromosome initial en phase G1. Le stade où les chromosomes sont dans cet état constitue la **phase G2** de l'interphase.

> Rappelez-vous qu'une **chromatide** est un futur chromosome, et que le chromosome double est constitué de deux futurs chromosomes (chromosomes fils).

Entre les phases G1 et G2, au cours d'une phase appelée S, le chromosome simple se duplique en deux chromosomes fils (chromatides) strictement semblables et liés l'un à l'autre au niveau du centromère.

> Fondamentalement, le **chromosome simple** possède toute l'information génétique nécessaire au fonctionnement de la cellule. Dans une cellule qui ne se divise plus (une cellule nerveuse par exemple), les chromosomes restent simples.

B Explication des changements d'état constatés

1. Le passage du chromosome interphasique invisible en microscopie optique au chromosome visible durant la mitose et vice versa

Le chromosome interphasique en phase G1 est constitué d'**une seule molécule d'ADN** (de 2 nm de diamètre) associée à des protéines, les histones. La molécule d'ADN n'est pas linéaire mais se présente sous la forme d'une série de « perles sur un fil », chaque « perle » correspondant à un enroulement de l'ADN autour d'un noyau d'histones (DOCUMENT 3a). Le fil de 10 nm de diamètre est lui-même compacté en une fibre de 30 nm de diamètre (DOCUMENT 3b).

En phase G2, chaque chromatide du chromosome double est constituée comme le chromosome simple de la phase G1.

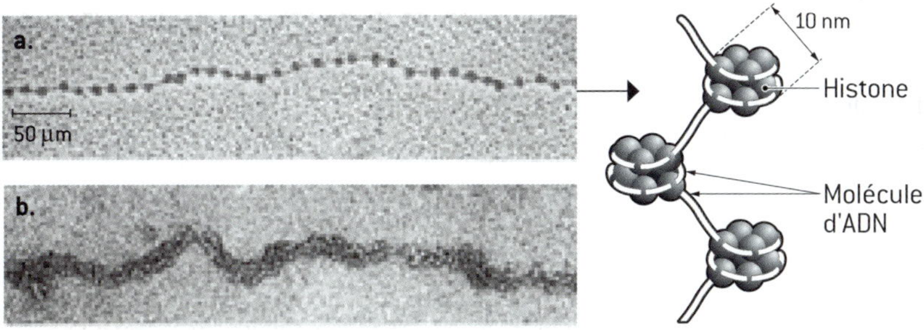

DOCUMENT 3 L'organisation du chromosome en phase G1.
a. Fibre de 10 nm et son interprétation. **b.** Fibre de 30 nm.

Déroulées et mises bout à bout, les **46 molécules d'ADN** des chromosomes humains atteindraient une longueur d'environ 2 m. Ces molécules sont très compactées dans le noyau de la cellule dont le diamètre est d'environ 5 à 8 µm. Cette compaction équivaut à celle d'un fil de 20 µm de diamètre et de 20 km de long introduit dans une balle de tennis.

- **Le passage du chromosome double en phase G2 au chromosome mitotique** est caractérisé par un compactage très important, appelé « condensation », de chacune des chromatides. En s'enroulant de plus en plus, elles deviennent visibles au microscope optique au début de la mitose (phase M du cycle cellulaire). Elles atteignent leur condensation maximale à la métaphase de la division cellulaire.
- **Le passage du chromosome simple en fin de mitose au chromosome simple en phase G1** est caractérisé par la « décondensation » du chromosome qui passe de l'état compacté à celui de filament grêle.

2. Le passage du chromosome simple (G1) au chromosome double (G2) et vice versa

- **La duplication du chromosome simple** est fondamentalement liée à la réplication de la molécule d'ADN (formation de deux molécules d'ADN identiques à partir d'une molécule d'ADN initiale) durant la **phase S**, ce que traduisent les variations du taux d'ADN (DOCUMENT 15, page 26).
- **Le passage du chromosome double mitotique au chromosome simple mitotique** est dû à la séparation des chromatides au niveau du centromère.

RÉCAPITULONS

Un cycle cellulaire comprend l'ensemble des événements qui se déroulent dans une cellule depuis le moment de sa formation à l'issue d'une mitose jusqu'à la fin de sa propre division : il comprend donc l'interphase [entre deux mitoses] et la mitose.

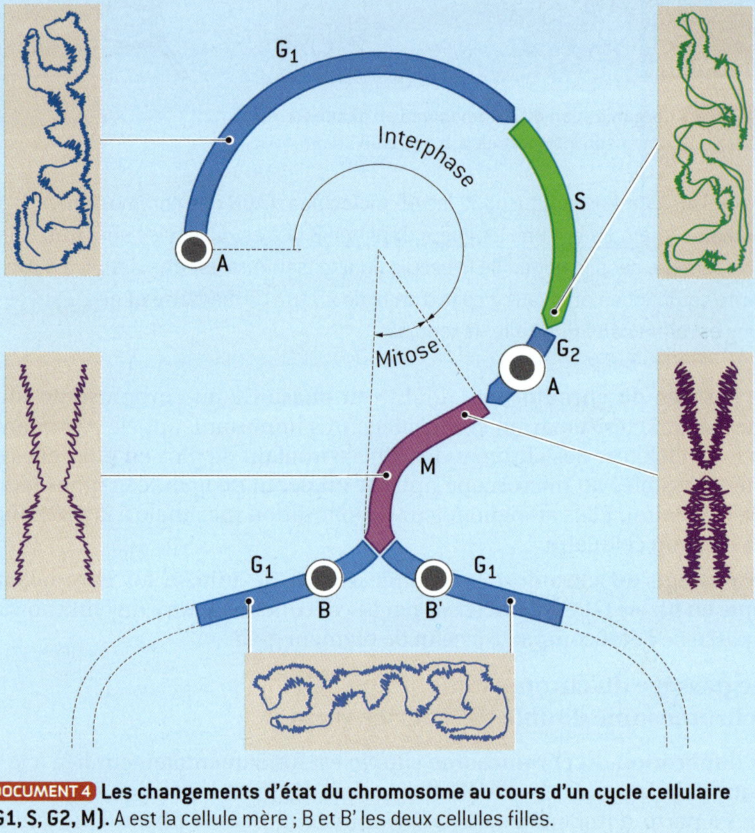

DOCUMENT 4 Les changements d'état du chromosome au cours d'un cycle cellulaire [G1, S, G2, M]. A est la cellule mère ; B et B' les deux cellules filles.

Bien repérer les événements qui font passer le chromosome simple de la cellule mère au même chromosome simple de chaque cellule fille.

2 La reproduction conforme

Durant la phase S de l'interphase se produit un **événement remarquable** : le chromosome simple devient un chromosome double. Ce passage se réalise grâce à la réplication de la molécule d'ADN contenue dans chaque chromosome.

A La réplication de l'ADN au cours de l'interphase

La molécule d'ADN est constituée de deux chaînes (deux brins) complémentaires de nucléotides formant une double hélice (DOCUMENT 5).

C'est la séquence des nucléotides qui contient l'information génétique.

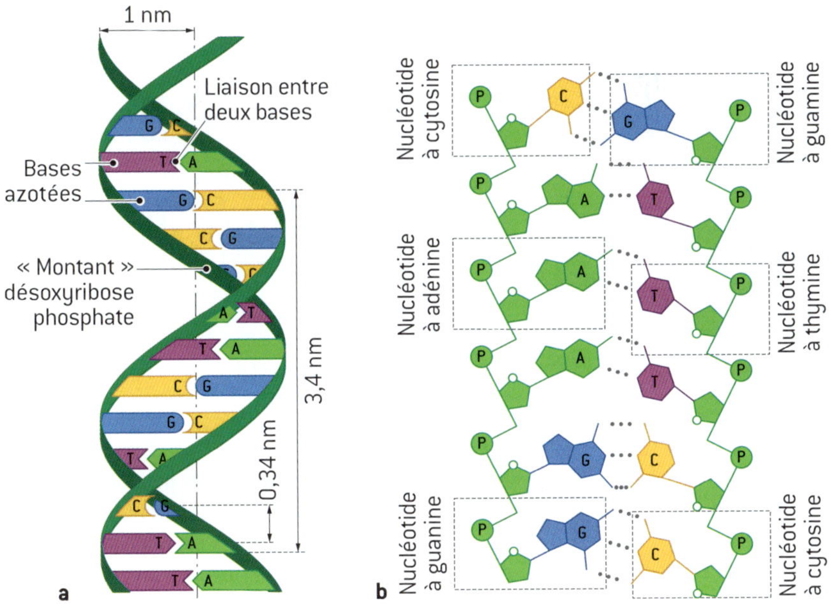

DOCUMENT 5 **a.** La molécule d'ADN. **b.** Les deux chaînes de nucléotides de l'ADN sont complémentaires ; la réplication repose sur cette complémentarité.

La **double hélice** de la molécule d'ADN ne doit pas être confondue avec le chromosome dupliqué : chaque chromatide contient une molécule d'ADN formée de ses deux brins complémentaires.

La réplication (durant la phase S) d'une molécule d'ADN exige la présence de la molécule elle-même, de nucléotides libres à adénine, thymine, guanine et cytosine, et d'un système complexe de protéines enzymatiques dont la plus importante est l'ADN polymérase.

Les **nucléotides libres** proviennent en partie de la digestion des molécules d'ADN de nos aliments et en partie de leur synthèse à partir d'autres nutriments.

L'ADN polymérase écarte progressivement les deux brins de la molécule d'ADN, chaque brin servant alors de matrice, de « moule », pour la synthèse d'un brin complémentaire à partir des nucléotides libres présents dans le noyau (DOCUMENT 6).

Si on désigne les deux brins de la molécule par A et A', le brin A sert de matrice pour la synthèse d'un nouveau brin A' et le brin A' pour la synthèse d'un nouveau brin A.

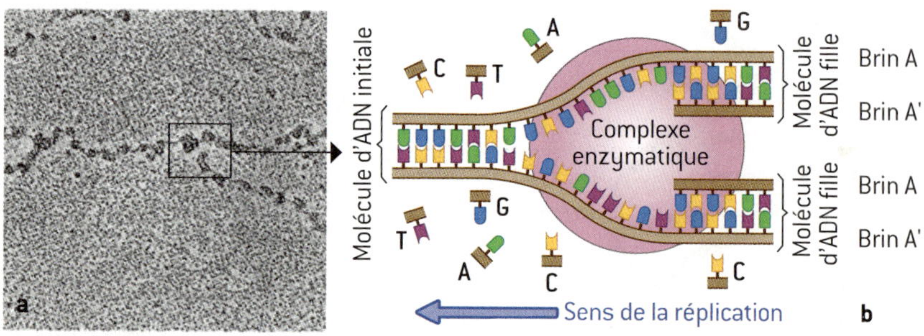

DOCUMENT 6 La réplication semi-conservative de l'ADN a. Aspect du chromosome au cours de sa réplication (phase S). **b.** Interprétation au niveau moléculaire.

On dit que **la réplication de l'ADN est semi-conservative** car chaque double hélice fille d'ADN est constituée d'un brin conservé et d'un brin nouvellement synthétisé.

L'**ADN polymérase** assure la séparation des deux brins de la molécule d'ADN initiale, la mise en place progressive des nucléotides libres sur chaque brin matrice et l'enchaînement de ces nucléotides entre eux.

Toutes les molécules d'ADN de tous les chromosomes se répliquent de la même façon, au même moment.

Que deviennent les molécules d'ADN dupliquées ? Durant la phase G2, les molécules d'ADN filles issues de la réplication d'une molécule mère restent liées au niveau du centromère : associées à des histones, elles constituent les deux chromatides d'un chromosome double. Les deux chromatides de chacun des 46 chromosomes (chez l'Homme) sont génétiquement identiques. **Par rapport à la phase G1, l'information génétique globale de la cellule se trouve donc en deux exemplaires identiques.**

B La répartition de l'information génétique répliquée au cours de la mitose

■ **La mitose débute** par la compaction de plus en plus marquée de tous les chromosomes (46 chromosomes doubles chez l'Homme), à l'intérieur du noyau (DOCUMENT 7A).

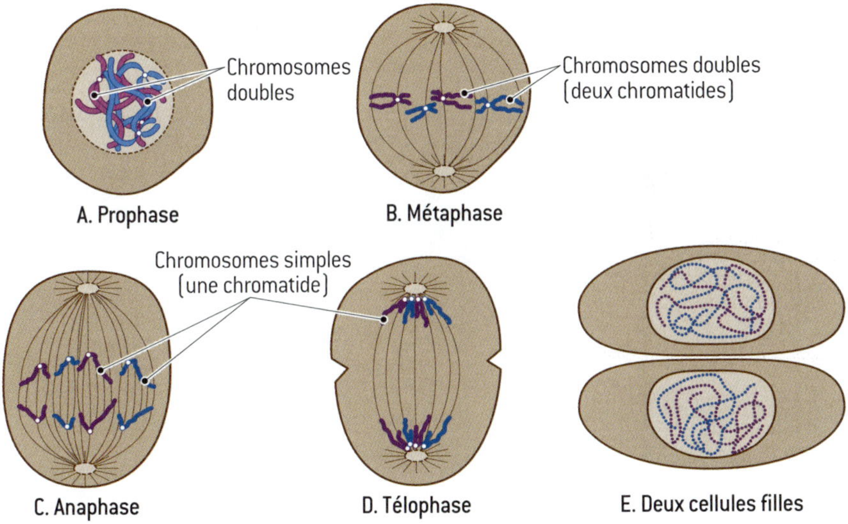

DOCUMENT 7 Mitose d'une cellule possédant deux paires de chromosomes homologues.
Pour chaque paire, un chromosome est représenté en bleu (origine paternelle), l'autre en violet (origine maternelle).

> En pensant à l'origine de la cellule œuf, rappelez-vous que pour chaque paire de chromosomes homologues l'un est d'origine paternelle, l'autre d'origine maternelle.

■ **La membrane nucléaire disparaît** et tous les chromosomes viennent se disposer à l'équateur de la cellule : les chromosomes sont alignés et bien distincts les uns des autres (DOCUMENT 7B).

■ **Les deux chromatides de chaque chromosome se séparent et migrent** vers les pôles opposés de la cellule (DOCUMENT 7C). Ceci a lieu en même temps pour tous les chromosomes. Un lot de chromosomes simples (46 chez l'Homme) migre vers l'un des pôles de la cellule et l'autre vers le pôle opposé. Ces deux lots sont génétiquement identiques. Chaque cellule fille aura la même information génétique que l'autre cellule fille et que la cellule mère initiale en phase G1 : la reproduction est dite **conforme.**

- **Les chromosomes arrivent aux pôles** et se « décondensent », une nouvelle enveloppe nucléaire se forme autour de chaque lot de chromosomes (**DOCUMENT 7D**).
- Le cytoplasme se divise ensuite.

La **condensation**, ou compaction des chromosomes, est indispensable à leurs déplacements coordonnés et donc à la répartition équitable de l'information dupliquée

RÉCAPITULONS

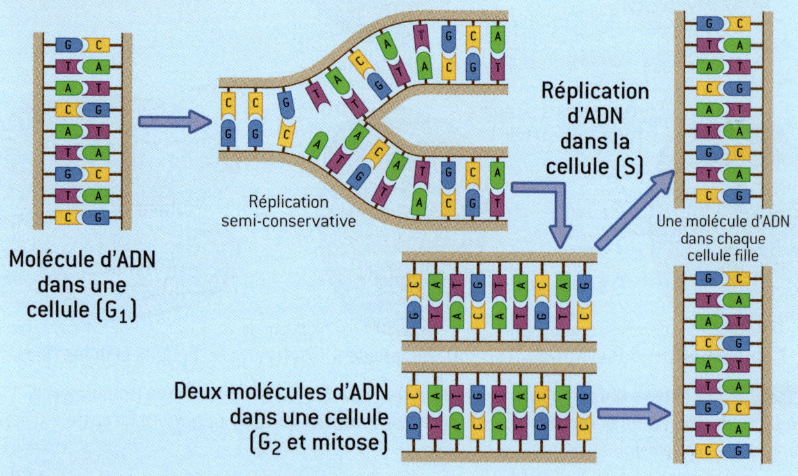

DOCUMENT 8 La reproduction conforme.
On n'a représenté le devenir que d'une seule molécule d'ADN de la cellule initiale.

SCHÉMA BILAN

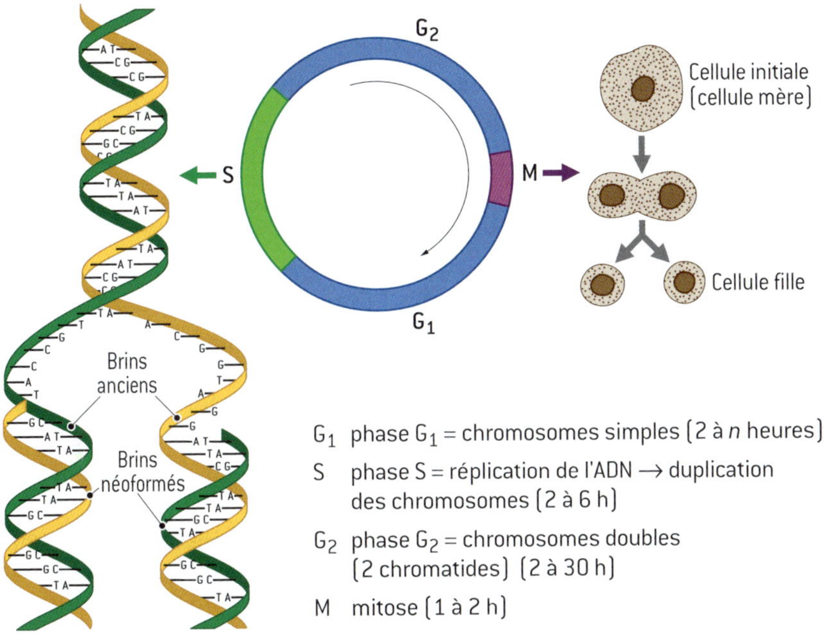

DOCUMENT 9 Le cycle cellulaire et ses deux événements fondamentaux : la réplication de l'ADN et la répartition de l'information répliquée durant la mitose.

L'étude de la reproduction conforme met l'accent sur la réplication de l'ADN et sur la mitose. Il ne faudrait pas penser que rien ne se passe durant les phases G1 et G2 de l'interphase ! Durant ces périodes, l'information génétique codée dans les molécules d'ADN dirige toutes les réactions du métabolisme cellulaire, en particulier celles qui sont responsables de la croissance de la cellule.

Expliquer un résultat expérimental et en prévoir d'autres

ÉNONCÉ

On cultive des bactéries dans un **milieu A** dont les substances organiques azotées ne contiennent que de l'**azote ^{15}N**. Une autre culture de bactéries de même souche est réalisée dans un **milieu B** dont les substances organiques sources d'azote ne contiennent que de l'**azote ^{14}N**.

Les **bactéries** sont des organismes qui ne possèdent qu'une seule molécule d'ADN.

Dans les deux cas, la culture est poursuivie longuement, de nombreuses générations de bactéries se succèdent.

On extrait l'ADN des bactéries de la culture A et on soumet cet extrait à une centrifugation intense et prolongée (24 heures) dans une solution de chlorure de césium : les molécules d'ADN se retrouvent concentrées dans une région du tube de centrifugation en fonction de leur densité **(DOCUMENT 10A)**.

La même opération, réalisée avec l'ADN des bactéries cultivées dans le milieu B, donne le résultat visible sur le **DOCUMENT 10B**.

Des bactéries cultivées jusqu'alors dans le milieu A (azote ^{15}N) sont ensuite placées dans un **milieu C** où la source d'azote est uniquement de l'**azote ^{14}N**. Un procédé permet la synchronisation de la reproduction par division des bactéries. Après **une seule division**, on extrait l'ADN de ces bactéries et on le centrifuge comme précédemment ; on obtient le résultat schématisé sur le **DOCUMENT 10C**.

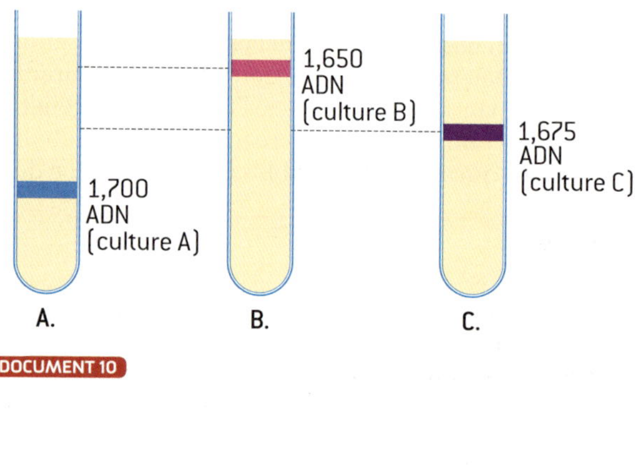

DOCUMENT 10

1 Qualifier la position de la bande d'ADN de la culture C par rapport à celles des cultures A et B.

2 Expliquer le fait constaté en vous appuyant sur des schémas.

3 L'ADN des bactéries de la culture C est prélevé et centrifugé après deux divisions et non plus après une seule. Schématiser la position de cet ADN dans le tube à centrifugation et la justifier.

MÉTHODE

Lire avec soin les données proposées. Bien saisir, en particulier, que toutes les bases azotées des molécules d'ADN contiennent soit des atomes ^{15}N (culture A) soit des atomes ^{14}N (culture B) et que la différence de densité des molécules d'ADN des deux cultures est uniquement liée à la présence de l'isotope ^{15}N ou ^{14}N.

Utiliser des connaissances pour traduire une saisie de données sous la forme de schémas. Ici, il s'agit des schémas des molécules d'ADN impliquées. Bien préciser, en particulier, l'état des molécules d'ADN mises en culture (culture C) donc avant la première division.

Saisir des données et expliquer. Indiquer la densité des molécules d'ADN après la première division par rapport à l'ADN des cultures A et B.

Expliquer sous forme de schémas l'information extraite en utilisant les connaissances sur la réplication de l'ADN.

Utiliser des connaissances pour prévoir un résultat expérimental. Schématiser les molécules d'ADN possibles après une deuxième division dans la culture C et, en conséquence, les localiser dans un tube à centrifugation **d**.

CORRIGÉ

1 Après une division, l'ADN des bactéries de la culture C a **une densité de 1,675, intermédiaire** entre celle de l'ADN extrait des cultures A (1,700) et B (1,650). C'est cela qui doit être expliqué.

2 Schématisons la molécule d'ADN d'une bactérie de la culture A et d'une bactérie de la culture B (DOCUMENT 11A ET B). Le DOCUMENT 11A représente l'état des molécules d'ADN marquées au ^{15}N au moment où les bactéries sont placées dans le milieu à ^{14}N avant la première division.

Cette division est précédée par la réplication de l'ADN. Celle-ci étant semi-conservative, la molécule d'ADN de chaque bactérie fille issue de la première division est constituée d'un brin conservé à ^{15}N et d'un brin, plus léger, nouvellement synthétisé, qui ne contient que des nucléotides à ^{14}N (DOCUMENT 11C).

L'ADN est hybride, cela explique sa densité intermédiaire entre l'ADN à ^{15}N et l'ADN à ^{14}N.

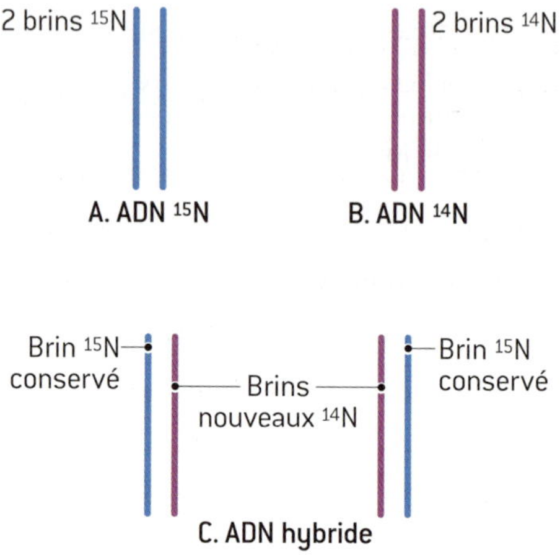

DOCUMENT 11 Première division.

3 Toutes les bactéries, après la première division, ont un ADN hybride **(DOCUMENT 11C)** constitué d'un brin lourd à ^{15}N et d'un brin léger à ^{14}N. La réplication semi-conservative de cet ADN dans un milieu à ^{14}N donnera naissance à deux types de molécules d'ADN : un ADN intermédiaire (un brin à ^{15}N et un brin à ^{14}N) et un ADN léger (deux brins à ^{14}N) comme le montrent les **DOCUMENTS 12 ET 13**.

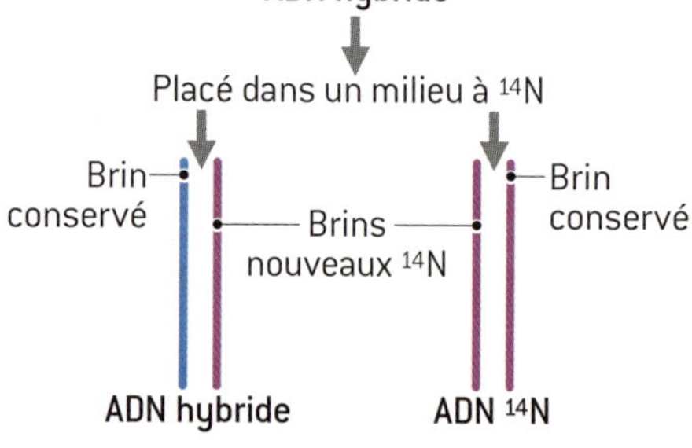

DOCUMENT 12 Deuxième division.

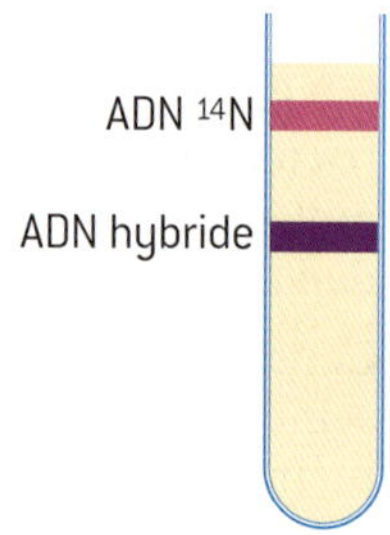

DOCUMENT 13

SE TESTER QUIZ

1 Réplication et structure de l'ADN

Dans cet ensemble d'affirmations, relever celles qui sont exactes et celles qui ne le sont pas ; corriger ces dernières.

Dans la structure de l'ADN, la caractéristique liée à la réplication est :

- ☐ **a.** L'ADN est formée par l'association de nucléotides.
- ☐ **b.** Les nucléotides sont différents.
- ☐ **c.** La succession des nucléotides varie d'une molécule à l'autre.
- ☐ **d.** L'ADN est formé de deux chaînes complémentaires.
- ☐ **e.** Le squelette « sucre-phosphate » des deux brins est le même.

Il ne suffit pas que l'affirmation soit exacte, il faut aussi qu'elle soit en rapport avec la question posée (réplication de l'ADN).

2 Les états du chromosome au cours du cycle cellulaire

Associer à chaque état des chromosomes dans la cellule une phase du cycle cellulaire.

1. Chromosome visible en microscopie optique, formé de deux chromatides réunies au centromère ☐	☐ **a.** Prophase de mitose
2. Chromosome non visible en microscopie optique et formé, en certains endroits seulement, de deux chromatides ☐	☐ **b.** Phase G1
3. Chromosome simple visible en microscopie optique ☐	☐ **c.** Phase S
4. Chromosome simple non visible en microscopie optique ☐	☐ **d.** Anaphase de mitose

Voir le **DOCUMENT 15**, page 26.

3 Les phases du cycle cellulaire

En justifiant votre réponse, indiquer à quelle phase du cycle cellulaire peuvent être observés les chromosomes sur les DOCUMENTS 14a ET b. Indiquer leur position sur le DOCUMENT 15.

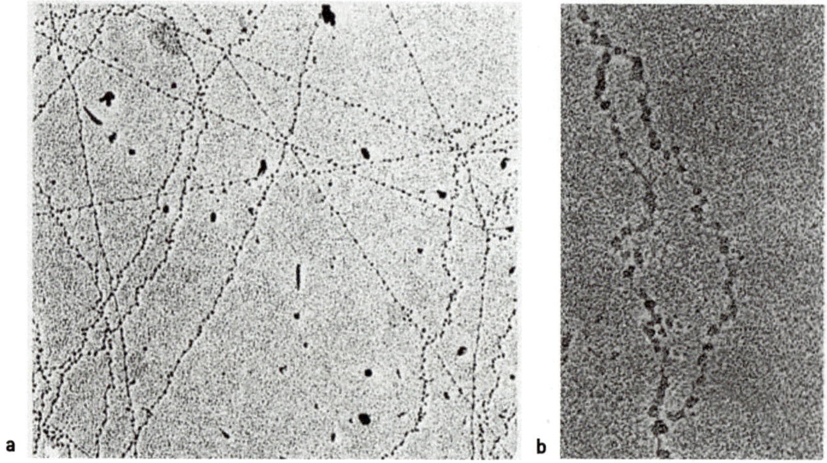

DOCUMENT 14 Deux aspects des chromosomes au cours du cycle cellulaire.

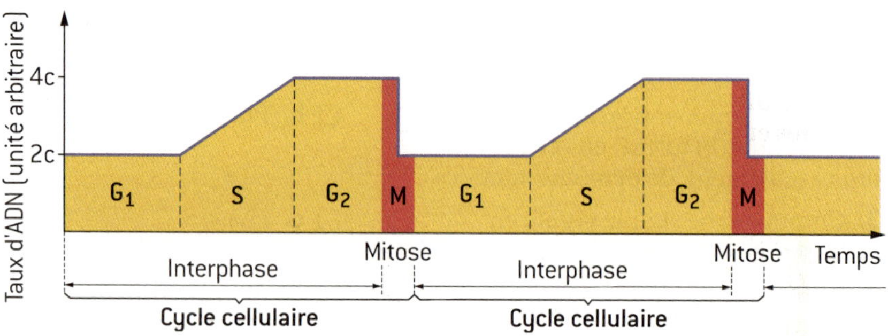

DOCUMENT 15 Évolution de la quantité d'ADN dans une cellule au cours de deux cycles cellulaires.

Penser à relier quantité d'ADN et états du chromosome.

4 La structure de l'ADN et son comportement lors de la division cellulaire

On a représenté sur le DOCUMENT 16a un fragment d'ADN correspondant à la zone A du chromosome représenté sur le DOCUMENT 16b.

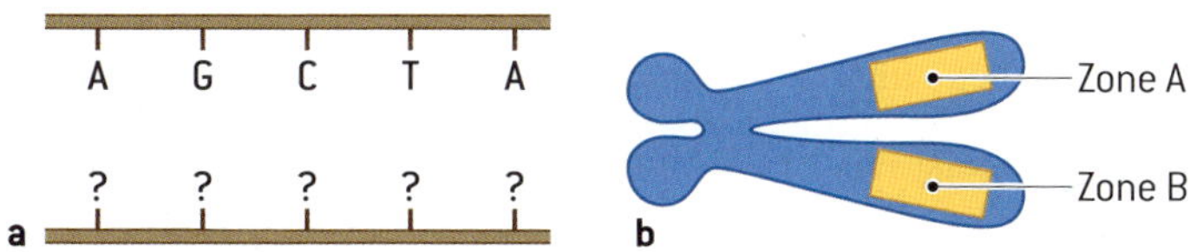

DOCUMENT 16

a. Reproduire le DOCUMENT 16A en remplaçant les points d'interrogation par les bases manquantes.

b. Recopier le DOCUMENT 16B et schématiser dans les zones A et B le fragment d'ADN manquant.

Penser à la structure de l'ADN et au résultat de sa réplication.

S'ENTRAÎNER

5 États des chromosomes et cycle cellulaire

Le DOCUMENT 17 représente une coupe longitudinale de l'extrémité d'une racine d'oignon.

Pour chacune des cellules repérées (A, B, C, D, E, F), préciser l'état des chromosomes et les situer dans le cycle cellulaire.

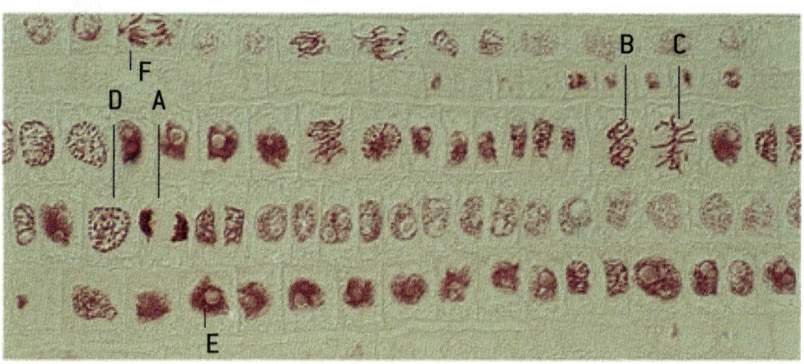

DOCUMENT 17 Cellules en mitose au sein d'un méristème de racine (x 220).

IGÉS

BAC

1

oxy-uridine

…omodésoxy-uridine (BrdU) est une base azotée analogue de la thymine. Lorsque des cellules sont cultivées sur un milieu dépourvu de thymine et contenant de la BrdU, celle-ci est incorporée à la place de la thymine lors de la réplication de l'ADN.

Lorsque la BrdU remplace la thymine **dans les deux brins** de la molécule d'ADN d'un chromosome, celui-ci apparaît en grisé alors qu'il apparaît noir si un seul ou aucun brin de l'ADN n'a incorporé de la BrdU (DOCUMENT 18).

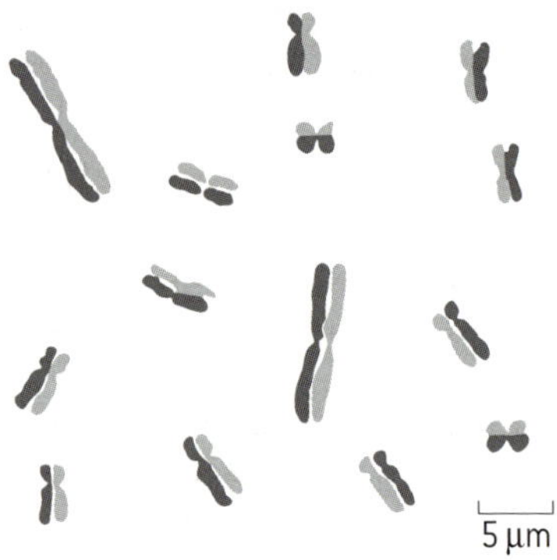

Attention ! La couleur grise (chromatide non colorable) n'apparaît que lorsque les deux brins sont sans thymine.

DOCUMENT 18

Expliquer comment, possédant au départ des chromosomes normaux, des cellules placées dans le milieu de culture décrit ci-dessus peuvent présenter des chromosomes analogues à ceux figurant sur le DOCUMENT 18. Accompagner la réponse de schémas (en couleurs) en vous limitant à la séquence d'ADN ci-dessous.

```
A  G  T  C  A
|  |  |  |  |
T  C  A  G  T
```

Voir méthode page 22.

SE TESTER

1 Réplication et structure de l'ADN

La réponse est **d** : la caractéristique de l'ADN qui permet sa réplication est que cette molécule est constituée de deux chaînes complémentaires. Les autres affirmations ne sont pas fausses en soi mais elles ne sont pas liées directement à la réplication.

2 Les états du chromosome au cours du cycle cellulaire

Les réponses correctes sont : **1** a – **2** c – **3** d – **4** b.

3 Les phases du cycle cellulaire

Le chromosome visible sur le DOCUMENT 14A se présente comme un filament simple, long et grêle : il correspond donc aux phases G1 des deux cycles cellulaires. Le chromosome visible sur le DOCUMENT 14B comprend une partie simple et des parties doubles : il est donc en voie de duplication et correspond à la phase S des deux cycles cellulaires.

4 La structure de l'ADN et son comportement lors de la division cellulaire

a. Il faut utiliser la propriété de complémentarité des bases des deux brins de l'ADN. En conséquence, la succession des bases sur le deuxième brin est T C G A T.

b. Les fragments d'ADN des zones A et B appartiennent à deux chromosomes fils (= chromatides) et sont situés aux mêmes endroits sur le chromosome : ils sont donc génétiquement identiques. Leur séquence est la suivante.

```
A G C T A
| | | | |
T C G A T
```

Il faut bien les représenter sous forme d'un double brin (éviter la confusion entre chromatide et chaîne de l'ADN).

S'ENTRAÎNER

5 États des chromosomes et cycle cellulaire

- **Dans la cellule A** on distingue deux lots de chromosomes situés chacun à un pôle de la cellule. Les chromosomes sont à peine reconnaissables individuellement : c'est donc une figure de fin de mitose, juste avant la division du cytoplasme. Les chromosomes sont simples et en cours de décompaction

- **Dans la cellule B** les chromosomes sont reconnaissables : il s'agit d'une figure de mitose. Les chromosomes ne sont pas répartis en deux ensembles (ce n'est pas une anaphase) ni rassemblés à l'équateur de la cellule (ce n'est pas une métaphase). Il s'agit donc d'une figure de prophase : les chromosomes sont doubles, compactés.

- **Dans la cellule C** les chromosomes sont rassemblés à l'équateur de la cellule : il s'agit d'une métaphase. Les chromosomes sont encore doubles et compactés.

- **Dans la cellule D** les chromosomes commencent à être visibles dans le noyau. Il s'agit d'un début de prophase : les chromosomes sont doubles et en cours de compaction.

- **Dans la cellule E** les chromosomes ne sont pas visibles : il s'agit d'une interphase. Les chromosomes sont sous la forme de filaments grêles, peu compactés. Il est impossible de préciser la phase de l'interphase à laquelle correspond cette figure.

- **Dans la cellule F** on distingue deux lots de chromosomes disposés aux pôles de la cellule : il s'agit d'une anaphase ; les chromosomes de chaque lot sont simples et compactés.

OBJECTIF BAC

6 La bromodésoxy-uridine

Les cellules transférées dans le milieu à BrdU ont initialement des chromosomes avec une molécule d'ADN dont les deux brins contiennent de la thymine. Suite à la première réplication de l'ADN de chaque chromosome (réplication semi conservative) la molécule d'ADN, présente dans chaque chromatide, possède un brin avec thymine et un brin avec BrdU (DOCUMENT 19). Puisqu'il faut que les deux brins de l'ADN contiennent de la BrdU pour que la coloration du chromosome change, les 2 chromatides du chromosome double se colorent normalement (en noir). Cela ne peut rendre compte de l'aspect des chromosomes du DOCUMENT 18.

À la suite de la réplication des molécules d'ADN issues de ce premier cycle cellulaire, une des chromatides du chromosome dupliqué contient deux brins d'ADN avec de la BrDU (chromatide non colorable) et l'autre une molécule d'ADN avec un brin à thymine et un brin à BrDU (chromatide colorable) (DOCUMENT 19) : cela rend compte de l'aspect des chromosomes du DOCUMENT 18.

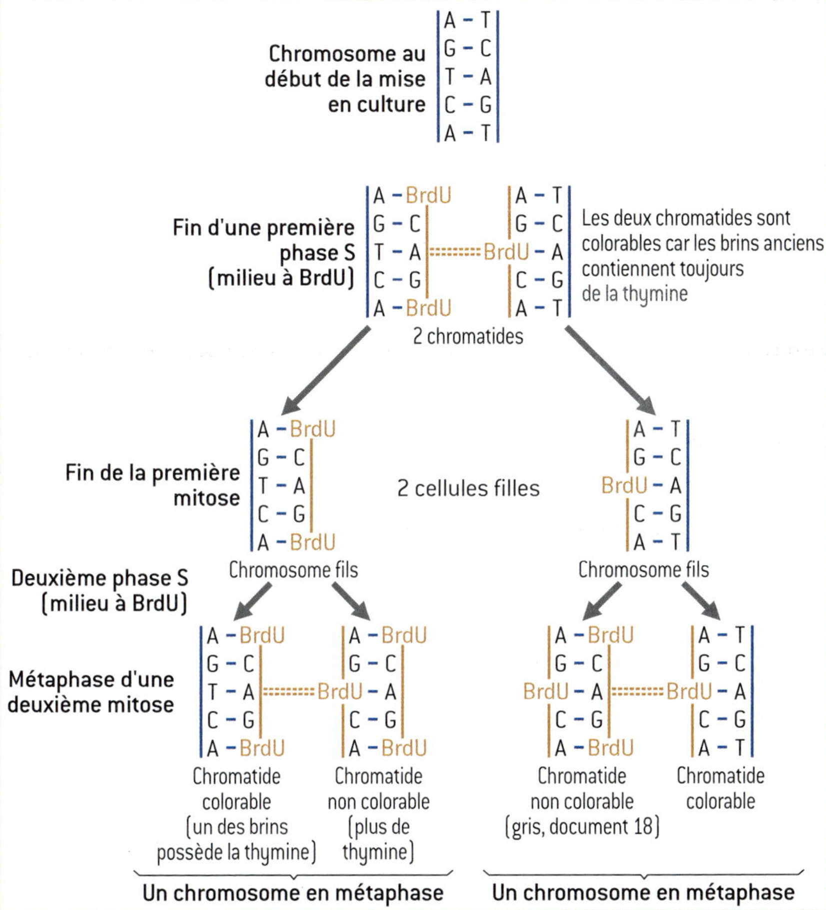
Chromosome au début de la mise en culture
A - T
G - C
T - A
C - G
A - T
Fin d'une première phase S (milieu à BrdU)
A - BrdU
G - C
T - A
C - G
A - BrdU
A - T
G - C
BrdU - A
C - G
A - T
Les deux chromatides sont colorables car les brins anciens contiennent toujours de la thymine
2 chromatides
Fin de la première mitose
2 cellules filles
Chromosome fils
Chromosome fils
Deuxième phase S (milieu à BrdU)
Métaphase d'une deuxième mitose
Chromatide colorable (un des brins possède la thymine)
Chromatide non colorable (plus de thymine)
Chromatide non colorable (gris, document 18)
Chromatide colorable
Un chromosome en métaphase
Un chromosome en métaphase

DOCUMENT 19

www.annabac.com

CHAPITRE

2 L'expression du patrimoine génétique

À la fin d'une mitose, les deux cellules filles ont une taille égale à la moitié de celle de la cellule mère. Elles vont croître puis se diviser à leur tour. La croissance de la cellule implique la synthèse de tous ses constituants. Cette synthèse, ainsi que toutes les autres activités de la vie cellulaire, s'effectue en suivant les instructions contenues dans les gènes : elles résultent de l'expression des gènes. C'est cette expression qui détermine les caractéristiques de l'organisme : son phénotype.

1 Le principe de la liaison phénotype-génotype

Le terme expression du patrimoine génétique sous-entend une expression des gènes (plus exactement des allèles des gènes). Les modalités d'expression sont communes à tous les gènes.

A Les niveaux d'analyse du phénotype : phénotypes drépanocytaire et non drépanocytaire

Pour comprendre comment l'expression d'un gène détermine certaines caractéristiques d'un organisme, on utilise un **exemple modèle** chez lequel la **différence phénotypique** entre deux organismes est due à la différence entre les allèles d'un gène (**le génotype**) que possèdent ces organismes.

Lors de la réplication, tout l'ADN d'une cellule se reproduit à l'identique ;
lorsqu'on parle d'expression de l'**information génétique**, on sous-entend l'expression de chaque gène.

1. Le phénotype macroscopique (clinique)

La drépanocytose est une maladie chronique montrant les symptômes (fatigue, pâleur, vertiges…) d'une anémie (diminution du nombre d'hématies), des périodes de crise se traduisant par des douleurs au niveau de divers organes, de la fièvre, une grande sensibilité aux infections…

2. Le phénotype cellulaire (microscopique)

Les symptômes caractéristiques du drépanocytaire par rapport au non-drépanocytaire résultent en grande partie d'une différence de comportement des hématies. Chez les non-drépanocytaires, les hématies ont la forme de disques biconcaves (DOCUMENT 1A), souples, déformables, pouvant circuler dans les capillaires sanguins dont le diamètre est légèrement supérieur. Chez les drépanocytaires, lorsque le milieu est appauvri en dioxygène, les hématies s'incurvent, prennent une forme de faucille (DOCUMENT 1B), d'où le nom d'anémie falciforme donnée à la drépanocytose, et deviennent rigides. Elles obstruent des capillaires, privant ainsi d'oxygène certaines régions de l'organisme. C'est la destruction de ces hématies qui est responsable de l'anémie chronique.

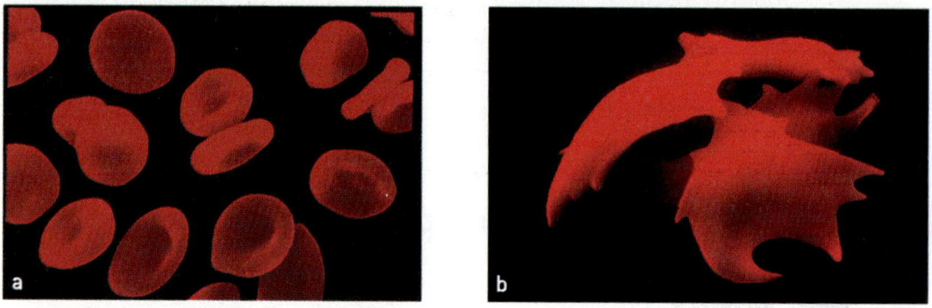

DOCUMENT 1 Les phénotypes cellulaires de la drépanocytose. a. Hématies d'une personne non drépanocytaire. **b.** Hématies d'une personne atteinte de drépanocytose.

3. Le phénotype moléculaire

- **Le comportement des molécules d'hémoglobine.** Les hématies sont des cellules dépourvues de noyau. Elles contiennent dans leur cytoplasme un grand nombre de molécules d'hémoglobine assurant le transport du dioxygène.

> Chaque **hématie** contient 280 millions de molécules d'hémoglobine qui constituent 33 % de sa masse.

- Chez l'individu non drépanocytaire, les molécules d'hémoglobine (dites **HbA**) sont **solubles dans l'eau** de l'hématie. Chez le drépanocytaire, lorsque les molécules d'hémoglobine (dites **HbS**) sont désoxygénées, **elles se polymérisent** en formant des **fibres insolubles,** ce qui rigidifie l'hématie.

Ce sont ces différences entre le phénotype moléculaire du drépanocytaire et celui du non-drépanocytaire qui entraînent des différences de phénotype cellulaire et donc de phénotype clinique, macroscopique.

Les différences de structure entre HbA et HbS. La molécule d'hémoglobine est une protéine formée par l'association de quatre chaînes polypetidiques : **deux chaînes β et deux chaînes α**. L'analyse des molécules d'hémoglobine HbA et HbS montre qu'elles diffèrent par leurs chaînes β. Comme tout **polypeptide**, la chaîne β est constituée d'un enchaînement de molécules plus petites, les **acides aminés**. La chaîne β présente une séquence bien déterminée de 146 acides aminés (DOCUMENT 2).

La chaîne β d'une personne drépanocytaire diffère de celle d'une personne non drépanocytaire par un seul acide aminé : l'acide glutamique de HbA en position 6 est remplacé par la valine chez HbS.

La valine ayant des propriétés différentes de celles de l'acide glutamique, sa présence en position 6 entraîne la polymérisation des molécules HbS.

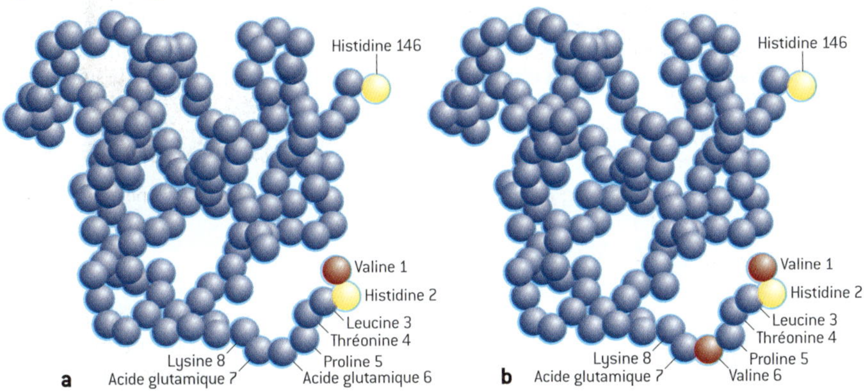

DOCUMENT 2 **Le phénotype moléculaire. a.** La chaîne β de l'hémoglobine A.
b. La chaîne β de l'hémoglobine S.

- Un **polypeptide** est une macromolécule formée par l'association d'acides aminés (le plus souvent entre 50 et 1 000). Seulement vingt types d'acides aminés constituent les polypeptides de tous les êtres vivants.
- Les **protéines** jouent des rôles extrêmement variés. Elles peuvent être constituées d'une seule ou de plusieurs chaîne(s) polypeptidique(s).

Dans le milieu aqueux (cellulaire ou extracellulaire) de l'organisme, chaque polypeptide prend spontanément une forme, une **conformation spatiale** bien définie, qui lui confèrent sa fonction et son rôle. Cette conformation tridimensionnelle résulte de la séquence des acides aminés constitutifs.

B La relation génotype-phénotype

L'exemple de la drépanocytose montre que le phénotype macroscopique, via le phénotype cellulaire, dépend fondamentalement du phénotype moléculaire (le type de chaîne β fabriqué par les globules rouges).

La synthèse de la chaîne β est assurée par un seul gène, situé chez l'Homme sur le chromosome 11.

L'individu drépanocytaire possède deux allèles βS de ce gène, alors que l'individu non drépanocytaire possède deux allèles βA de ce gène.

Les allèles βS et βA ont la même séquence de nucléotides sauf en un seul endroit (DOCUMENT 3). **C'est cette seule différence qui détermine le remplacement de l'acide glutamique de la chaîne βA par la valine dans la chaîne βS.**

Hémoglobine A

Allèle (fragment)

```
---CTGACTCCTGAGGAGAAG---
   |||||||||||||||||||
---GACTGAGGACTCCTCTTC---
```

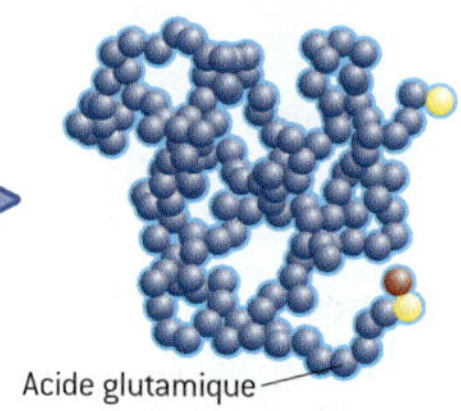

Hémoglobine S

Allèle (fragment)

```
---CTGACTCCTGTGGAGAAG---
   |||||||||||||||||||
---GACTGAGGACACCTCTTC---
```

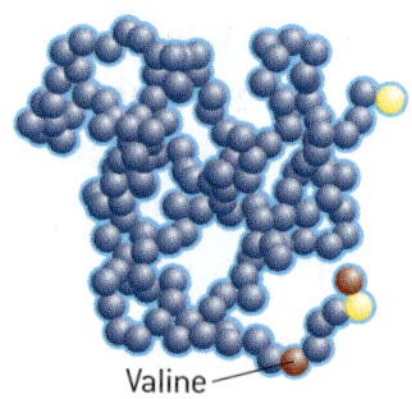

DOCUMENT 3 Différence dans la séquence de nucléotides des allèles βA et βS et conséquence sur le phénotype moléculaire.

RÉCAPITULONS

L'information nécessaire à la synthèse d'une chaîne polypeptidique est codée dans un allèle d'un gène. La séquence des nucléotides d'un allèle d'un gène détermine la séquence des acides aminés d'un polypeptide.

La synthèse de **lipides** et de **glucides** dépend aussi des gènes. Ces gènes codent des protéines (des enzymes) qui catalysent les réactions complexes aboutissant à la synthèse des lipides et des glucides.

2 Expression des gènes et transcription

On dit qu'un gène s'exprime lorsqu'il y a synthèse, dans la cellule, du polypeptide pour lequel il code.

A Les deux étapes de l'expression d'un gène

Le seul rôle d'un gène est de coder la nature et l'ordre des acides aminés d'un polypeptide.

1. Localisation dans la cellule de la synthèse des polypeptides

La synthèse d'une chaîne polypeptidique ne s'effectue pas dans le noyau mais **dans le cytoplasme**, où se trouvent les organites acteurs de cette synthèse : les **ribosomes.**

Les **gènes**, fragments d'ADN des chromosomes, restent toujours **dans le noyau.** La synthèse d'une chaîne polypeptidique exige donc un **transfert d'information du noyau vers le cytoplasme. Ce transfert d'information est assuré par une molécule : l'ARN messager (ARNm).**

ARN signifie acide ribonucléique.

2. Les caractéristiques de l'ARNm

Comme l'ADN, l'ARN est constitué par un enchaînement de nucléotides dont la séquence détermine l'information génétique. Parmi ces nucléotides, on retrouve ceux à guanine, à adénine et à cytosine.

À la différence de l'ADN, l'ARN est constitué d'un seul brin (une seule chaîne) de nucléotides. L'ARN ne possède pas de nucléotide à thymine, ceux-ci sont remplacés par des nucléotides à uracile (base azotée complémentaire de l'adénine de l'ADN). Son sucre constitutif n'est pas le désoxyribose (ADN), mais le ribose **(DOCUMENT 4)**.

Une molécule d'ARNm est beaucoup plus petite qu'une molécule d'ADN : elle n'est constituée que de quelques centaines à quelques milliers de nucléotides, contre 250 millions de nucléotides pour une seule molécule d'ADN.

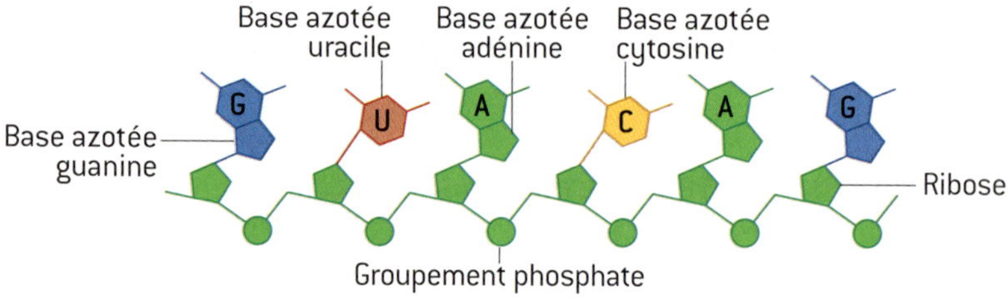

DOCUMENT 4 La constitution chimique de l'ARNm.

3. Transcription et traduction

L'expression de l'allèle d'un gène, donc la synthèse d'un polypeptide, s'effectue en deux étapes.

La première a lieu dans le noyau. Elle consiste en la synthèse d'une molécule d'ARNm à partir du gène : c'est la **transcription**. L'information génétique codée en « langage » ADN est transcrite en « langage » ARN.

La seconde se déroule dans le cytoplasme. L'information codée par la séquence des nucléotides de l'ARNm dirige la synthèse d'un polypeptide ayant une séquence précise d'acides aminés : c'est la **traduction**. Le « langage » ARNm est traduit en « langage » polypeptide.

RÉCAPITULONS

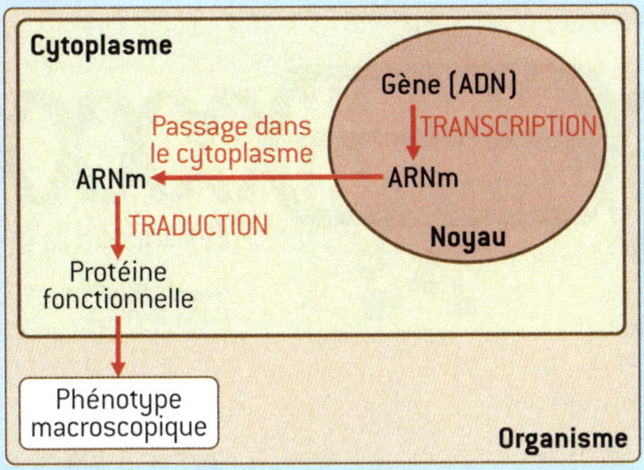

DOCUMENT 5 **Les deux étapes de l'expression d'un gène.**

B La transcription

1. Le principe général

- Comme pour la réplication de l'ADN, la transcription repose sur la **séparation des deux brins** de la molécule d'ADN, mais uniquement au niveau du gène concerné. Cette séparation est assurée par un ensemble de protéines enzymatiques dont **l'ARN polymérase** est le constituant essentiel.
- Un seul des deux brins de l'ADN est informatif : il sert de moule pour la synthèse d'un brin complémentaire. C'est la **complémentarité des bases azotées adénine-uracile et cytosine-guanine** qui permet à l'information contenue dans le brin d'ADN d'être transcrite en langage ARNm.
- Lorsque toute la séquence de nucléotides constituant le gène a été transcrite, l'ARNm est libéré et quitte le noyau tandis que les deux brins de la molécule d'ADN s'apparient à nouveau (DOCUMENT 6).

ATTENTION AU VOCABULAIRE !
Ne pas utiliser l'expression brin codant-brin non codant, mais brin informatif, ou transcrit, et brin non transcrit.

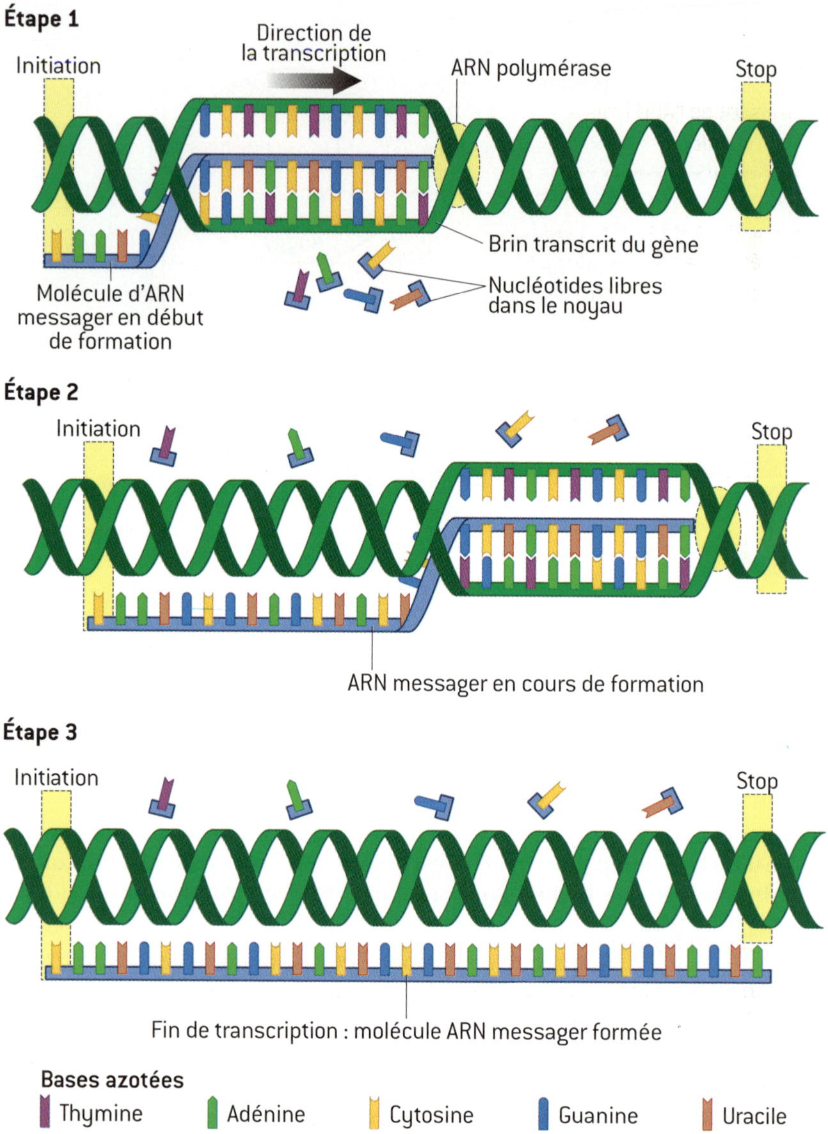

DOCUMENT 6 Trois étapes de la transcription d'un gène.

Les **séquences de nucléotides** du brin non transcrit de l'ADN et de l'ARNm sont identiques. Toutes les deux sont complémentaires de la séquence du brin transcrit de l'ADN (mis à part le fait que, dans l'ARN, la thymine est remplacée par l'uracile).

Dans un souci de simplification, la **séquence d'un gène** est le plus souvent représentée par celle du brin non transcrit car, en remplaçant la thymine par l'uracile, elle donne directement la séquence des nucléotides de l'ARNm.

2. La complexité de la structure du gène et ses conséquences

Chez les Eucaryotes, un gène comporte des **régions codantes (exons)** et des **régions non codantes (introns)** (DOCUMENT 7). Seule l'information contenue dans les exons sert à la synthèse du polypeptide.

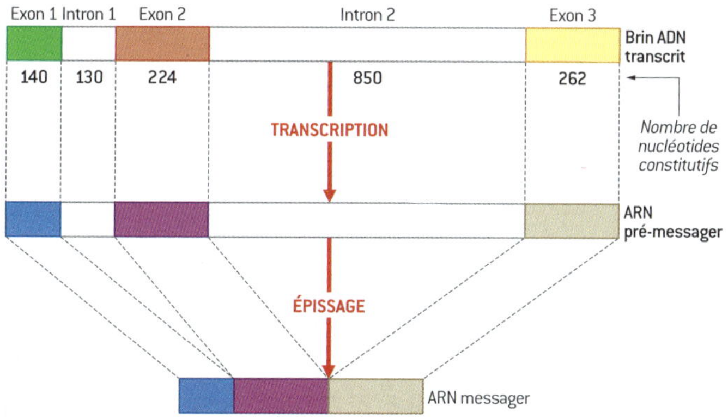

DOCUMENT 7 Transcription du gène qui code pour la chaîne β de l'hémoglobine.

Au cours de la transcription, l'ensemble du gène (exons et introns) est transcrit en ARN ; cet ARN est appelé **ARN pré-messager.**

Dans le noyau, l'ARN pré-messager subit une **maturation** en ARN messager (ARNm) : on parle **d'épissage.** L'opération consiste en la **suppression** des introns de l'ARN pré-messager et au raccordement des exons.

C'est cet ARN messager mature qui passe dans le cytoplasme où il sera traduit.

L'ARN pré-messager d'un même gène peut subir des **épissages différents** suivant les types cellulaires où il s'exprime : des **ARNm différents peuvent donc être fabriqués à partir d'un même gène, ce qui conduit à des protéines différentes**.

Le dogme initial « un gène = un polypeptide » a été remis en cause : la connaissance scientifique évolue sans cesse.

RÉCAPITULONS

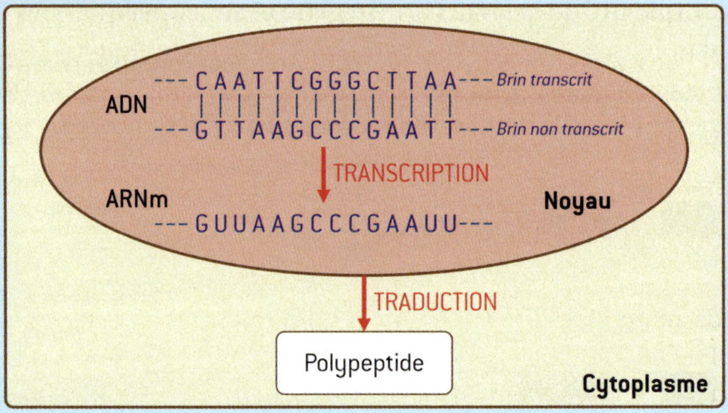

DOCUMENT 8 Les deux étapes de l'expression d'un gène et le principe de la transcription. Comparez bien la séquence de l'ARNm à celle des deux brins de l'ADN.

3 Traduction et code génétique

Dans cette partie, on étudie comment l'information portée par la séquence linéaire des nucléotides de l'ARNm est traduite en une séquence linéaire d'acides aminés.

A Le code génétique

- L'**ARNm** est constitué à partir de **4 nucléotides** que nous symboliserons **A, C, G** et **U**. Seules les combinaisons de nucléotides permettent de coder, sans ambiguïté, la totalité des 20 acides aminés.

POLYPEPTIDE OU PROTÉINE ?

Un polypeptide est une macromolécule constituée par un enchaînement d'acides aminés. Une protéine est formée d'une seule chaîne polypeptidique ou par l'assemblage de plusieurs chaînes polypeptidiques. Exemple : l'hémoglobine comprend quatre chaînes polypeptidiques.

Lorsqu'une chaîne polypeptidique est très longue, on utilise parfois le terme de protéine, mais les deux termes peuvent être utilisés de façon interchangeable lorsqu'il n'y a qu'une seule chaîne.

Chaque acide aminé est codé par un triplet de nucléotides appelé codon. Comme l'ARN est composé de 4 nucléotides différents, il existe $4 \times 4 \times 4 = 64$ combinaisons possibles de triplets de nucléotides ou codons.

- L'ensemble des correspondances entre les 64 codons et les 20 acides aminés constitue le **code génétique** **(DOCUMENT 9)**. La succession des codons sur la molécule d'ARNm détermine, conformément au code génétique, l'assemblage des acides aminés dans un ordre précis.

Les caractères du code génétique

- Parmi les 64 combinaisons possibles, trois codons ne correspondent à aucun acide aminé : **UAA, UAG et UGA** ; ils indiquent un « **stop** », la terminaison du polypeptide synthétisé.
- Chaque acide aminé peut être codé, soit par un seul codon (méthionine = AUG et tryptophane = UGG) ; soit par deux, trois... jusqu'à six codons (leucine).

Plusieurs codons pouvant coder pour le même acide aminé, on dit que le code est dégénéré.

- À un codon donné correspond toujours un seul acide aminé : le code est non ambigu.
- Le code génétique est universel : il est valable pour la totalité des êtres vivants.

Les codons de l'ARNm sont la transcription précise des triplets du brin d'ADN informatif. L'**information génétique** est codée dans l'ADN par la succession de triplets de nucléotides.

Nucléotides 1re position	Nucléotides 2e position : U	C	A	G	Nucléotides 3e position
U	UUU } phényl- UUC } alanine UUA } leucine UUG }	UCU UCC UCA } sérine UCG	UAU } tyrosine UAC } UAA } codons UAG } stop	UGU } cystéine UGC } UGA codon stop UGG tryptophane	U C A G
C	CUU CUC CUA } leucine CUG	CCU CCC CCA } proline CCG	CAU } histidine CAC } CAA } glutamine CAG }	CGU CGC CGA } arginine CGG	U C A G
A	AUU } isoleucine AUC } AUA } AUG méthionine	ACU ACC ACA } thréonine ACG	AAU } asparagine AAC } AAA } lysine AAG }	AGU } sérine AGC } AGA } arginine AGG }	U C A G
G	GUU GUC GUA } valine GUG	GCU GCC GCA } alanine GCG	GAU } acide GAC } aspartique GAA } acide GAG } glutamique	GGU GGC GGA } glycine GGG	U C A G

DOCUMENT 9 **Le code génétique.**

B Les ribosomes et la synthèse des polypeptides

1. La traduction

- L'ARNm mature, ne comprenant que les exons transcrits, est exporté vers le cytoplasme où il est traduit en polypeptide grâce aux **ribosomes**.
- Les ribosomes sont des organites complexes composés notamment de nombreuses protéines. Ils assurent la lecture de l'ARNm, c'est-à-dire la mise en place successive des acides aminés selon les règles du code génétique, et catalysent la liaison des acides aminés entre eux **(DOCUMENT 10)**.

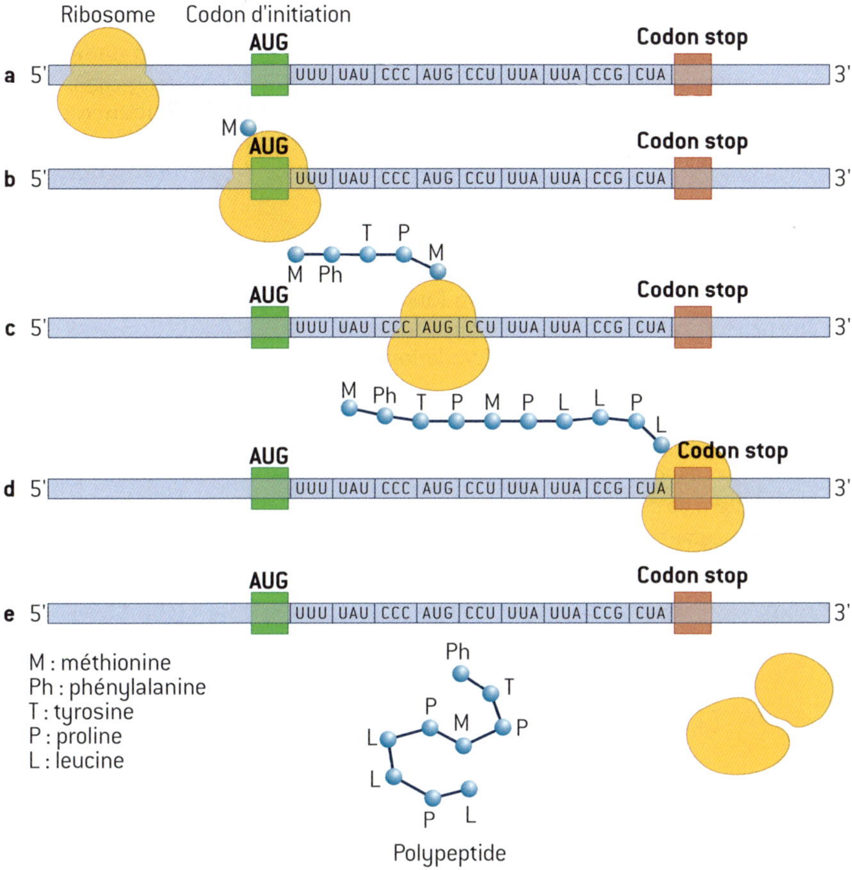

DOCUMENT 10 **Le ribosome et la synthèse d'un polypeptide.** Sur le document, les codons sont séparés ; dans la réalité, les nucléotides sont en parfaite continuité. Un ribosome se fixe à une extrémité de l'ARNm **(a)** et parcourt la séquence de nucléotides jusqu'à atteindre un **codon d'initiation AUG (b)** qui correspond à un acide aminé, **la méthionine.** Le ribosome parcourt alors l'ARNm, sélectionne les acides aminés en fonction des codons successifs rencontrés et les incorpore au polypeptide en formation **(c)**. Lorsque le ribosome atteint un **codon stop (d)**, la traduction s'achève, le ribosome se détache de l'ARNm et du polypeptide qui est libéré **(e)**.

Tout l'**ARNm** n'est pas traduit ; il existe des régions non traduites en amont et en aval de la partie effectivement traduite.

2. Des variations dans la synthèse des polypeptides

- Au cours de la vie d'une cellule, un gène est transcrit un grand nombre de fois, ce qui conduit à de nombreuses copies du même ARN messager. Pendant la traduction, plusieurs ribosomes parcourent l'ARN simultanément et contribuent à la production de nombreuses copies du polypeptide. Mais les molécules d'ARN messagers et les protéines ont une durée de vie courte, de quelques minutes à quelques heures, au bout desquelles elles sont dégradées.

- Dans une cellule, la quantité d'une protéine à un moment donné varie en fonction de l'efficacité des mécanismes d'expression d'un gène par rapport à ceux de la dégradation de la protéine.

Les gènes peuvent être exprimés avec une **efficacité variable.** Cela est surtout réalisé grâce à un contrôle de la transcription.

La connaissance des mécanismes de la **transcription** et de la **traduction** permettent de préciser comment les phénotypes moléculaires non drépanocytaire et drépanocytaire sont déterminés par leur génotype βA//βA ou βS//βS.

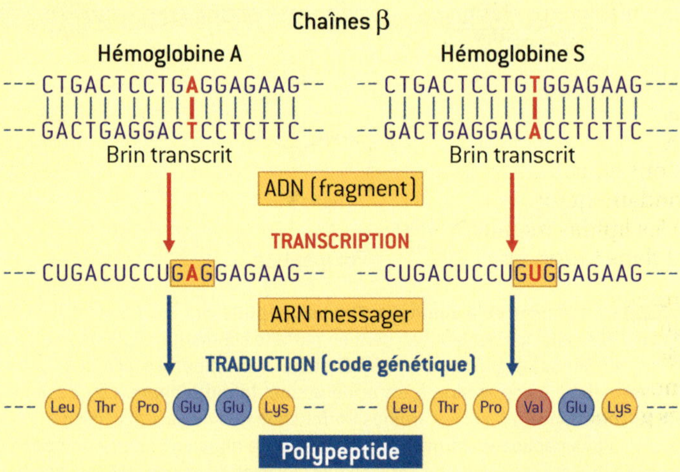

Leu : leucine ; Thr : théorine ; Pro : proline ; Glu : acide glutamique ; Lys : lysine ; Val : valine

DOCUMENT 11 La liaison génotype-phénotype.

RÉCAPITULONS

- En parcourant l'ARN messager depuis un codon initiateur (AUG) jusqu'à un codon stop (UAA, UAG ou UGA), le ribosome assure la synthèse de la chaîne polypeptidique.
- C'est la succession des codons de l'ARNm qui détermine la mise en place des acides aminés du polypeptide suivant les règles du code génétique.

4 Génotype, phénotype et environnement

Le phénotype global d'un organisme dépend des phénotypes des cellules qui le constituent et de l'environnement.

A L'expression différentielle des gènes et les phénotypes cellulaires

Les phénotypes cellulaires (cellules nerveuses, musculaires, osseuses, sanguines…) diffèrent par leur collection de protéines. La collection de protéines propre à une cellule constitue son phénotype moléculaire global.

Toutes les cellules d'un organisme possèdent les mêmes allèles des gènes de l'espèce. Comment expliquer que des cellules ayant les mêmes gènes possèdent des phénotypes moléculaires globaux différents ? En réalité, toutes les cellules ont en commun un certain nombre de protéines qui règlent les aspects fondamentaux de la vie cellulaire (respiration, synthèse de molécules comme les lipides membranaires…). Elles sont le produit de **gènes qui s'expriment dans toutes les cellules.**

Les protéines spécifiques à un type cellulaire résultent de l'expression de gènes qui restent muets dans les autres types cellulaires. Chaque type cellulaire présente donc un profil spécifique de gènes fonctionnels et de gènes non fonctionnels, muets, qui ne s'expriment pas. **C'est cette expression différentielle des gènes qui est à l'origine de la différenciation cellulaire.**

Les protéines présentes dans toutes les cellules d'un organisme sont souvent appelées « **protéines domestiques** » ; les gènes qui codent ces protéines sont des « gènes domestiques ».

Il existe plus de 250 types de cellules dans un organisme humain. On estime qu'une cellule différenciée synthétise environ 10 000 protéines différentes à partir du répertoire de gènes (dont le nombre est estimé à 20 000 chez l'Homme). Le **nombre de protéines** différentes synthétisées par l'ensemble des cellules de l'organisme humain dépasse 100 000 : il est très supérieur au nombre de gènes. Cela est lié aux diverses possibilités de maturation de l'ARN pré-messager.

B Le principe de l'expression différentielle des gènes

- Un gène ne se limite pas à sa région transcrite. Il comprend des régions non transcrites, situées à une distance plus ou moins grande de la partie transcrite. Ces régions sont appelées **séquences ou régions régulatrices** du gène considéré **(DOCUMENT 12)**.

- Les régions régulatrices des gènes se trouvent dans toutes les cellules. Mais leur mobilisation, variable suivant le type cellulaire, dépend de la fixation à leur niveau de protéines produites par d'autres gènes dits régulateurs. Ce complexe « séquence régulatrice-polypeptide » agit comme un commutateur en position « marche » et peut déclencher la transcription d'un gène.

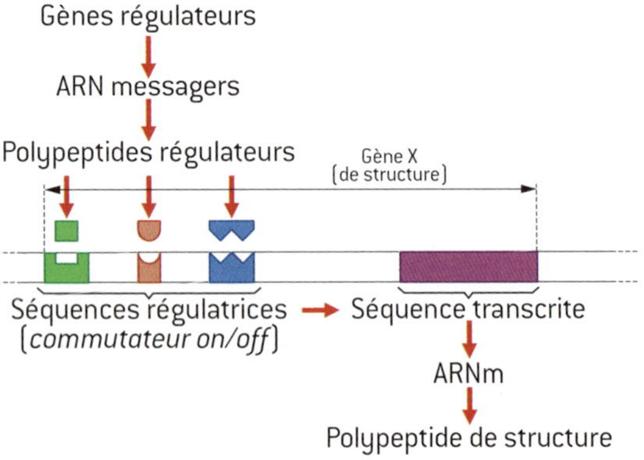

DOCUMENT 12 La complexité du gène et de son expression.

- Dans une cellule, il existe des **gènes de structure,** qui codent pour des polypeptides conférant à la cellule un phénotype particulier, mais l'expression de ces gènes de structure dépend de polypeptides résultant de l'activité d'autres gènes appelés **gènes régulateurs**.
- **L'expression d'un gène est dépendante de l'expression d'autres gènes.**
- L'activité des gènes régulateurs varie d'un type cellulaire à l'autre : elle est à l'origine de la différenciation cellulaire. Ce comportement différent des gènes régulateurs est acquis au cours du développement de façon complexe : la communication entre cellules y joue un rôle important.

C Diversité des phénotypes cellulaires et macroscopiques globaux

- Les phénotypes cellulaires d'un organisme lui confèrent un ensemble de caractères observables, morphologiques, anatomiques, physiologiques et comportementaux qui constituent son **phénotype macroscopique global**.
- Il existe un très grand nombre de phénotypes globaux au sein d'une même espèce. Ces différences sont liées :
  – au **polymorphisme des gènes** ; pour beaucoup de gènes, il existe plusieurs allèles. Chaque organisme possède une collection des allèles de tous les gènes de son espèce qui lui est propre ;
  – **aux effets de l'environnement**.

D Aperçu sur la complexité des relations génotype, phénotype et environnement

- On est aujourd'hui incapable d'expliquer les multiples différences entre les phénotypes globaux des individus à partir de leurs différences génétiques, sauf pour certaines caractéristiques bien précises (groupes sanguins, certaines maladies génétiques…).
- La façon dont le génotype détermine le phénotype a été envisagée à partir d'un cas simple, celui des phénotypes drépanocytaire-non drépanocytaire. Une différence génétique précise dans un gène entraîne, par les mécanismes de la transcription et de la traduction, une différence phénotypique à différents niveaux : moléculaire, cellulaire, organisme. Même si elle repose sur le même principe, la relation génotype-phénotype est généralement plus complexe et fait intervenir l'environnement.

1. Conséquences du polyallélisme au sein des populations

- La relation génotype-phénotype est rendue plus complexe par le fait qu'un organisme possède deux allèles d'un gène. Ces deux allèles peuvent être identiques (individu **homozygote** pour le gène considéré) ou différents (individu **hétérozygote**).

Prenons l'exemple du gène qui code pour la chaîne β de l'hémoglobine : certains individus **hétérozygotes** possèdent un allèle βA et un allèle βS ; leur génotype s'écrit par convention : βA//βS.

> Les deux traits (//) utilisés dans la représentation du génotype symbolisent les deux chromosomes homologues porteurs des allèles du gène.

- Les individus βA//βS ont généralement un phénotype non drépanocytaire, comme les individus homozygotes βA//βA. Le phénotype non drépanocytaire est dit dominant ; le phénotype drépanocytaire récessif. Par extension, on dit que **l'allèle βA est dominant et l'allèle βS récessif.**
- Un même phénotype peut donc correspondre à des génotypes différents.

> Un phénotype est **dominant** s'il s'exprime chez un hétérozygote et récessif si ce n'est pas le cas.

> Il existe des cas où la présence des deux allèles est exprimée et visible dans le phénotype. On parle de **codominance** ; le phénotype est intermédiaire par rapport à celui des homozygotes.

2. Les interactions génotype, phénotype et environnement

- **L'environnement peut agir en stimulant ou en réprimant l'expression du gène.** La pratique de la musculation intense, par exemple, développe la musculature et change donc le phénotype macroscopique. Ce changement est dû à une synthèse accrue des protéines musculaires, qui résulte d'une stimulation des gènes codant pour ces protéines (voir également l'exemple des gibbérellines, p. 56, exercice 4).
- **L'environnement peut agir sur les propriétés du phénotype moléculaire.** La coloration de la peau et des poils est due à un pigment, la mélanine, dont la synthèse est permise notamment grâce à l'expression d'un gène codant une enzyme, **la tyrosinase**.

Certains albinos ont une **pigmentation quasi normale de la peau et des poils** au niveau de certaines **parties du corps relativement froides** (bras et jambes). Les autres régions du corps sont dépigmentées. La tyrosinase est présente dans toutes les cellules épidermiques de ces personne albinos, mais n'est active que dans les régions où la température de la peau est basse.

L'environnement (ici la température) agit sur le phénotype macroscopique en modifiant l'activité du phénotype moléculaire

- **L'environnement peut agir directement sur le phénotype macroscopique :** certains nouveau-nés présentent dès la naissance des symptômes graves : diarrhées avec déshydratation, ballonnements… provoqués par l'alimentation lactée et plus précisément par un glucide du lait, le lactose. Ces enfants sont incapables de digérer le lactose car ils ne synthétisent pas de lactase, enzyme codée par un gène et nécessaire à cette digestion. Ils possèdent deux allèles du gène de la lactose qui codent une enzyme inefficace. La maladie a donc une origine génétique.

Si on supprime le lait, où si on nourrit le bébé avec un lait sans lactose, les troubles disparaissent : **le phénotype macroscopique est donc directement modifié.**

RÉCAPITULONS

Le phénotype moléculaire (polypeptides présents dans la cellule) dépend de la nature des gènes s'exprimant sous l'effet de facteurs internes (gènes régulateurs) et externes (environnement) variés.

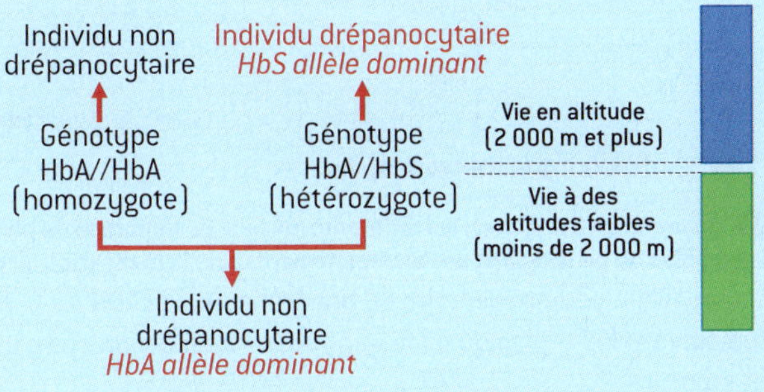

DOCUMENT 13 Un exemple de l'interaction complexe génotype-phénotype-environnement.
Noter que le phénotype des hétérozygotes varie en fonction de l'environnement.

SCHÉMA BILAN

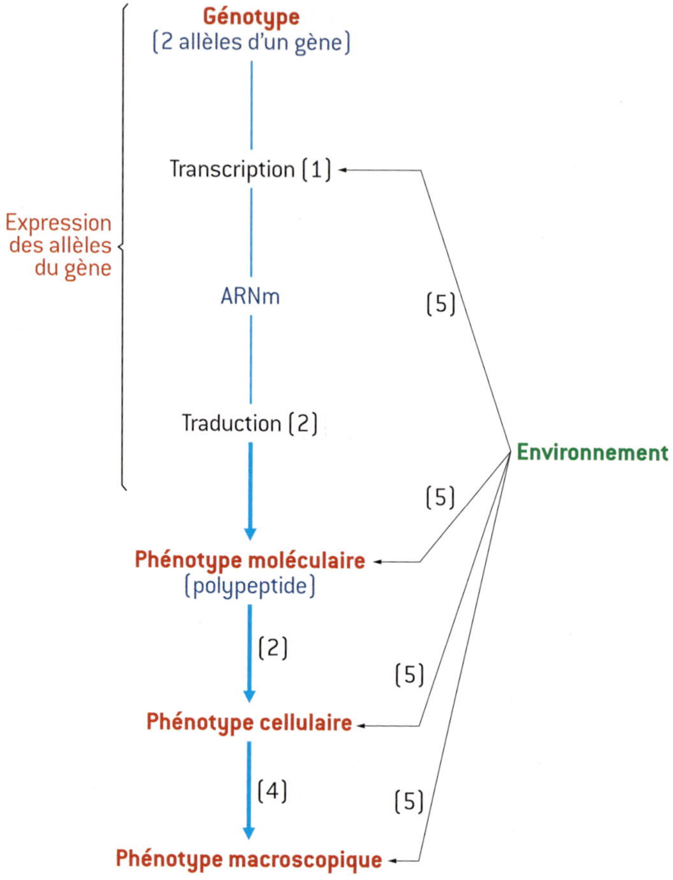

DOCUMENT 14 L'expression des gènes, les différents niveaux de définition du phénotype et les interactions possibles du génotype et de l'environnement dans la réalisation du phénotype.

(1) Conduit à un ARNm complémentaire du brin transcrit de l'ADN

(2) S'effectue suivant les règles du code génétique : à un codon correspond un acide aminé ou un stop

(3) Détermine directement ou indirectement le phénotype cellulaire

(4) Détermine le phénotype macroscopique

(5) Peut agir sur...

Expliquer une différence phénotypique entre individus, à partir d'une différence entre génotypes

ÉNONCÉ

La **mélanine est le pigment responsable de la coloration de la peau.** Elle est synthétisée dans des cellules épidermiques, les mélanocytes. La tyrosinase est une enzyme (une protéine) clé de la biosynthèse **de la mélanine** formée **de 529 acides aminés**. Chez les personnes albinos, la tyrosinase est non fonctionnelle.

La séquence suivante est relative à un allèle du gène de la tyrosinase présent en double exemplaire chez une personne à la peau nettement pigmentée. Il s'agit d'une séquence du brin non transcrit du gène de la tyrosinase.

517 — 540
TATGACCTCTTTGTCTGGATGCAT

Chez un individu albinos, **qui ne synthétise donc pas de mélanine**, la séquence correspondante d'un allèle du gène de la tyrosinase, présent aussi en double exemplaire, est la suivante :

517 — 540
TATGACCTCTTTGTCTAGATGCAT

Le nucléotide 517 est le premier nucléotide d'un triplet et le nucléotide 540 est le dernier nucléotide d'un triplet. Il n'existe pas d'autre différence entre les séquences des deux allèles.

Indiquer la seule différence entre les séquences des deux allèles. À partir de cette différence et en utilisant le code génétique, expliquer les différences entre les phénotypes albinos et non albinos au niveau moléculaire.

MÉTHODE

Il faut déterminer la séquence d'acides aminés du **polypeptide codé** par chaque allèle. Pour cela, il faut transcrire la séquence de chaque allèle en séquence de l'ARN messager correspondant.

On peut bien sûr traduire chaque ARNm, codon par codon, à l'aide du tableau du code génétique.

Il est plus astucieux de repérer **la ou les différences** dans la suite des codons de chaque ARN messager, puis en utilisant le code génétique, d'en déduire les conséquences sur le polypeptide.

Il s'agit alors d'expliquer en quoi les différences dans la séquence des polypeptides codés par chaque allèle entraînent les différences dans les propriétés de ces polypeptides.

CORRIGÉ

La seule différence entre les deux allèles concerne le nucléotide 533 : le nucléotide à guanine présent dans le brin non transcrit de l'allèle « tyrosinase fonctionnelle **TYR$^+$** » est remplacé par un nucléotide à thymine dans la séquence de l'allèle « tyrosinase non fonctionnelle **TYR$^-$** ».

Comme l'information contenue dans la séquence d'ADN est codée par la succession des triplets, il faut déterminer comment le changement d'un nucléotide est traduit dans la succession des triplets.

Allèle « **TYR$^+$** » : TAT GAC CTC TTT GTC **TGG** ATG CAT

Allèle « **TYR$^-$** » : TAT GAC CTC TTT GTC **TAG** ATG CAT

Il existe donc une différence sur un seul triplet : TGG de l'allèle « TYR$^+$ » est remplacé par TAG de l'allèle « TYR$^-$ ». Ce triplet est le 178e (533/3) de la séquence codante.

En ce qui concerne l'ARN messager transcrit de chaque allèle, cela se traduit par une seule différence : le codon 178 de l'ARN messager de la tyrosinase fonctionnelle est **UGG**, alors que le codon 178 de l'ARN messager de la tyrosinase non fonctionnelle est **UAG**.

Le code génétique indique que UGG code pour un acide aminé, le tryptophane, alors que le codon **UAG est un codon stop**.

En conséquence, la traduction de l'ARN messager « TYR$^-$ » s'arrête au codon 178. Le polypeptide codé par cet allèle ne comprend que 177 acides aminés, alors que la tyrosinase fonctionnelle comprend 529 acides aminés.

La réduction considérable de la séquence d'acides aminés de la tyrosinase codée par « TYR$^-$ » explique qu'elle soit non fonctionnelle.

SE TESTER QUIZ

1 Notions clés

Associer à chaque élément du premier ensemble un ou plusieurs éléments du second.

1. L'ARN messager ☐
2. Le code génétique ☐
3. Le cytoplasme ☐
4. L'ARN prémessager ☐
5. L'ARN polymérase ☐
6. Le ribosome ☐
7. Le noyau ☐

- ☐ a. est le même chez une bactérie et chez l'Homme
- ☐ b. est l'endroit où a lieu la synthèse des polypeptides
- ☐ c. est l'endroit où a lieu la transcription des gènes
- ☐ d. est indispensable à la transcription des gènes
- ☐ e. passe du noyau dans le cytoplasme
- ☐ f. est la correspondance entre les codons de l'ARNm et les acides aminés
- ☐ g. est acteur de la traduction
- ☐ h. subit des transformations dans le noyau
- ☐ i. est traduit jusqu'à un codon stop
- ☐ j. est présent en plusieurs types dans le cytoplasme
- ☐ k. est non ambigu

2 Du gène au polypeptide

Déterminer la séquence d'un polypeptide codé par un gène

À partir de la séquence d'un gène, on peut déterminer la séquence du polypeptide codé par ce gène.

La séquence d'un allèle d'un gène comprend la séquence suivante :

… CAGCTGGAGGAACTGGAGCGTTAATTTGAG… (brin non transcrit)

a. Écrivez la séquence de l'ARN messager correspondant.

b. En utilisant le tableau du code génétique, indiquer la séquence du polypeptide correspondant à cette séquence.

c. À partir de cet exemple, montrer pourquoi le code génétique est dit redondant.

Revoir les principes de la transcription et de la traduction (p. 37 et p. 39).

N'oubliez pas qu'un codon stop de l'ARNm interrompt la traduction.

S'ENTRAÎNER

3 Les propriétés du code génétique

Remplir les cases vides du tableau en utilisant les informations fournies par les cases remplies et le code génétique.

Brin transcrit du gène	ATG		GGG	
Brin non transcrit du gène	TAC			
ARN messager	UAC			CCU
Polypeptide		Méthionine		

Utilisez vos connaissances sur les relations brin transcrit et brin non transcrit, brin non transcrit et ARNm, ARNm et polypeptide.

OBJECTIF BAC

4 Génotype, phénotype et environnement

Le phénotype des végétaux comme celui des animaux dépend du génotype et des facteurs d'environnement.

À partir des informations extraites des DOCUMENTS A, B, C suivants et mis en relation avec vos connaissances, répondre aux questions suivantes :

a. Caractériser le phénotype des pois nains aux niveaux macroscopique, cellulaire et moléculaire.

b. **Indiquer la différence entre les séquences des allèles présents chez les pois de taille normale et les pois nains. À partir de cette différence et en utilisant le code génétique, expliquer les différences macroscopiques entre les deux variétés de pois.**

Relisez la méthode page 51 qui indique la marche à suivre.

c. **À partir des données, faites un schéma de synthèse traduisant les relations phénotype, génotype environnement chez les épinards.**

Regardez le bilan du chapitre page 50 et repérez le niveau sur lequel agit le facteur d'environnement : la durée du jour.

DOCUMENT A

Chez les pois, on trouve des variétés naines. La croissance très réduite de la tige est due à l'absence de production par la plante d'une hormone, la gibbérelline. Si on traite ces pois nains avec de la gibbérelline, leur tige se développe et atteint la taille de celle des variétés de pois normales, par allongement des entre-nœuds.

La gibbérelline est une hormone fabriquée par les cellules des parties terminales des jeunes plantes. Elle migre ensuite dans la tige et entraîne l'élongation des entre-nœuds. La chaîne de synthèse de la gibbérelline comprend de nombreuses étapes. La dernière, qui fait passer d'un précurseur inactif de la gibbérelline appelé GA20 à la gibbérelline active G1, est catalysée par une enzyme, la bêta-hydroxylase. Cette enzyme est un polypeptide dont la séquence comprend 374 acides aminés. Elle est inefficace chez les pois nains.

DOCUMENT B

On a séquencé le gène codant pour la bêta-hydroxylase chez les pois de taille normale et chez les pois nains. La séquence suivante est relative à l'allèle du gène codant pour l'enzyme (présent en deux exemplaires identiques) chez les pois de taille normale. Il s'agit de la séquence non transcrite du gène.

364 … 396

GGATATGGCATCGCTCGTATCTCTTCCATGAAA …

CT GG

La séquence correspondante de l'allèle du gène présent chez les pois nains (en deux exemplaires) est :

364 ... 396

GGATATGGCATCCTCGTATCTCTTCCATGAAAA ...

Le nucléotide 364 est le premier nucléotide d'un codon et le nucléotide 396 est le dernier nucléotide d'un codon. Il n'existe pas d'autre différence entre la séquence des allèles du gène des pois de taille normale et celle des pois nains.

DOCUMENT C

Les épinards sont des plantes qui changent d'aspect en fonction d'un facteur d'environnement, la durée d'éclairement. Cultivés en jours courts (durée d'éclairement inférieure à 13 heures), les plants d'épinard ont un aspect en rosette, lié au fait que les entre-nœuds ne se développent pas. Placés en jours longs, la tige d'épinard s'allonge. On peut obtenir cette croissance de la tige d'épinard chez des plantes maintenues en jours courts en les traitant par la gibbérelline.

Le tableau ci-dessous indique la quantité de gibbérelline trouvée dans des pieds d'épinards, après un passage plus ou moins long en jours longs.

Exposition à des jours longs (en nombre de jours)	0	4	8	12
GA1 en ng/g de plante	1,0	3,5	3,7	5,1

La tige ne commence à s'allonger qu'à partir du 10e jour.

Les chercheurs ont évalué la quantité d'ARN messager du gène codant pour l'enzyme bêta-hydroxylase, présent dans les cellules des extrémités de tige de pieds d'épinard élevés en jours courts et en jours longs. Elle est nettement plus importante chez les pieds d'épinard cultivés en jours longs.

SE TESTER

1 Notions clés

Les associations correctes sont :
1 e, i, j – **2** a, f, k – **3** b – **4** h – **5** d – **6** g – **7** c.

2 Du gène au polypeptide

a. La séquence présente dans la banque de données est celle du brin non transcrit de l'allèle du gène. C'est aussi celle de l'ARN messager à condition de remplacer les nucléotides à thymine par des nucléotides à uracile.

Séquence de l'ARNm : CAGCUGGAGGAACUGGAGCGUUAAUUUGAG

b. Pour identifier, grâce au code génétique, la séquence du polypeptide codé par cette séquence, il faut bien individualiser les codons successifs de l'ARNm :

CAG CUG GAG GAA CUG GAG CGU UAA UUU GAG

La séquence d'acides aminés du polypeptide est donc :

glutamine – leucine – acide glutamique – acide glutamique – leucine – acide glutamique - arginine

> Remarquer que la séquence comprend moins d'acides aminés que de codons car le codon UAA de l'ARNm est un codon stop qui indique une fin de la traduction de l'ARN messager par le ribosome.

c. Les codons GAG et GAA présents dans la séquence de l'ARN messager codent pour le **même acide aminé**, l'acide glutamique : c'est un exemple de la redondance du code génétique.

S'ENTRAÎNER

3 Les propriétés du code génétique

Pour compléter le tableau, il faut utiliser la propriété de complémentarité des deux brins de l'ADN et celle du brin transcrit et de l'ARN messager, et bien sûr le code génétique.

Brin transcrit du gène	ATG	TAC	GGG	GGA
Brin non transcrit du gène	TAC	ATG	CCC	CCT
ARN messager	UAC	AUG	CCC	CCU
Polypeptide	Tyrosine	Méthionine	Proline	Proline

OBJECTIF BAC

4 Génotype, phénotype et environnement

a. **Phénotype macroscopique** : taille des pieds de pois réduite. **Phénotype cellulaire** : cellules des extrémités des tiges fabriquant très peu de gibbérelline. **Phénotype moléculaire :** enzyme bêta-hydroxylase inactive.

b. L'allèle inactif du gène présent chez les pois nains diffère de l'allèle actif par une seule différence : une délétion (absence) d'un nucléotide à guanine en position 376. Puisque l'ARN messager a la même séquence que celle du brin non transcrit, les ARN messagers de ces deux allèles présentent la même différence.

Écrivons la séquence des ARN messagers en mettant bien en évidence la succession des codons.

ARN messager de l'allèle actif

GGA UAU GGC AUC GCU CGU AUC UCU UCC AUG AAA

ARN messager de l'allèle inactif

GGA UAU GGC AUC **CUC GUA UCU CUU CCA UGA** AAA

La comparaison des deux ARN messagers montre que la délétion d'un nucléotide entraîne un changement dans la succession des codons à partir du 5e codon de cette région de la séquence d'ARNm. L'utilisation du code génétique montre que la séquence des acides aminés diffère à partir du 5e codon. Surtout, on détecte que l'avant-dernier codon de cette portion d'ARN messager de l'allèle inactif **UGA** correspond à un codon stop. La traduction de l'ARN messager de l'allèle inactif est donc interrompue au codon 131 (393/3). Le polypeptide codé par l'allèle inactif ne comprend que 130 acides aminés.

L'allèle actif code pour un polypeptide de 374 acides aminés ; l'allèle présent chez les pois nains code pour un polypeptide de 130 acides aminés (de plus, les deux polypeptides diffèrent à partir de l'acide aminé 125). En conséquence, le polypeptide enzymatique raccourci codé par l'allèle présent chez les pois nains est non fonctionnel : les cellules des extrémités des tiges ne synthétisent pas de gibbérelline. Et sans gibbérelline, il n'y a pas de croissance des entre-nœuds.

c. L'exposition des pieds d'épinard à des jours longs a pour effet d'augmenter la quantité de gibbérelline présente dans la plante et donc la croissance des tiges. Puisque la quantité d'ARN messager du gène de la bêta-hydroxylase dans les cellules des extrémités des tiges est beaucoup plus importante en jours longs qu'en jours courts, cela signifie que les jours longs **déclenchent l'expression du gène.**

Le phénotype des pieds d'épinard dépend donc de l'interaction entre un gène (celui qui code pour la bêta-hydroxylase) et un facteur d'environnement, la durée journalière d'éclairement (DOCUMENT 15).

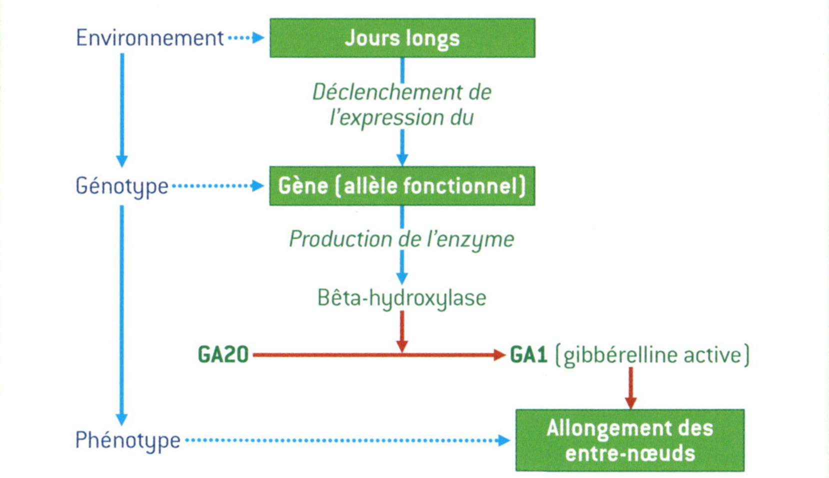

DOCUMENT 15

www.annabac.com

CHAPITRE

3 Variabilité génétique et mutation de l'ADN

Tous les individus d'une espèce possèdent les mêmes gènes, mais la diversité génétique des individus est due à l'existence, pour de nombreux gènes, de plusieurs allèles. Deux individus de la même espèce ne possèdent jamais les mêmes séquences de nucléotides pour la totalité de leur ADN. Les molécules d'ADN sont extrêmement stables, comme le montre la transmission des mêmes allèles de génération cellulaire en génération cellulaire ; cependant, elles peuvent subir, en un endroit quelconque de la séquence de nucléotides, un changement appelé mutation, notamment au moment de leur réplication. Ces mutations sont à l'origine de la biodiversité.

1 Mutants et mutations

A La drosophile mutante *D. antennapedia*

La drosophile (mouche du vinaigre ou mouche des fruits), *Drosophila melanogaster* (DOCUMENT 1) constitue un matériel remarquable pour la recherche en génétique : une petite taille, qui permet un élevage facile en flacons, des générations abondantes (une femelle pond environ 400 œufs) se succédant tous les 10 à 12 jours.

Drosophila melanogaster signifie littéralement « amateur de rosée au ventre noir ».

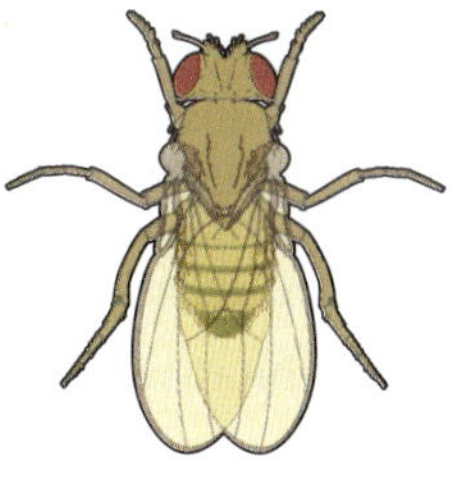

DOCUMENT 1 ***Drosophila melanogaster.***

1. La drosophile *antennapedia*

Dans un élevage de drosophiles où les générations se succèdent en grand nombre, identiques à elles-mêmes, il apparaît parfois un individu ayant un phénotype différent des autres mouches de son espèce. Ainsi, la mouche de phénotype *antennapedia*, qui porte des pattes à la place des antennes (DOCUMENT 2) est dite « mutante ».

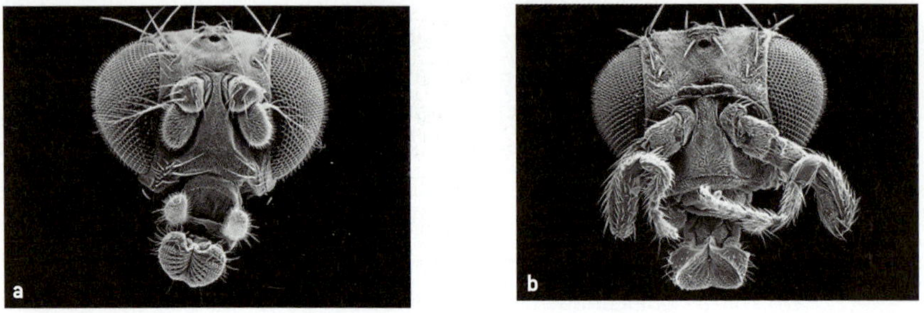

DOCUMENT 2 **Drosophile normale et drosophile mutante *antennapedia*.** **a.** Tête d'une drosophile normale. **b.** Tête d'une drosophile *antennapedia* possédant des pattes à la place des antennes.

2. Un phénotype héréditaire

- Le croisement entre une drosophile femelle *antennapedia* et une drosophile mâle normale donne une descendance constituée de 50 % de drosophiles normales et 50 % de drosophiles *antennapedia*. Le phénotype *antennapedia* est donc héréditaire, ce qui révèle que le **génotype** des mouches *antennapedia* est **différent** de celui des mouches normales.
- Pour interpréter les résultats, les généticiens partent de l'hypothèse que la différence entre les deux types de drosophiles est due à un seul gène. Les mouches normales possèdent deux allèles normaux du gène appelé *antennapedia* qui dirigent la mise en place normale des pattes au niveau du thorax. Les mouches *antennapedia* possèdent un allèle normal et un allèle muté responsable de la mise en place d'une paire de pattes à la place des antennes.
- **L'allèle antennapedia (Antp) est dominant sur l'allèle normal (Antp^{+}).**

Par convention, on désigne les allèles par une ou plusieurs lettres du phénotype mutant, ici **antp,** pour antennapedia, accompagnée(s) du signe + pour l'allèle sauvage (**antp⁺**). Si l'allèle muté est dominant, on utilise une majuscule pour la lettre unique ou la première lettre de l'abréviation choisie : ici **Antp** car l'allèle *antennapedia* est dominant.

3. Origine de l'allèle Antp

- L'allèle Antp est **présent dans toutes les cellules** de la mouche *antennapedia*, alors que ses parents (deux mouches sauvages) ne le possédaient pas.
- Toutes les cellules de la mouche *antennapedia* proviennent du développement d'un œuf, cellule unique qui possédait l'allèle Antp. Cet œuf résulte de l'union de deux gamètes, un spermatozoïde et un ovule : c'est donc l'un des gamètes qui a apporté l'allèle Antp. Pourtant, les cellules des deux mouches sauvages à l'origine des gamètes possédait le génotype $Antp^+//Antp^+$.
- Au cours de la formation des cellules sexuelles, de nombreuses divisions cellulaires ont lieu, impliquant de nombreuses réplications de l'ADN. C'est au cours de ces réplications que des erreurs peuvent se produire, modifiant la séquence des nucléotides d'un allèle. La cellule fille portera cet allèle muté.

Remarquez bien que la **mutation** ne se produit pas chez l'individu mutant, mais dans une cellule sexuelle de l'un de ses parents.

- Le terme de mutant laisse à penser que c'est un organisme entier qui a muté alors qu'en réalité, ce n'est pas le cas : **une mutation est un phénomène moléculaire qui se produit dans une cellule et au cours duquel un nouvel allèle se forme à partir d'un allèle préexistant. Ce nouvel allèle diffère de l'allèle initial par une modification de la séquence de nucléotides.**

Le terme de **mutation** désigne à la fois la modification de la séquence des nucléotides et l'événement, c'est-à-dire l'erreur durant la réplication qui a entraîné cette modification.

L'APPARITION DU PHÉNOTYPE MUTANT

Dans le cas d'*antennapedia* le phénotype résultant de la mutation apparaît immédiatement à la génération suivante, car l'allèle muté est dominant. Dans beaucoup de cas, l'allèle muté est récessif et le phénotype mutant n'apparaît que plusieurs générations après la mutation elle-même. L'individu ayant hérité d'un allèle muté est hétérozygote et, cet allèle étant récessif, il ne présente pas le phénotype mutant. Cependant, il peut transmettre l'allèle muté, qui peut alors se répandre dans la population : le phénotype mutant pourra alors apparaître dans la descendance de deux individus porteurs de l'allèle muté.

B Mutations somatiques et mutations germinales

Puisque la mutation est un phénomène cellulaire, elle peut toucher toutes les cellules et notamment celles qui se divisent : en effet, les mutations ont souvent pour origine une erreur lors de la réplication de l'ADN.

1. Les mutations somatiques

Les cellules qui ne participent pas à la formation des cellules reproductrices sont appelées **cellules somatiques**. Les mutations qui affectent ces cellules (**mutations somatiques**) ne se transmettent pas à la descendance de l'individu concerné. Mais en se multipliant, ces cellules peuvent former un **clone** dont toutes les cellules possèdent la mutation. Nous verrons que des mutations affectant certains gènes sont à l'origine de cancers (chapitre 4, page 100-101).

2. Les mutations germinales

Si la mutation affecte une **cellule germinale**, c'est-à-dire une cellule à l'origine d'un ovule ou d'un spermatozoïde, l'allèle muté (**mutation germinale**) pourra être transmis à la cellule œuf : c'est le cas pour la mutation *antennapedia*. Toutes les cellules de l'organisme issues de cet œuf posséderont alors la séquence de nucléotides mutée.

Remarquez bien que dans le cas d'une mutation somatique, contrairement aux mutations germinales, le **phénotype mutant** peut être visible chez l'organisme où est apparue la mutation.

RÉCAPITULONS

Les mutations sont toujours liées à des phénomènes ayant lieu au sein des celllules, entraînant un changement dans l'ADN. Elles peuvent être héréditaires (mutations germinales) ou non (mutations somatiques).

2 Diversité des mutations et de leurs conséquences phénotypiques

- Les mutations se traduisent toujours par une modification de l'ADN et peuvent affecter aussi bien les régions codantes que les régions non codantes.

- Les mutations résultent de mécanismes divers. On envisage ici les principaux mécanismes qui affectent les séquences codantes, ainsi que leurs conséquences sur les polypeptides codés.

A Les mutations ponctuelles

Les mutations ponctuelles touchent un à quelques nucléotides seulement.

Dans les documents 3 à 5, les acides aminés sont symbolisés ainsi : Met, méthionine ; His, histidine ; Leu, leucine ; Ac.glu, acide glutamique ; Lys, lysine ; Gly, glycine ; Arg, arginine ; Ser, sérine ; Isol, isoleucine.

1. Les substitutions

Ce type de mutation entraîne le remplacement, en un site précis du gène, d'une paire de nucléotides par une autre. Selon les conséquences sur le polypeptide codé par le gène, on distingue :
– **les substitutions silencieuses** (DOCUMENT 3), qui ne modifient pas la séquence du polypeptide en raison de la redondance du code génétique ;
– **les substitutions faux-sens,** qui ont pour effet le remplacement d'un acide aminé par un autre dans la séquence du polypeptide. Certaines sont dites **conservatrices** (DOCUMENT 4) car elles ne modifient pas les propriétés du polypeptide ; d'autres, au contraire, sont dites **non conservatrices** (DOCUMENT 5), car elles entraînent un changement plus ou moins important dans la fonction et les propriétés du polypeptide, pouvant aller jusqu'à la perte totale d'activité ;
– **les substitutions non-sens** (DOCUMENT 6), qui entraînent le remplacement d'un triplet codant un acide aminé par un **triplet stop**. Au cours de la synthèse du polypeptide, il y a un arrêt anticipé de la traduction ; le polypeptide est tronqué, souvent instable et généralement non fonctionnel.

...ATG CAT TTA GAG AAA GGC...	brin non transcrit allèle initial
Met - His - Leu - Ac.glu - Lys - Gly	polypeptide initial
...ATG CAT TTA GAA AAA GGC...	GAG et GAA codent pour le même acide aminé : acide glutamique
* * * * * *	polypeptide (* = acide aminé inchangé)

DOCUMENT 3 Substitution silencieuse.

...ATG CAT TTA GAG AAA GGC...	brin non transcrit allèle initial
Met - His - Leu - Ac.glu - Lys - Gly	polypeptide initial
...ATG CAT TTA GAG AGA GGC...	AGA code pour l'arginine alors que AAA code pour la lysine
* * * * Arg *	polypeptide muté ayant les mêmes propriétés que le polypeptide initial

DOCUMENT 4 Substitution faux-sens conservatrice.

...ATG CAT TTA GAG AAA GGC...	brin non transcrit allèle initial
Met - His - Leu - Ac.glu - Lys - Gly	polypeptide initial
...ATG CAT TCA GAG AAA GGC...	TCA (UCA) code pour la sérine alors que TTA (UUA) code pour la leucine
* * Ser * * *	Polypeptide muté ayant des propriétés différentes de celles du polypeptide initial

DOCUMENT 5 Substitution faux-sens non conservatrice.

...ATG CAT TTA GAG AAA GGC...	brin non transcrit allèle initial
Met - His - Leu - Ac.glu - Lys - Gly	polypeptide initial
...ATG CAT TTA TAG AAA GGC...	TAG(UAG) est un triplet STOP (arrêt de la traduction)
* * * STOP	polypeptide muté incomplet en général non fonctionnel

DOCUMENT 6 Substitution non-sens.

2. Les délétions et les insertions

Les mutations par délétion **(DOCUMENT 7)** ou insertion **(DOCUMENT 8)** touchent une paire ou un petit nombre de paires de nucléotides qui sont soit supprimées soit ajoutées à la séquence nucléotidique. Elles entraînent le plus souvent un **décalage du cadre de lecture**, donc une modification complète de la séquence d'acides aminés en aval de la mutation et l'apparition fréquente d'un triplet stop anticipé. Le polypeptide codé par de tels allèles est généralement non fonctionnel.

...ATG CAT TTA GAG AAA GGC...	brin non transcrit allèle initial
Met - His - Leu - Ac.glu - Lys - Gly	polypeptide initial
...ATC ATT TAG AGA AAG GC...	perte d'une paire de bases CG (G sur le brin non transcrit en position 3)
Isol Isol STOP	polypeptide muté différent, incomplet, en général non fonctionnel (décalage du cadre de lecture)

DOCUMENT 7 Délétion.

...ATG CAT TTA GAG AAA GGC...	brin non transcrit allèle initial
Met - His - Leu - Ac.glu - Lys - Gly	polypeptide initial
...ATG CAT GGT TAG AGA AAG GC...	addition de deux paires de bases CG (G sur le brin non transcrit en 7)
* * Gly STOP	polypeptide muté différent, incomplet, en général non fonctionnel (décalage du cadre de lecture)

DOCUMENT 8 Addition (insertion).

B Les mutations de grande ampleur

1. L'expansion d'un motif

- La mutation consiste en la répétition d'une courte séquence de nucléotides, souvent un triplet. Un exemple remarquable est fourni par le gène dont certains allèles sont à l'origine d'une maladie héréditaire, la chorée de Huntington. Les premiers signes de la maladie apparaissent généralement à l'âge adulte, s'aggravent ensuite et traduisent une dégénérescence de certaines zones du cerveau : mouvements involontaires, désordonnés, perturbation du psychisme et finalement démence.

- Le **gène possède dans sa séquence une région contenant une répétition du triplet CAG :** ...CAGCAGCAGCAG... Les allèles diffèrent par le **nombre de répétitions du triplet :** entre 11 et 35 pour les allèles « normaux » ; 40 et au-delà pour les allèles à l'origine de la maladie.

2. Les duplications

Les mutations ponctuelles ne créent pas de nouveaux gènes, mais seulement de nouveaux allèles. Or, au cours de l'histoire évolutive des êtres vivants, de nouveaux gènes sont apparus, à l'origine de nouvelles fonctions.

La duplication génique est un mécanisme essentiel ayant conduit à la formation de nouveaux gènes. La duplication d'un gène signifie qu'il se forme, par un mécanisme génétique complexe, **deux gènes identiques à partir d'un seul.**

Ces duplications d'un même gène peuvent se répéter et conduire à la formation d'une famille du même gène (voir document 11, page 73). L'expression simultanée de tous ces gènes augmente la quantité de polypeptide synthétisé.

Les copies du gène dupliqué peuvent être l'objet de mutations ponctuelles différentes, pouvant conduire à des gènes différents, codant pour des protéines aux propriétés plus ou moins différentes. C'est le cas de la famille de gènes codant pour les protéines (pigments) impliquées dans la vision des couleurs (voir chapitre 11, page 292). Ces gènes appartenant à une même famille constituent une famille multigénique.

RÉCAPITULONS

- La plupart des mutations par insertion, délétion et substitution non-sens se traduisent par la synthèse de polypeptides non fonctionnels : il y a perte de fonction. Beaucoup de ces mutations sont récessives.
- Certaines mutations faux-sens, ainsi que les duplications peuvent contribuer à l'acquisition de nouvelles propriétés : il y a gain de fonction.

3 Environnement et mutations

Les effets de l'environnement sont souvent avancés pour expliquer l'apparition de mutations. Nous allons étudier quelques aspects des rapports entre facteurs environnementaux et mutations.

A Les mutations, phénomènes spontanés

Les mutations ont lieu de façon spontanée. Elles apparaissent plus fréquemment dans les cellules qui se divisent, car elles résultent d'erreurs lors de la réplication de l'ADN. Cependant, il peut également apparaître des erreurs en dehors de la réplication, lorsque l'ADN est endommagé.

1. Mise en évidence d'une mutation spontanée

C'est par l'apparition de phénotypes différents du phénotype initial que des mutations peuvent être décelées. Les organismes unicellulaires à reproduction rapide, comme la levure, constituent un matériel approprié pour révéler l'existence de mutations spontanées **(DOCUMENT 9)**.

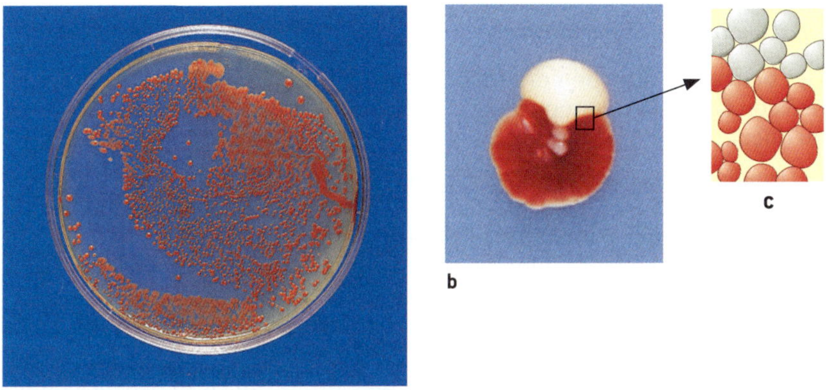

a b c

DOCUMENT 9 Mutation spontanée chez la levure. La boîte de Pétri a été ensemencée avec des levures qui, en se multipliant, forment des colonies de couleur rouge. **a.** On observe, trois jours après l'ensemencement, le développement des colonies. **b.** Seule une de ces colonies présente cet aspect. **c.** Région grossie 1 500 fois. Les levures blanches sont des mutantes.

2. La fréquence des mutations germinales dans l'espèce humaine

Dans l'espèce humaine, la fréquence moyenne des mutations germinales pour un gène est comprise entre 1 et 10 pour 10 millions de gamètes produits (1 à 10×10^{-7}).

Pour certains gènes, la fréquence est beaucoup plus élevée. C'est le cas de gènes dont certaines mutations sont à l'origine de maladies génétiques comme la myopathie de Duchenne (4 à 10×10^{-5}) ou l'hémophilie A (20 à 30×10^{-5}).

B L'environnement et la fréquence des mutations

1. Les agents mutagènes

Certains facteurs de l'environnement augmentent la fréquence des mutations. Il en existe deux grands types :
– les radiations : rayons X, ultraviolets, rayons γ d'origine atomique…
– les produits chimiques, très nombreux, dont les effets seront étudiés à propos des cancers (page 105).

2. Ultraviolets et mutations

Des boîtes de Pétri contenant de la gélose sont ensemencées avec une suspension de levures identique à celle utilisée pour ensemencer la boîte de Pétri du document 9 et donnant normalement des colonies de couleur rouge.

On irradie chaque boîte avec une lampe à rayons UV pendant un temps variable : 0 (témoin), 2, 5 et 10 secondes. Les effets des rayonnements sur les levures sont estimés trois jours après l'irradiation. On constate que :
– le nombre de colonies diminue en fonction de la durée d'exposition (DOCUMENT 10). Cette mortalité s'interprète par des mutations affectant des gènes fondamentaux pour la vie cellulaire : la fréquence de mutation de ces gènes augmente avec la durée d'irradiation ;
– le nombre de colonies blanches (mutantes) est plus élevé dans les boîtes irradiées que dans les boîtes non irradiées (DOCUMENT 10) : la fréquence des mutations touchant un des gènes intervenant dans la coloration des levures augmente avec la durée d'irradiation.

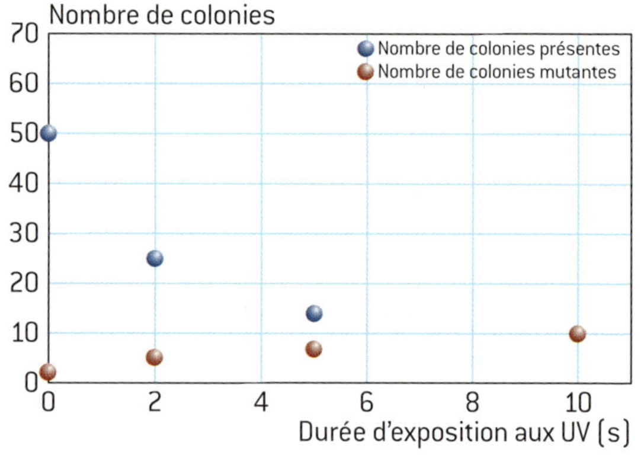

DOCUMENT 10 Courbe de survie et nombre de colonies mutantes en fonction de la durée d'exposition aux rayonnements ultraviolets.

C L'environnement oriente-t-il les mutations?

Les mutations sont-elles des réponses à l'environnement ?

Par exemple, à la suite de l'épandage d'insecticide contre les moustiques, on a détecté dans la région traitée la présence de moustiques résistants à cet insecticide.

Le phénotype [résistant] est héréditaire et on a découvert la mutation en cause : une **amplification par duplications successives d'un gène** codant pour une enzyme, l'estérase, qui neutralise les effets de l'insecticide **(DOCUMENT 11)**.

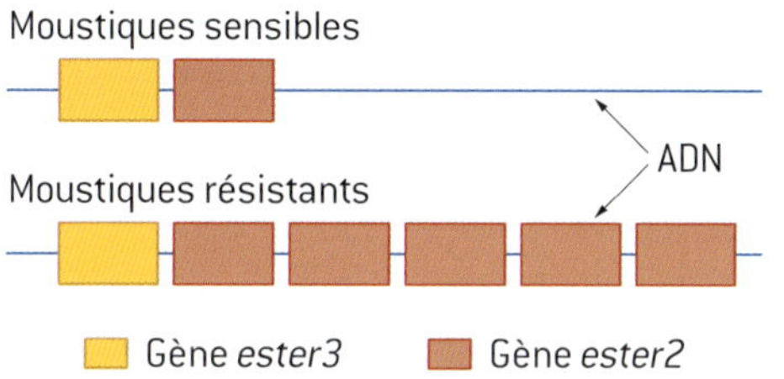

DOCUMENT 11 Les gènes *ester3* et *ester2* codent des enzymes, les estérases, qui agissent sur les insecticides organophosphorés en les empêchant d'atteindre leur cible au sein de l'organisme.

Est-ce l'épandage de l'insecticide qui est responsable de l'amplification du gène de l'estérase (*ester 2*) déjà présent chez les moustiques [sensibles] ?

Dans un article de *Médecine Sciences,* Michel Raymond et son équipe écrivent :

« Il est important de comprendre que le moustique ne mute pas pour résister aux insecticides ! De très nombreuses mutations préexistent dans les immenses populations de moustiques. Lorsque des insecticides sont présents dans l'environnement, les moustiques qui ont des mutations favorables à leur survie se reproduisent, alors que les moustiques sensibles aux toxiques meurent ! **Les mutations conférant aux moustiques la capacité de résister aux insecticides ne sont pas engendrées, mais sélectionnées par le milieu.** »

RÉCAPITULONS

• Les mutations sont des phénomènes spontanés dont la fréquence peut être augmentée par les effets d'agents mutagènes.

• Les mutations sont aléatoires : la nature de la mutation n'est pas fonction des caractéristiques de l'environnement. Si les mutations apparues spontanément confèrent aux organismes porteurs une probabilité de survie et/ou de reproduction plus importante dans le milieu de vie, elles peuvent se répandre dans la population : c'est la sélection naturelle.

• La nature des mutations n'est pas liée au milieu, mais celui-ci peut les sélectionner.

4 Mutations et biodiversité

Précédemment, nous avons étudié les divers types de mutation et examiné leurs conséquences polypeptidiques de façon un peu formelle. La présentation de ces mutations peut aussi laisser penser qu'elles sont surtout la cause de maladies génétiques. En réalité, c'est une perception fausse. Les **mutations** sont aussi à l'origine de la **biodiversité du monde vivant.**

A Mutations et biodiversité au cours de l'histoire des populations humaines

1. La coloration de la peau

Les mécanismes génétiques sous-tendant les variations de la couleur de la peau des humains sont complexes et loin d'être tous élucidés. Ce qui est sûr, c'est que plusieurs gènes sont en jeu. Un de ces gènes a été découvert en 2005, et c'est l'histoire de sa découverte que nous allons retracer.

N'oubliez pas que la plupart des **caractères** sont déterminés par plusieurs gènes ; le caractère drépanocytaire ou non, dépendant essentiellement d'un seul gène, est un cas simple, assez rare.

La découverte de ce gène a pour origine une étude chez le poisson zèbre, une espèce qui présente des rayures sombres sur ses flancs. A la suite de l'apparition d'un mutant « golden » aux rayures beaucoup plus claires, les chercheurs ont identifié le gène en cause qui, chez ce poisson, intervient dans la pigmentation de la peau.

En essayant de retrouver ce gène dans le génome humain, les chercheurs ont découvert un gène, le **SLC24A5**, dont la séquence présente de très grandes similitudes avec le gène du poisson zèbre. Ce gène existe aussi chez de nombreux autres vertébrés.

En injectant le gène humain dans un œuf de poisson zèbre golden (par transgenèse), ils ont constaté que le gène humain rétablissait la pigmentation du poisson issu de l'œuf (comme le fait l'injection de l'allèle sauvage du gène du poisson zèbre). **Le gène humain intervient donc également dans la pigmentation de la peau.**

N'oubliez pas que toutes les espèces sont apparentées : les mammifères et les poissons partagent des gènes hérités de leur **ancêtre commun** qui a vécu il y a environ 400 millions d'années.

Les chercheurs ont ensuite identifié **deux allèles** de ce gène dans les populations humaines. Les deux allèles ne diffèrent que par un nucléotide : le triplet 111 est GCA dans un allèle, ACA dans l'autre (brin non transcrit). Les polypeptides résultant de l'expression de ces deux allèles diffèrent au niveau de leur 111e acide aminé : c'est l'**alanine** (Ala) pour l'un, la **thréonine** (Thr) pour l'autre. Lorsqu'on analyse les séquences du même gène chez le chimpanzé et chez d'autres vertébrés, on trouve au codon 111 le triplet GCA qui code pour l'alanine. Cela indique que l'allèle « Ala 111 » est l'allèle ancestral présent dans les premières populations humaines. L'allèle « Thr 111 » résulte d'une mutation de cet allèle.

Dans les populations humaines, la fréquence des deux allèles est très différente. Chez les Européens, la fréquence de l'allèle « Thr » muté est comprise entre 98,7 et 100 % suivant les échantillons de population étudiés. Chez les Africains, elle est comprise entre 0 et 7 %. Des études chez des populations métissées avec des génotypes Ala//Ala, Ala//Thr et Thr //Thr montrent que statistiquement les personnes de génotype Ala//Ala ont le plus fort index mélanique (la mélanine est le pigment qui donne la couleur à la peau) et celles de génotype Thr//Thr, le plus faible. Le gène intervient bien dans la pigmentation de la peau humaine, l'allèle « Ala » entraînant une peau plus foncée, l'allèle « Thr » une peau plus claire. On estime que ce gène intervient pour 25 à 38 % des différences de l'index mélanique entre Européens et Africains ; mais d'autres gènes sont en jeu. **La mutation de l'allèle ancestral « Ala 111 » participe donc à la diversité de la couleur de peau chez les humains.**

Il reste à comprendre la différence de fréquence considérable de l'allèle ancestral et de l'allèle muté suivant les populations. Les premières populations d'*Homo sapiens* sont apparues en Afrique il y a un peu moins de 200 000 ans ;

entre –70 000 et –60 000 ans, des populations ont quitté l'Afrique et colonisé les autres régions du monde. L'allèle muté étant présent dans toutes les populations, la mutation a probablement eu lieu avant la sortie d'*Homo sapiens* d'Afrique. La mutation germinale à l'origine de l'allèle muté a dû se produire chez un ou quelques individus.

- Les mécanismes permettant **l'extension** d'un allèle dans les populations sont la **sélection naturelle et la dérive génique**. Dans le cas du gène SCL24A5, c'est la sélection naturelle qui est en cause. Une faible pigmentation de la peau dans les régions très ensoleillées assure une mauvaise protection contre les UV : c'est pourquoi dans les régions africaines, l'allèle « Thr » est soumis à une pression sélective négative et ne se répand pas dans les populations. Dans les régions européennes à plus faible éclairement, l'allèle « Thr » est soumis à une pression sélective positive et l'allèle ancestral à une pression négative. En effet, les UV en faible quantité sont indispensables pour la formation de vitamine D à partir d'un précurseur dans les cellules de la peau. En faible ensoleillement, l'absorption importante des UV par la mélanine fait que la synthèse de vitamine D est insuffisante chez les individus à la peau noire, d'où la sélection négative. **Nous portons dans notre bagage génétique l'histoire de nos ancêtres.**

LA SÉLECTION NATURELLE

La sélection naturelle peut agir sur la fréquence des allèles des gènes dans une population si trois conditions sont remplies :
– existence d'une variation phénotypique (morphologique, physiologique ou comportementale) au sein de la population ;
– existence d'un déterminisme génétique pour cette variation ;
– existence d'une relation plus ou moins directe entre la variation phénotypique et la survie et/ou l'aptitude à la reproduction des divers phénotypes.
Si ces trois conditions sont remplies, la sélection naturelle peut provoquer un changement orienté de la fréquence des allèles en favorisant l'expansion de ceux qui confèrent aux individus une probabilité de survie et de reproduction plus grande.

B Mutations et biodiversité des poissons de l'océan austral

- Les eaux de l'océan austral sont très froides, entre –2 et +2 °C. Elles sont aussi très oxygénées, car le dioxygène est d'autant plus soluble dans l'eau que la température est basse. Dans ces eaux très froides vivent des poissons appartenant au groupe des Notothénioïdes. Ces espèces ont des caractéristiques remarquables : elles possèdent des **protéines antigel** qui les protègent du gel.

Grâce aux protéines antigel, la température de congélation du sang baisse à –2,2 °C. Ces poissons qui possèdent tous des protéines antigel **montrent en outre une certaine diversité** : certains, appelés « poissons des glaces », ont un sang incolore : ce sont les seuls vertébrés qui peuvent vivre sans hémoglobine. Chez eux, le dioxygène capté par les branchies est transporté vers les organes uniquement sous forme dissoute. Il est à noter que ces poissons sont incapables de vivre dans des eaux moins oxygénées que celles de l'océan austral.

Des poissons du même groupe, vivant dans des eaux moins froides, n'ont pas de protéines antigel et ont le sang rouge, car il contient de l'hémoglobine. Les Notothénioïdes offrent donc une **biodiversité remarquable**. Les eaux de l'océan austral n'ont pas toujours été froides comme aujourd'hui. Il y a une cinquantaine de millions d'années, leur température était de l'ordre de 20 °C. Avec l'isolement du continent antarctique, leur température a beaucoup baissé. Les ancêtres des poissons de l'océan austral n'auraient pas pu vivre dans les eaux actuelles. **Il s'agit d'une évolution associée à un changement d'environnement.**

Quelles sont les mutations qui ont permis à ces poissons de vivre dans un milieu aussi froid ? Les plus importantes sont celles qui les ont doté de **protéines antigel**. Ces dernières ont des caractéristiques uniques dans leur séquence car on y trouve la répétition d'un motif de 3 acides aminés thréonine-alanine-alanine (le nombre de répétitions varie suivant l'espèce et peut dépasser 40). Le **gène qui code pour cette protéine** antigel comprend lui aussi un motif répété de 9 nucléotides (qui code pour thréonine-alanine-alanine) : ACA-GCG-GCA. Ce gène n'existe pas chez les poissons qui n'ont pas de protéine antigel. C'est donc un **nouveau gène qui est apparu au cours de l'histoire de ce groupe de poissons.**

On a essayé de comprendre comment s'était formé ce gène. Dans le génome des poissons, on a trouvé un gène qui code pour une enzyme pancréatique, la trypsine, et qui présente des similitudes étonnantes avec le gène « antigel ». Dans la séquence codante on trouve le motif ACA-GCG-GCA, mais en un seul exemplaire. A partir de là, les chercheurs ont reconstitué les mutations ayant conduit au gène antigel (DOCUMENT 12) :
- **duplication** du gène de la trypsine ;
- **délétion** d'une grande partie de la séquence codante d'un des duplicatas mais pas du motif de 9 nucléotides ;
- amplification du motif à de nombreuses reprises.

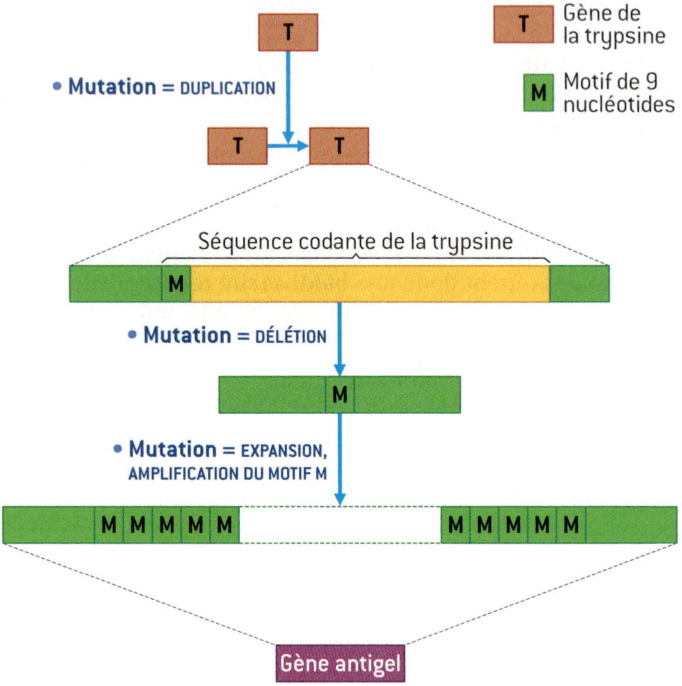

DOCUMENT 12 **Histoire des mutations conduisant au gène antigel.**

> Il faut retenir que l'**évolution** ne crée pas du neuf à partir de rien ; elle fait du neuf avec du vieux, à la manière d'un bricoleur.

L'autre caractéristique remarquable des poissons des glaces, l'absence d'hémoglobine, résulte **d'une délétion du gène bêta et d'une partie du gène alpha** qui, chez les autres poissons, codent pour les chaînes alpha et bêta de l'hémoglobine.

Au niveau d'un groupe, **la biodiversité** provient des **mutations qui engendrent des gènes nouveaux,** mais aussi des **mutations qui en suppriment d'autres par délétion.**

RÉCAPITULONS

- Nous sommes tous des mutants et portons dans notre génome les mutations acquises au cours de l'histoire de notre espèce et sélectionnées par les environnements successifs.
- La diversité des individus dans une population (coloration claire ou foncée de la peau, aptitude à digérer le lactose ou non...) est liée à des mutations. Les mutations sont à l'origine de la biodiversité.

SCHÉMA BILAN

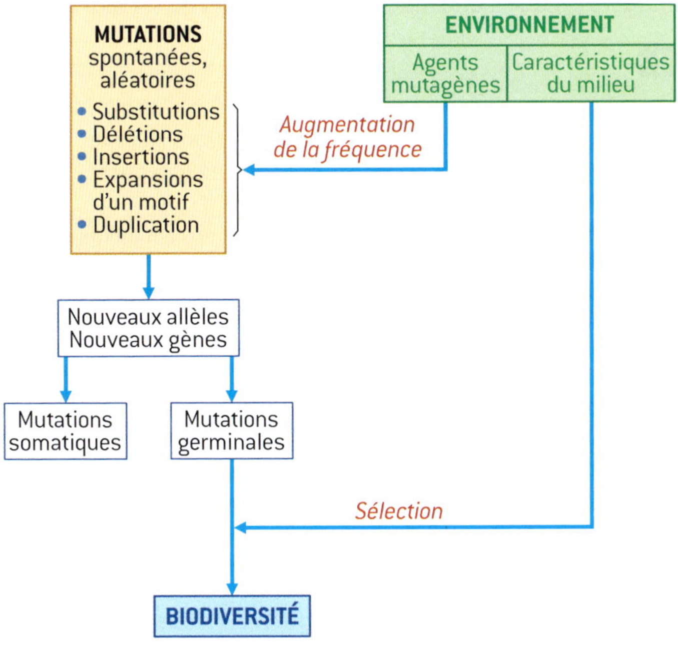

DOCUMENT 13 **Origine de la biodiversité.** Les mutations sont à l'origine de la biodiversité. L'environnement est un facteur de biodiversité car il peut augmenter la fréquence des mutations et sélectionner les formes mutantes les mieux adaptées.

Montrer que les allèles d'un seul gène sont impliqués dans une différence phénotypique

ÉNONCÉ

Dans un élevage de poissons zèbres (*Danio rerio*) dont les flancs présentent des rayures sombres (phénotype sauvage), on a vu apparaître un poisson (le mutant golden) aux rayures beaucoup plus claires.

Le croisement entre le mutant golden clair et la forme sauvage sombre donne une première génération F1 où tous les poissons ont des rayures sombres.

Croisés entre eux, ces poissons F1 donnent une génération F2 constituée de 35 poissons aux rayures sombres et 11 poissons golden clairs.

Montrer que la différence phénotypique entre la forme sauvage et la forme golden mutante est due à une mutation ne touchant qu'un seul gène.

MÉTHODE

Une différence phénotypique peut être due à plusieurs gènes ; il y a donc plusieurs hypothèses possibles. On vous demande ici de valider l'hypothèse selon laquelle la différence phénotypique est due à un seul gène.

Les notions abordées ici, qui concernent la transmission des allèles de génération en génération, seront également utilisées dans le chapitre 4 à propos des maladies génétiques.

Dans ce cas, il faut toujours **se placer dans la situation où l'hypothèse est valable et en déduire les résultats théoriques qu'on devrait obtenir au cours des croisements indiqués.** Il faut ensuite confronter ces résultats théoriques avec ceux qui vous sont proposés. S'ils sont identiques, l'hypothèse est confirmée ; s'ils sont différents, l'hypothèse est infirmée.

Il faut déterminer si le phénotype mutant est dominant ou récessif.

Se rappeler que toutes les cellules somatiques possèdent deux allèles d'un gène alors que les cellules germinales (gamètes) n'en ont qu'un seul.

CORRIGÉ

Si la différence phénotypique est due à un seul gène, la génération F1 montre que le phénotype mutant golden est récessif. Désignons par **g** l'allèle golden et par **g^+** l'allèle sauvage.

Revoir la signification des termes homozygote et hétérozygote page 50.

Premier croisement

Génotypes des parents	$g^+//g^+$ [sauvage]	$g//g$ [golden]
Gamètes	100 % g^+	100 % g

1re génération F1 : 100 % $g^+//g$ [sauvage]

Le parent de phénotype sauvage est bien homozygote $g^+//g^+$ puisque la population F1 est homogène, entièrement de phénotype sauvage.

Deuxième croisement

Génotypes	Mâle F1 : $g^+//g$	Femelle F1 : $g^+//g$
Gamètes	50 % g^+ et 50 % g	50 % g^+ et 50 % g

2e génération F2

L'échiquier de croisement ci-dessous (que vous devez vous habituer à construire) traduit la rencontre au hasard des gamètes au cours de la fécondation et permet de prévoir la composition de la génération F2.

Gamètes ♂ / Gamètes ♀	50 % g^+	50 % g
50 % g^+	25 % $g^+//g^+$ [sauvage]	25 % $g^+//g$ [sauvage]
50 % g	25 % $g^+//g$ [sauvage]	25 % $g//g$ [golden]

Les résultats théoriques (75 % sauvages et 25 % golden) concordent avec les résultats observés (35 sauvages et 11 golden, soit à peu près 3/4-1/4). L'hypothèse est donc validée.

SE TESTER QUIZ

1 Notions clés

Associer à chaque élément du premier ensemble, relatif à divers types de mutations, un ou plusieurs éléments du second ensemble.

1. L'insertion de nucléotides ☐
2. La duplication d'un gène ☐
3. La substitution de nucléotides ☐
4. La délétion de nucléotides ☐
5. L'amplification d'un fragment du gène ☐

☐ a. ne modifie pas le nombre de nucléotides du gène

☐ b. peut n'avoir aucune conséquence sur la séquence d'acides aminés du polypeptide codé par le gène

☐ c. peut être à l'origine d'un nouvel allèle codant pour un polypeptide tronqué par rapport au polypeptide codé par l'allèle initial

☐ d. fait que ce gène est représenté en plus de deux exemplaires dans le génome de la cellule ayant la mutation

☐ e. peut conduire à un allèle codant pour un polypeptide ayant exactement la même séquence d'acides aminés que le polypeptide codé par l'allèle initial

☐ f. se traduit par la répétition d'un même motif dans la séquence de l'allèle muté

☐ g. conduit à un allèle ayant plus de nucléotides que l'allèle initial

☐ h. est aléatoire

2 Les thalassémies

Les allèles THA1, THA5 et THA8 codent pour la chaîne bêta de l'hémoglobine. Ils sont à l'origine de maladies génétiques, les thalassémies, caractérisées par l'absence de chaîne bêta de l'hémoglobine dans les hématies. Ces allèles résultent de mutations indépendantes de l'allèle bêta qui code pour

une chaîne bêta normale de 146 aminés. Les caractéristiques des polypeptides résultant de l'expression des allèles THA1, THA5 et THA8 sont indiquées ci-dessous :
– THA1 : le polypeptide n'a que 17 acides aminés, identiques aux 17 premiers acides aminés de la chaîne bêta normale ;
– THA5 : le polypeptide n'a que 73 acides aminés. Les 72 premiers sont identiques à ceux de la chaîne bêta normale ; le 73e est différent. En outre, la région codante de l'ARN messager correspondant à THA5 comprend 439 nucléotides ;
– THA8 : le polypeptide comprend 59 acides aminés ; sa séquence est la même que celle de la chaîne bêta normale jusqu'au 42e acide aminé ; après, elle diffère. La séquence codante de l'ARN messager comprend 434 nucléotides.

Parmi les types de mutation suivants, substitutions silencieuse, faux-sens, non-sens, délétion et insertion, indiquer celle qui est à l'origine de chacun des trois allèles.

S'ENTRAÎNER

3 Des variations entre humains concernant l'amylase salivaire

L'amylase salivaire est une enzyme présente dans la salive qui assure la digestion de l'amidon, glucide abondant dans les céréales (donc dans les farines, le pain), les tubercules et certains fruits comme les bananes.

a. En 2007, Perry et son équipe publient un article intitulé : « *Diet and the evolution of human amylase gene copy number variation.* »

Chez une population de 50 Européens et Américains d'origine européenne, ils ont recherché le nombre de copies du gène *AMY1* présents dans le génome de ces personnes et ont constaté d'importantes variations et ont en même temps déterminé la quantité d'amylase salivaire présente dans la salive de chacune des 50 personnes. Le DOCUMENT 14 indique la quantité d'amylase de la salive en fonction du nombre de copies du gène *AMY1* présentes chez chaque personne.

Extraire de l'analyse du DOCUMENT 14 les deux informations qui vous semblent les plus significatives.

Sachant que la séquence de tous les gènes présents chez un individu sont quasi identiques, proposer une explication à l'une de ces deux informations.

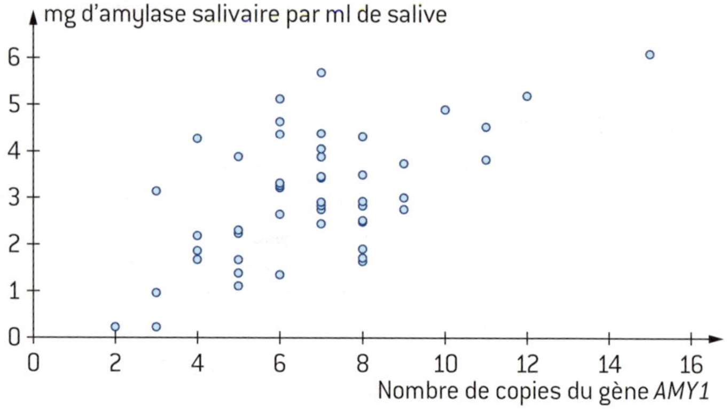

DOCUMENT 14

b. Les auteurs ont recherché le nombre de copies du gène *AMY1* présentes dans le génome du chimpanzé. Chez les 15 chimpanzés analysés, ils n'ont trouvé aucune variation : tous possédaient uniquement deux copies du gène.

À partir de cette indication, indiquer la nature des mutations ayant affecté ce gène au cours de l'histoire des populations humaines.

c. Les auteurs ont ensuite étudié **(DOCUMENT 15)** la variabilité du nombre de copies de ce gène dans des populations ayant une alimentation riche en amidon (Européens, Japonais et Hadza, une population africaine de chasseurs cueilleurs) et dans des populations dont l'alimentation est historiquement pauvre en amidon (Yakut, une population d'Asie se nourrissant surtout de poisson, Mbuti, Datog et Biaka, des populations d'Afrique centrale et de l'Est).

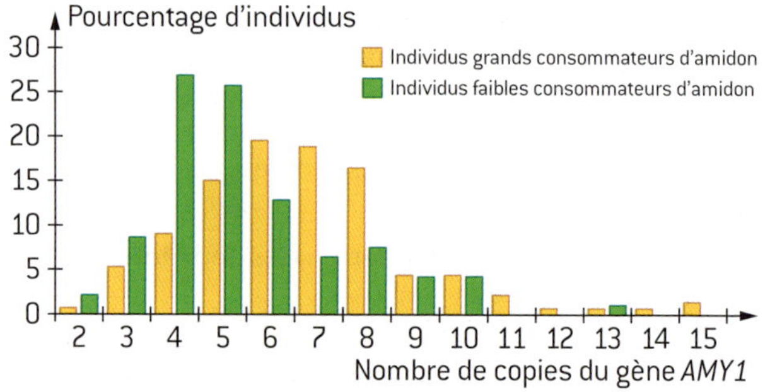

DOCUMENT 15

Quelle information peut-on tirer de l'analyse du document 15 sur le nombre de copies du gène en fonction du régime alimentaire ? Proposer une explication.

OBJECTIF BAC

4 Les épinoches

Les épinoches (*Gasterosteus aculeatus*) sont des poissons des zones côtières et des lacs. Il existe plusieurs différences phénotypiques entre les formes marines et les formes lacustres, notamment en ce qui concerne les nageoires pelviennes. Chez les formes marines, ces nageoires sont développées et possèdent des épines pelviennes. Chez les formes lacustres, ces nageoires sont atrophiées et sans épines.

Les lacs d'Amérique du Nord où vivent les épinoches lacustres se sont formés à la suite de la fonte de la calotte glaciaire entre –20 000 et –10 000 ans. Les épinoches lacustres actuelles proviennent donc d'épinoches marines ayant colonisé les lacs.

À partir des informations extraites des documents A et B, et mises en relation avec vos connaissances, montrer que la différence phénotypique entre les épinoches marines et lacustres est due aux effets d'un seul gène. Proposer une explication au changement phénotypique observé à la suite de la colonisation des eaux lacustres par les épinoches marines.

DOCUMENT A

Pour comprendre l'origine de cette différence phénotypique, les chercheurs ont effectué des croisements entre épinoches marines et épinoches lacustres. Ils ont constaté que les épinoches de la première génération (F1) avaient des nageoires pelviennes bien développées avec épines.

En croisant entre eux des individus F1, ils ont obtenu une génération F2 qui, statistiquement, comprenait 123 individus aux nageoires pelviennes développées et 39 aux nageoires pelviennes atrophiées, sans épines.

DOCUMENT B

Les chercheurs ont par la suite identifié ce gène qu'ils ont appelé *Pitx1*. Ils ont déterminé la séquence codante des allèles du gène présente chez les formes marines et celle des allèles du gène présents chez les formes lacustres, et ont constaté que les séquences étaient identiques.

Poussant leur étude, ils ont recherché la présence de l'ARN messager du gène dans les ébauches de nageoires des embryons des formes lacustres et des formes marines. Ils ont constaté la présence d'ARN messager du gène *Pitx1* uniquement chez les embryons des formes marines.

SE TESTER

1 Notions clés

Les associations correctes sont : **1** c, g, h – **2** d, h – **3** a, b, c, e, h – **4** c, h – **5** f, g, h.

2 Les thalassémies

Mutations à l'origine des allèles :

– THA1 : substitution non-sens ; le 18e triplet (codon) devient un triplet STOP ;

– THA5 : insertion d'un nucléotide au niveau du 73e triplet ; il en résulte un décalage du cadre de lecture avec un 73e triplet différent et un 74e qui devient un codon STOP ;

– THA8 : puisque l'ARNm ne comporte que 434 nucléotides, la mutation est une délétion de 4 nucléotides ; elle intéresse le 43e triplet et le premier nucléotide du 44e ; il en résulte l'apparition d'un STOP au 60e triplet.

S'ENTRAÎNER

3 Des variations entre humains concernant l'amylase salivaire

Chaque petit cercle représente un individu.

a. Première information : la quantité d'amylase dans la salive augmente avec le nombre de gènes de l'amylase.

Deuxième information : pour un nombre de copies données, il y a des variations importantes de la quantité d'amylase produite suivant les individus.

La première information s'explique : si chaque gène présent s'exprime, la quantité d'amylase produite augmente avec le nombre de copies.

En ce qui concerne la deuxième information, elle peut s'expliquer par des variations dans l'expression de ces gènes suivant les individus. Des duplicatas peuvent aussi être non fonctionnels par suite de mutations les ayant affectés après duplication.

b. On peut admettre que l'ancêtre commun à l'homme et au chimpanzé n'avait que deux copies du gène. L'augmentation du nombre de gènes résulte de mutations par duplication dans la lignée humaine.

c. Statistiquement, le nombre de copies du gène est plus grand dans les populations grandes consommatrices d'amidon que dans les populations faibles consommatrices d'amidon.

On peut penser que dans l'histoire des populations à alimentation riche en amidon, le fait de produire beaucoup d'amylase salivaire a pu constituer un avantage sélectif en faveur des personnes ayant un grand nombre de duplicatas.

Par contre, chez les populations faibles consommatrices d'amidon (éleveurs, pêcheurs) le fait de produire beaucoup d'amylase ne confère aucun avantage sélectif et n'est donc pas ou peu sélectionné.

OBJECTIF BAC

4 Les épinoches

Revoir la « méthode » page 80.

Exploitation du document A. Admettons (hypothèse proposée) que la différence phénotypique soit due à un seul gène. Appelons **se** l'allèle « sans épine » et **se⁺** l'allèle « avec épines ». Les individus F1 possédant tous des épines, l'allèle **se** est récessif et **se⁺** dominant.

Les parents [avec épines] sont bien homozygotes se⁺//se⁺ puisque la population F1 est homogène, entièrement de phénotype [avec épines].

Premier croisement

Parents	se⁺//se⁺	se//se
Gamètes	100 % se⁺	100 % se

F1 : 100 % se⁺//se

Deuxième croisement

Parents	se⁺//se	se⁺//se
Gamètes	50 % se⁺ et 50 % se	50 % se⁺ et 50 % se

F2 : L'échiquier prévisionnel de croisement ci-dessous traduit la rencontre au hasard des gamètes et permet de prévoir la composition de la génération F2.

Gamètes ♂ / Gamètes ♀	50 % se^+	50 % se
50 % se^+	25 % $se^+//se^+$ [avec épines]	25 % $se^+//se$ [avec épines]
50 % se	25 % $se//se^+$ [avec épines]	25 % se//se [sans épine]

Ces résultats théoriques (75 % avec épines et 25 % sans épine) concordent avec les résultats observés (123 avec épines et 39 sans épine, soit à peu près $\frac{3}{4} - \frac{1}{4}$.

La différence phénotypique entre les épinoches marines et les épinoches lacustres est bien due aux effets d'un seul gène.

Exploitation du document B. La différence phénotypique entre épinoches lacustres et marines ne s'explique pas par une différence dans la séquence codante des deux allèles *Pitx1* car elles sont identiques. Il faut donc envisager une différence dans l'expression de ces allèles. L'allèle se^+ s'exprime dans le territoire des nageoires pelviennes assurant leur développement et la présence d'épines, alors que l'allèle se ne s'exprime pas dans ce territoire.

L'absence d'ARNm dans la région pelvienne des poissons lacustres confirme que les allèles se ne s'expriment pas chez eux dans le territoire pelvien.

Bilan

La différence phénotypique est due aux effets d'un seul gène et les allèles du gène présents chez les épinoches lacustres ne s'expriment pas dans le territoire des nageoires pelviennes au cours du développement. On peut penser que l'allèle se de ce gène diffère de l'allèle se^+ au niveau de la zone régulatrice de l'expression du gène.

Les épinoches lacustres proviennent d'épinoches marines. L'allèle se provient d'une mutation de l'allèle se^+. Le fait que la très grande majorité des formes lacustres soit sans épine indique que l'allèle se s'est répandu dans ces populations, sans doute parce qu'il conférait un avantage sélectif en milieu d'eau douce.

On a montré que les larves de libellules présentes dans ces lacs capturent préférentiellement les épinoches possédant des épines.

Cet exemple montre que la mutation d'une zone régulatrice de l'expression d'un gène introduit de la biodiversité (deux variétés d'épinoches là où il n'y en avait qu'une seule).

www.annabac.com

CHAPITRE

4 Variation génétique et santé

Les notions abordées dans les trois premiers chapitres permettent d'envisager des questions de santé liées à la génétique : déterminisme et transmission de maladies génétiques, aspects génétiques du cancer, acquisition de la résistance aux antibiotiques par les bactéries.

1 Une maladie monogénique : la mucoviscidose

A Le phénotype clinique de la maladie

Le phénotype de la mucoviscidose se caractérise par des troubles du fonctionnement de nombreux organes, en particulier de l'appareil digestif et de l'appareil respiratoire.

1. Les atteintes digestives

- Le **pancréas** sécrète un suc riche en enzymes digestives, qui se déverse dans l'intestin par des canaux pancréatiques. Chez le malade, ces canaux sont plus ou moins obstrués par un mucus visqueux, sécrété par des cellules de leur paroi, alors qu'il est naturellement fluide. Cela a deux conséquences : une mauvaise digestion des lipides et protéines alimentaires, à cause d'une déficience en apport d'enzymes pancréatiques, et une destruction progressive du pancréas.
- Le mucus sécrété par des cellules de la paroi de l'intestin est lui aussi beaucoup plus visqueux que normalement : cela entraîne un ralentissement du transit intestinal avec douleurs abdominales et constipation plus ou moins graves.

2. Les atteintes pulmonaires

- Les bronchioles du malade sont également encombrées par un mucus beaucoup plus visqueux que normalement. Il en résulte des troubles respiratoires en raison de l'obstruction partielle, puis totale des petites bronches.

Ce mucus, difficile à évacuer, est en outre colonisé par des bactéries, à l'origine d'épisodes infectieux répétés qui conduisent, à terme, à la destruction du tissu pulmonaire.

3. D'autres atteintes

En plus des troubles digestifs et respiratoires, d'autres tissus et organes sont atteints. Le foie connaît une obstruction des canaux biliaires, liée à la présence d'un mucus trop visqueux, donc mal évacué ; les glandes sudoripares sécrètent une sueur plus riche en sel que la normale, ce qui est à la base du diagnostic de la maladie.

B La mucoviscidose, maladie génétique

La fréquence de la maladie, touchant auparavant 1 nouveau-né sur 2 500 naissances, est aujourd'hui descendue à 1 sur 4 600.

La **baisse** de $\frac{1}{2500}$ à $\frac{1}{4600}$ est essentiellement liée au dépistage prénatal qui, par avortement thérapeutique, limite la naissance d'enfants malades.

1. La mucoviscidose, maladie génétique héréditaire

Le phénotype de la mucoviscidose a été bien défini à la fin des années 1930 et trois hypothèses ont été proposées pour rendre compte de son origine : maladie due à déficit nutritionnel durant la grossesse, maladie de nature infectieuse, maladie génétique héréditaire. Pour tester cette dernière hypothèse, les études ont porté sur un grand nombre de **familles où un enfant est atteint** : les chercheurs ont fait l'inventaire des frères et sœurs de l'enfant malade de façon à déterminer ceux qui sont eux-mêmes atteints et ceux qui ne le sont pas.

Au cours d'une première étude de ce type (à une époque où le dépistage prénatal n'existait pas) portant sur 58 frères et sœurs d'enfants malades, on a obtenu les résultats suivants.

	Atteints	Non malades	Total
Frères et sœurs d'enfants malades	13	45	58

Le rapport $\frac{\text{enfants atteints}}{\text{nombre total d'enfants}}$ est égal à $\frac{13}{58}$ soit 22,4 %.

Or, dans la **population générale,** la fréquence de la maladie était de $\frac{1}{2500}$ au moment de cette étude (soit 0,04 %).

La fréquence beaucoup plus élevée de la maladie dans les familles où un enfant est atteint que dans la population générale confirme l'hypothèse qu'il s'agit bien d'une **maladie héréditaire.**

2. Une hérédité liée à un seul gène

L'arbre généalogique (DOCUMENT 1) permet de visualiser la transmission de la maladie dans les familles à risque. Sa caractéristique essentielle est que **les parents d'enfants atteints ne sont jamais malades :** le phénotype malade est donc **récessif.**

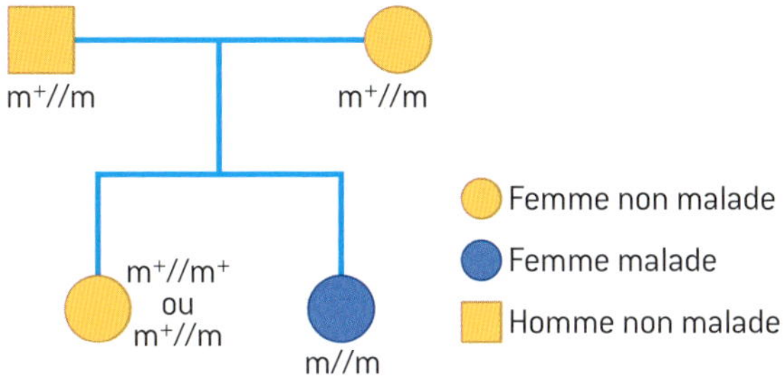

DOCUMENT 1

Revoir la méthode page 81 pour interpréter le document proposé.

La transmission de la maladie s'explique en formulant l'hypothèse qu'un seul gène est en jeu (le rapport de 22,4 % trouvé dans les études familiales est proche du rapport théorique de 25 %). L'allèle responsable de la maladie (m) est récessif, l'allèle normal (m^+) est dominant.

Les parents d'un enfant malade sont hétérozygotes. La fréquence des hétérozygotes pour cette maladie dans la population européenne est d'environ 1/25.

3. Le gène impliqué

Le gène, appelé *CFTR*, comme la protéine qu'il code, a été localisé sur le chromosome 7. Actuellement, on connaît plus de 1500 mutations de ce gène, chacune à l'origine d'une forme plus ou moins grave de mucoviscidose.

La mutation du gène *CFTR* la plus fréquente (65 à70 %) est la mutation ΔF508, qui correspond à une délétion de 3 nucléotides se traduisant par la perte d'un acide aminé, la phénylalanine, en position 508.

4. Du phénotype moléculaire au phénotype clinique

Le gène *CFTR* s'exprime dans les cellules de la paroi des bronches, des canaux pancréatiques, biliaires, etc. Il code une protéine de 1480 acides aminés qui forme un canal dans la membrane de ces cellules. Son bon fonctionnement assure la fluidité du mucus.

La mutation ΔF508 empêche la protéine mutée (de 1479 acides aminés) de s'insérer dans la membrane. Le mucus est alors visqueux et ne peut être évacué.

RÉCAPITULONS

Du génotype au phénotype clinique

	Normal	Malade
Génotype	Au moins 1 allèle normal du gène *CFTR*	2 allèles mutés du gène *CFTR*
Phénotype moléculaire	Protéine CFTR normale	Protéine CFTR mutée
Phénotype cellulaire	Canaux membranaires présents	Canaux membranaires absents
Phénotype macroscopique	Mucus fluide	Mucus épais, visqueux et conséquences cliniques

C Environnement et traitement de la maladie

C'est par des modifications de l'environnement du patient atteint que l'on traite le phénotype clinique.

Au niveau pulmonaire :
– **la kinésithérapie** vise à éliminer le mucus épais des bronches ;
– **l'antibiothérapie** lutte contre les infections microbiennes ;
– **des bronchodilatateurs** facilitent les échanges respiratoires ;
– **des mucolytiques** détruisent ou fluidifient le mucus ;
– **l'oxygénothérapie** apporte un supplément de dioxygène afin de maintenir ou rétablir une bonne oxygénation du sang…

Au niveau de l'appareil digestif :
– **suivre un régime** pauvre en graisses, car elles sont mal digérées en raison du déficit enzymatique ;
– **prendre des extraits pancréatiques** sous forme de gélules protégées de la digestion gastrique et libérant leur contenu enzymatique dans l'intestin…

Ces traitements sont **palliatifs** : ils agissent sur les symptômes et non sur les causes. Ils ont pour but de soulager les douleurs, d'améliorer la qualité de vie et de retarder l'évolution de la maladie.

D La thérapie génique

Les tentatives de thérapie génique sont encore actuellement limitées au traitement des poumons. Contrairement aux traitements palliatifs, la thérapie génique cherche à agir au niveau des **phénotypes moléculaire et cellulaire**. Son principe consiste à introduire un allèle sain du gène dans les cellules touchées. Pour cela, on utilise un vecteur, en général un virus inactivé, dans lequel on a introduit le gène *CFTR*. On espère que les cellules ayant reçu et incorporé ce gène vont l'exprimer et produire ainsi des protéines CFTR normales. Malheureusement, les résultats cliniques obtenus jusqu'à présent ne sont pas probants.

Il n'existe pas aujourd'hui de **traitement curatif** de la maladie, c'est-à-dire de traitement permettant d'agir sur ses causes plutôt que sur ses symptômes.

E Le risque génétique

- L'évaluation d'un risque génétique repose sur la connaissance du mode de transmission de la maladie, ici sur le fait que la mucoviscidose est une maladie monogénique récessive.

- Le couple 4-5 de l'arbre généalogique (DOCUMENT 2) attend un enfant. Il souhaite savoir quel est le risque (c'est-à-dire la probabilité) pour que cet enfant soit atteint de mucoviscidose étant donné la présence d'un cas de cette maladie dans la famille.

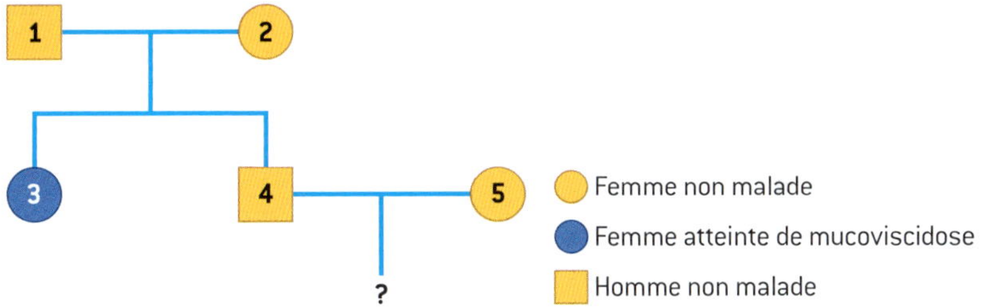

DOCUMENT 2 Arbre généalogique d'une famille atteinte de la mucoviscidose.
Le couple 4-5 n'est pas atteint par la maladie. Il faut que les deux membres du couple soient hétérozygotes pour connaître un risque d'avoir un enfant malade.

- Un individu **homozygote** (pour un gène donné) possède deux allèles identiques d'un gène.
- Un individu **hétérozygote** (pour un gène donné) possède deux allèles différents d'un gène.

La femme 5 n'a pas, sans autres précisions, de cas de mucoviscidose dans son ascendance ; la probabilité pour qu'elle soit hétérozygote est donc de 1/25 comme dans la population générale en Europe.

L'homme 4 a des parents 1 et 2 hétérozygotes **$m^+//m$** (avec **m** allèle muté récessif et **m^+** allèle normal dominant), car ils ont une fille 3 malade de génotype m//m. Les génotypes possibles des enfants du couple 1-2 sont regroupés dans l'échiquier de croisement ci-dessous.

Gamètes de 1 / Gamètes de 2	m^+	m
m^+	$m^+//m^+$ [non malade]	$m^+//m$ [non malade]
m	$m//m^+$ [non malade]	m//m [malade]

L'individu 4 n'est pas malade ; il peut donc avoir un des deux génotypes **$m^+//m^+$** ou **$m^+//m$**. L'échiquier de croisement indique que la **probabilité qu'il soit hétérozygote est de 2 sur 3**.

La probabilité pour que 4 et 5 soient tous les deux hétérozygotes est égale au produit des probabilités pour que chacun le soit : $2/3 \times 1/25$.

S'ils sont tous les deux hétérozygotes, ils ont, comme le couple 1-2 (voir le tableau ci-dessus), une chance sur quatre d'avoir un enfant atteint.

Le risque pour le couple 4-5 d'avoir un enfant malade est donc de : $\frac{2}{3} \times \frac{1}{25} \times \frac{1}{4} = \times \frac{1}{150}$.

RÉCAPITULONS

- Une maladie héréditaire monogénique est due à la possession d'au moins un allèle muté d'un seul gène, hérité des parents. Cette mutation peut être récessive (présence de deux allèles mutés du gène chez le malade) ou dominante (un seul allèle muté suffit pour que la maladie apparaisse).
- Des facteurs de l'environnement peuvent influer sur le phénotype clinique de ce type de maladie : un traitement palliatif permet de soulager les patients et de ralentir l'évolution de la maladie.

2 Une maladie multifactorielle : le diabète de type 2

Il existe des maladies héréditaires beaucoup plus communes que les maladies monogéniques et qui sont dites maladies à hérédité complexe ou maladies multifactorielles. Nous allons utiliser l'exemple du diabète de type 2 pour étudier les modalités de cette forme d'hérédité.

A Le diabète de type 2 : définition et phénotype

1. Définition biologique

- La concentration du glucose dans le plasma sanguin (**glycémie**) chez un individu non diabétique est « maintenue » en permanence au voisinage de 1 g·L^{-1}. Cette relative constante de la glycémie est assurée par un système de régulation faisant notamment intervenir une hormone pancréatique, l'**insuline**. Des défaillances de ce système sont à l'origine du diabète.
- On parle de diabète (ou d'hyperglycémie chronique) lorsque la glycémie est de façon permanente supérieure à 1,26 g·L^{-1}, à jeun.

LES DEUX TYPES DE DIABÈTE

• Le diabète de **type 1** (10 à 15 % des diabétiques en France) survient généralement chez le jeune et se traduit par une insuffisance grave ou totale de la sécrétion d'insuline. Il est dit insulinodépendant.

• Le diabète de **type 2** (85 à 90 % des diabétiques en France) survient le plus souvent après 45-50 ans. Il est liée à la fois à une déficience plus ou moins marquée de la sécrétion d'insuline et surtout à une réponse insuffisante des organes cibles de celle-ci (foie, muscles, tissu adipeux), d'où le terme insulinorésistant utilisé pour qualifier ce type de diabète.

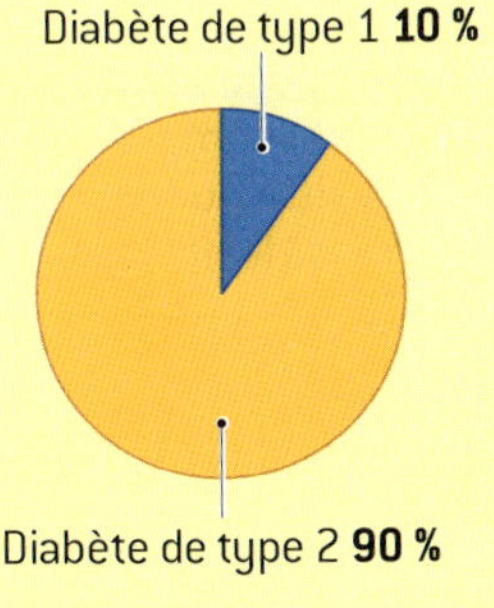

2. Conséquences cliniques

- Une hyperglycémie chronique provoque à long terme des anomalies dans l'irrigation des organes, provoquées par des lésions des capillaires sanguins. Cela peut entraîner des atteintes graves de certains tissus ou organes, en particulier de la rétine (rétinites) et des reins.

Dans un premier temps, les troubles sont peu visibles et la découverte de la maladie peut être fortuite, lors d'un bilan de santé dans la moitié des cas. C'est donc le phénotype biochimique (révélé par le taux de glycémie) qui est le plus souvent à l'origine du diagnostic.

Faute d'examen systématique, un **diabétique** sur deux s'ignore.

En France, la prévalence du diabète, qui était de 3 % en 1998, avec 92 % de diabétiques de type 2, est passée à près de 4 % en 2007 (ce qui correspond à environ 2 500 000 individus touchés).

La **prévalence** est le nombre de cas présents à un moment donné dans une population donnée (anciens cas comme nouveaux cas).

B Origine de la maladie

1. Origine génétique, environnementale ou les deux ?

Le **document 3** présente les résultats d'une étude qui compare deux groupes d'Indiens Pimas ayant migré il y a 700 ans depuis le continent asiatique : l'un s'est implanté en Arizona, l'autre a poursuivi sa route jusqu'au Mexique.

Les Pimas du Mexique vivent dans une région montagneuse difficile d'accès et gardent un mode de vie ancestral, alors que les Pimas d'Arizona, implantés près de Phoenix, sont très influencés par la civilisation occidentale. Un groupe de Mexicains voisins des Pimas du Mexique a également été examiné.

	Pimas d'Arizona ($n = 888$)	Pimas du Mexique ($n = 224$)	Mexicains ($n = 193$)
Indice de masse corporelle (kg/m^2)	34,6 ± 7,9	25,1 ± 4,2	25,8 ± 4,4
Apports caloriques (kcal/J)	2751 ± 788	2485 ± 563	2593 ± 600
Apports lipidiques (%)	34,5 ± 9,5	26,3 ± 6,3	25,4 ± 5,8
Activité physique (h/semaine)	7 ± 3	27 ± 2	27 ± 1
Prévalence du diabète de type 2 (%)	38,1	7,1	2,6

DOCUMENT 3 Influence des facteurs génétiques et environnementaux sur la prévalence du diabète de type 2.

La prévalence du diabète est très différente chez les deux groupes de Pimas. Cette différence est corrélée au mode de vie, lequel se traduit par des différences de corpulence (80 % des Pimas d'Arizona malades sont obèses). Les deux populations ayant les mêmes caractéristiques génétiques, cela met en évidence l'influence du mode de vie sur le risque de diabète de type 2.

La comparaison entre Pimas du Mexique et Mexicains souligne, quant à elle, le rôle des facteurs génétiques. Les Pimas sont près de trois fois plus touchés par le diabète de type 2 que les Mexicains, bien qu'ils aient un mode de vie semblable et un **indice de masse corporelle** (IMC) plus faible.

> L'**IMC** est calculé en divisant la masse d'un individu [en kg] par le carré de sa taille [en mètres]. Un IMC > 26 indique un surpoids ; un IMC > 30 est signe d'obésité.

L'apparition du diabète de type 2 est donc liée à la fois à des facteurs génétiques et à des facteurs environnementaux.

2. Le diabète de type 2, maladie génétique

Les **études familiales** montrent que, statistiquement, lorsque l'un des parents est diabétique, 30 % des enfants le sont également et que lorsque les deux parents sont malades, 50 % des enfants le sont aussi. Or, la prévalence de la maladie dans la population générale est de 4 %. Cet excédent de cas familiaux est traduit par le **risque relatif** : 30/4 = 7,5 si l'un des parents est diabétique ; 50/4 = 12,5 si les deux parents le sont.

> Le **risque relatif** est égal au rapport de la prévalence de la maladie chez les apparentés d'un sujet malade sur la prévalence dans la population.

Cela signifie qu'il y a **7,5 fois plus de risque d'être diabétique** si l'un des parents est atteint que lorsqu'aucun des parents n'est malade et 12,5 fois plus de risque que dans la population générale lorsque les deux parents sont diabétiques. Cela ne signifie pas qu'un enfant dans l'un de ces cas sera obligatoirement atteint, ni que celui qui n'a pas de parent(s) diabétique(s) ne le sera pas.

La **méthode des jumeaux** permet de confirmer l'intervention de facteurs génétiques dans l'apparition de la maladie. Dans le cas des vrais jumeaux (monozygotes), l'indice de concordance est de 80 à 90 %. Cela signifie que si l'un des jumeaux est diabétique, l'autre l'est également dans 80 % des cas.

Dans le cas des faux jumeaux (dizygotes), l'indice de concordance est compris entre 16 et 40 %.

Le fait que l'indice de concordance soit plus élevé pour les jumeaux monozygotes (qui ont le même patrimoine génétique) que pour les jumeaux dizygotes (qui ont un patrimoine génétique différent) confirme l'importance des **facteurs génétiques** dans l'apparition du diabète de type 2.

> L'**indice de concordance** est le rapport du nombre de couples dont les deux jumeaux sont diabétiques sur le nombre total de couples de jumeaux étudiés.

Dans ce type d'étude, l'environnement n'intervient pas ; en effet, s'il existe des différences dans l'environnement de vrais jumeaux, il en existe de la même manière dans celui de faux jumeaux.

La méthode familiale et la méthode des jumeaux **confirment l'importance des facteurs génétiques dans l'apparition du diabète de type 2.**

3. Le diabète de type 2, une maladie polygénique

- Si la maladie était monogénique récessive, tous les diabétiques de type 2 seraient homozygotes d//d et tous les enfants d'un couple de diabétiques devraient être diabétiques ; or, nous avons vu que seulement 50 % de la descendance de tels parents est diabétique. La maladie n'est donc pas monogénique récessive.

- Si la maladie était monogénique dominante, il suffirait que l'un des parents soit homozygote (D//D) pour que tous les enfants soient atteints, ce qui statistiquement n'est pas le cas. Si les parents étaient hétérozygotes ($D//D^{+}$), statistiquement 75 % des enfants seraient diabétiques et non 50 %. La maladie n'est donc pas monogénique dominante.

- La transmission du diabète de type 2 ne s'explique pas par un mode de transmission héréditaire mettant en jeu un seul gène. On admet qu'il s'agit d'un cas d'hérédité plus complexe, mettant en jeu les allèles mutés de plusieurs gènes dont ne connaît ni le nombre ni la nature.

Ces gènes sont dits gènes de susceptibilité. Certains allèles de ces gènes confèrent un risque accru de développer la maladie, mais, chacun d'eux, isolément, n'est pas suffisant pour la provoquer. C'est une association d'allèles de susceptibilité de plusieurs gènes qui constituent le terrain génétique prédisposant à l'apparition de la maladie.

4. Le diabète de type 2, une maladie environnementale

- Comme le suggère les études comparative sur les Pimas (voir plus haut), l'obésité est un facteur de risque important du diabète.

Les études épidémiologiques montrent que l'**obésité abdominale** est le facteur de risque le plus important. Cette forme d'obésité se révèle simplement par la mesure du tour de taille (DOCUMENT 4).

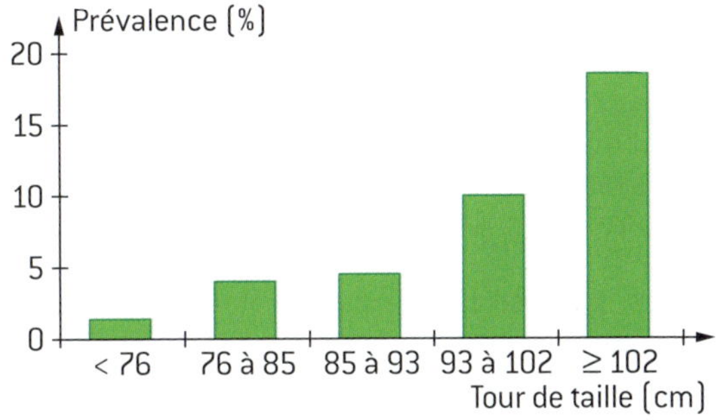

DOCUMENT 4 Tour de taille et prévalence du diabète de type 2 en Europe (femmes).

L'**épidémie** de diabète observée dans les populations mondiales est due à une augmentation de l'obésité constatée dans le monde. Cette obésité, considérée elle-même comme une maladie multifactorielle, est en grande partie liée à des facteurs environnementaux (mauvaise alimentation, vie sédentaire, activité physique insuffisante...) et à des prédispositions génétiques.

RÉCAPITULONS

- Les maladies multifactorielles sont polygéniques et font en plus intervenir un ou plusieurs facteurs de l'environnement. Chaque gène impliqué existe sous la forme de plusieurs allèles. Certains de ces allèles confèrent une susceptibilité (une prédisposition) accrue à la maladie.
- C'est l'association d'allèles de susceptibilité de plusieurs gènes avec des facteurs de l'environnement qui peuvent entraîner l'apparition de la maladie.

3 Perturbations du génome et cancérisation

Le dépistage d'un cancer se fait le plus souvent par la détection d'une tumeur. Celle-ci est formée de cellules aux propriétés différentes des cellules normales du tissu dans lequel elle se développe. Il s'agit d'étudier les propriétés de ces cellules cancéreuses et l'origine de ces particularités.

A Le phénotype des cellules cancéreuses

- Les cellules cancéreuses :
– se **divisent de façon indépendante** sans attendre les signaux chimiques émis par leur environnement, normalement nécessaires au déclenchement des divisions ;
– **ignorent les signaux** émis par les cellules adjacentes qui, comprimées, leur ordonnent d'arrêter de se diviser ;
– **stimulent la croissance des capillaires sanguins** irriguant la tumeur et lui fournissant un surplus de nutriments et de dioxygène au détriment des autres cellules ;
– **sont immortelles.** En culture une cellule normale meurt au bout d'une soixantaine de divisions ; dans une tumeur, si beaucoup de cellules meurent prématurément à cause des anomalies génétiques, celles qui survivent se reproduisent indéfiniment échappant au vieillissement qui normalement débouche sur la mort cellulaire (appelée apoptose) ;
– **sont capables de quitter l'organe d'origine** et d'établir de nouvelles tumeurs à distance (appelées métastases).

- Les cellules cancéreuses ont un phénotype tel qu'elles **n'obéissent plus aux règles de la vie en société des cellules.**

B L'origine du phénotype des cellules cancéreuses

1. La transmission des propriétés de la cellule cancéreuse

- À l'échelle cellulaire, les propriétés de la cellule cancéreuse sont **héréditaires.** Les cellules cancéreuses possèdent donc un **génome différent** de celui des cellules normales.

- Comme une cellule cancéreuse provient toujours d'une cellule non cancéreuse préexistante, le passage de l'une à l'autre résulte de mutations. Il s'agit de **mutations somatiques** (voir page 66).

- On a montré que toutes les cellules d'une tumeur ont pour origine une seule cellule : l'ensemble de ces cellules cancéreuses constitue donc un **clone.** En réalité, au cours du développement de la tumeur, de nouvelles mutations surviennent sans cesse : il s'agit d'un clone dans lequel les cellules peuvent différer les unes des autres.

2. Les gènes impliqués dans la cancérisation

Au sein de toutes les cellules de l'organisme, de nombreux gènes codent des protéines qui contrôlent directement ou indirectement les différentes phases du cycle cellulaire. Ces gènes, appelés **proto-oncogènes (ou pré-oncogènes)**, empêchent les cellules de se diviser de façon anarchique.

La mutation de certains de ces proto-oncogènes, différents selon les cancers, les transforme en **oncogènes** qui entraînent la prolifération cellulaire.

Oncogène vient du grec *ogkos* « grosseur » et *genês* « origine, engendrer ».

Dans le génome de toutes les cellules existent des **gènes dits « suppresseurs de tumeur » ou anti-oncogènes**. Un des plus importants est appelé ***P53.*** Sa fonction normale est de bloquer la division cellulaire en cas de lésion de l'ADN (mutation d'un proto-oncogène, par exemple) et de déclencher éventuellement la mort de la cellule si la réparation n'a pas lieu.

Si le gène P53 lui-même est muté, les protéines P53 mutées sont incapables de remplir leur rôle et la prolifération des cellules cancéreuses peut avoir lieu.

SÉLECTION NATURELLE ET CANCER

La sélection naturelle peut agir au sein d'une population cellulaire, comme elle le fait sur les populations animales ou végétales.

- Quand un cancer débute dans un tissu donné, deux types de cellules différant génétiquement sont alors en présence. Cette différence génétique se traduit par une différence phénotypique dans la capacité à se multiplier : les cellules cancéreuses, non tributaires des autres, se divisent de façon anarchique, stimulent à leur profit la croissance de vaisseaux sanguins… : elles envahissent l'organe touché au détriment des cellules non cancéreuses.
- Si on change les caractéristiques de l'environnement (chimiothérapie, radiothérapie), celui-ci devient défavorable aux cellules cancéreuses par rapport aux cellules saines. La sélection naturelle joue alors dans l'autre sens. Mais la sélection de cellules tumorales résistantes aux nouvelles conditions de l'environnement peut conduire à une récidive de la prolifération cancéreuse.

C Environnement et mutations cancérigènes

Les mutations somatiques à l'origine des cancers peuvent se produire de façon spontanée, mais leur fréquence est augmentée par des agents mutagènes, donc cancérigènes.

1. Les agents de l'environnement cancérigènes

- Certains agents mutagènes et cancérigènes agissent directement sur le gène *P53*. L'un des composants de la fumée de cigarette, par exemple, conduit à une protéine P53 mutée et inactive. De même, la consommation de fruits secs (cacahuètes) contaminés par une moisissure qui sécrète une toxine, l'aflatoxine B1, provoque une mutation entraînant l'inactivation de la protéine P53.

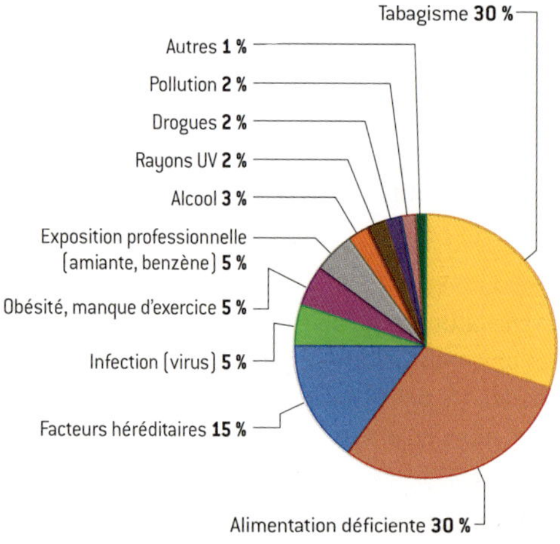

DOCUMENT 5 Facteurs de risque cancéreux.

- Certains virus sont cancérigènes. Le **papillomavirus,** transmis par voie sexuelle, peut être responsable d'infections chroniques de cellules du col de l'utérus pouvant dégénérer en cancer. Le virus lui-même n'est pas mutagène, mais sa présence au sein des cellules parasitées induit la production de substances qui dégradent la protéine P53. Il semble qu'il en soit de même pour le **virus de l'hépatite B** qui peut être cancérigène à long terme.

2. La prévention

- **Il faut éviter au maximum les agents cancérigènes** (DOCUMENTS 5, 6), en particulier ceux qui sont liés à l'alimentation et au mode de vie (tabac, alcool).

■ Les cancers d'origine virale peuvent être prévenus par **la vaccination :** entre 14 et 23 ans, avant les premiers rapports sexuels, pour le papillomavirus ; chez le nourrisson, pour l'hépatite B.

Aliments, activité, état \ Organes	Bouche, pharynx et larynx	Œsophage	Poumon	Estomac	Pancréas	Vésicule biliaire	Foie	Côlon, rectum	Sein avant ménopause	Sein après ménopause	Endomètre	Rein
Légumes non féculents	Diminué – probable	Diminué – probable		Diminué – probable								
Fruits	Diminué – probable	Diminué – probable	Diminué – probable	Diminué – probable								
Activité physique								Côlon (Diminué – convaincant)		Diminué – probable	Diminué – probable	
Allaitement									Diminué – convaincant	Diminué – convaincant		
Viandes rouges								Augmenté – convaincant				
Charcuteries								Augmenté – convaincant				
Sel				Augmenté – probable								
Aliments salés				Augmenté – probable								
Boissons alcoolisées	Augmenté – convaincant	Augmenté – convaincant					Augmenté – probable	Homme (Augmenté – convaincant) / Femme (Augmenté – probable)	Augmenté – convaincant	Augmenté – convaincant		
Compléments alimentaires à base de ß carotène			Augmenté – convaincant									
Excès d'adiposité abdominale					Augmenté – probable			Augmenté – convaincant		Augmenté – probable	Augmenté – probable	
Corpulence		Augmenté – convaincant			Augmenté – convaincant	Augmenté – probable		Augmenté – convaincant	Augmenté – probable	Augmenté – convaincant	Augmenté – convaincant	Augmenté – convaincant

Risque augmenté : Convaincant / Probable — Risque diminué : Convaincant / Probable

D'après article Le Monde 18-02-2009 (source INCa)

DOCUMENT 6 Alimentation, activité, état physique et cancers.

■ Le **dépistage systématique** (mammographie, frottis du col de l'utérus, analyse des selles pour dépistage des cancers du colon…) permet de détecter un cancer suffisamment tôt pour qu'il soit traité et guéri.

D Les cancers sont génétiques et peuvent être héréditaires

La plupart des cancers résultent de mutations somatiques et ne sont pas héréditaires. Le cancer du sein dans la plupart des familles n'est pas héréditaire. Cependant, il existe des familles où sont transmis des allèles de prédisposition d'un gène qui augmentent la probabilité d'apparition d'un cancer du sein (allèles des gènes *BRCA1*, *BRCA2*, etc.). Dans ce cas, il y a une transmission héréditaire de la prédisposition à la maladie.

RÉCAPITULONS

• Les cancers ont pour origine des mutations somatiques de gènes contrôlant directement ou indirectement le cycle cellulaire, donc la prolifération des cellules, et de gènes suppresseurs de tumeurs (« les gardiens du génome »).
• Les facteurs d'environnement mutagènes et certains virus augmentent la probabilité de formation de cellules cancéreuses.
• Tous les cancers sont génétiques, car liés à des mutations génétiques, mais la plupart ne sont pas héréditaires.

4 Variations génétiques des bactéries et résistance aux antibiotiques

La découverte des **antibiotiques** a fait naître l'espoir que les maladies liées aux infections bactériennes allaient être éradiquées. L'apparition du phénomène de résistance bactérienne aux antibiotiques a mis fin à cet espoir. Qu'est-ce qui est à l'origine de cette résistance ?

• Une **bactérie** est un être unicellulaire dépourvu d'enveloppe nucléaire qui ne possède qu'un seul chromosome constitué d'un long filament circulaire d'ADN. Le plus souvent, la membrane cytoplasmique est doublée d'une paroi.
• Les **antibiotiques** sont des substances élaborées par des microorganismes ou produites par synthèse. Ils peuvent tuer, à faible dose, les bactéries pathogènes ou ralentir leur croissance sans affecter les cellules de l'organisme. Contrairement à une idée reçue, ils ne provoquent pas, par eux-mêmes, de fatigue de l'organisme.
• **Pathogène** vient du grec *pathos* « maladie, affection » et *genês* « engendrer » : qui peut être responsable d'une maladie.

A Mise en évidence de la résistance aux antibiotiques

■ *Escherichia coli* est une bactérie intestinale des mammifères, très commune chez l'Homme. C'est une bactérie commensale, mais certaines souches peuvent devenir pathogènes et provoquer des gastroentérites, des infections urinaires, des septicémies…

Chez deux malades A et B atteints d'une infection due à *E. coli*, on recherche le ou les antibiotiques efficaces sur les souches responsables. Pour cela, on réalise un **antibiogramme** pour chaque malade **(DOCUMENT 7)**.

On ensemence la surface d'un milieu solide avec la souche à tester et on dépose de petits disques de papier filtre imbibés chacun d'un antibiotique déterminé. L'ensemble est placé à l'étuve à 37 °C pendant 24 heures.

Au bout de ces 24 heures, on constate que les bactéries se sont multipliées et ont envahi le milieu de culture sauf autour de certains disques : leur croissance a été bloquée par la présence de l'antibiotique qui, à partir de chaque disque, a diffusé dans le milieu de culture.

Le malade A pourra être traité par les antibiotiques CF ou AMC, alors que B pourra être traité par n'importe lequel des quatre antibiotiques.

La souche d'*Escherichia coli* qui a infecté le **malade A est sensible aux antibiotiques CF et AMC, mais résistante aux antibiotiques AMX et TIC.** Par contre, la souche qui a infecté le **malade B** est sensible aux quatre antibiotiques.

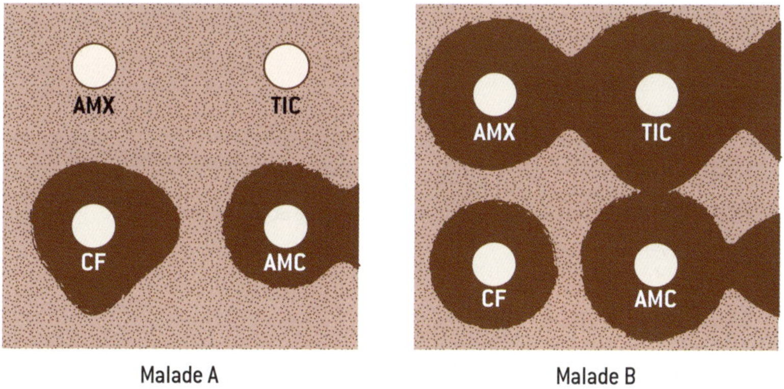

DOCUMENT 7

B Histoire de la résistance du staphylocoque doré aux antibiotiques

Le staphylocoque doré (*Staphylococcus aureus*) est l'une des principales bactéries responsables d'infections. Présent sur les muqueuses, en particulier du nez, il a un fort pouvoir pathogène : infections cutanées, infections de plaies traumatiques, infections postopératoires… Il est responsable de nombreuses infections nosocomiales graves.

> **Nosocomial** vient du grec *nosos* « maladie » et *komein* « soigner » : se dit des maladies contractées en milieu hospitalier.

■ Le **DOCUMENT 8** présente l'évolution de la résistance du staphylocoque doré à trois antibiotiques.

La résistance à un antibiotique déterminé (par exemple, la pénicilline) est d'abord détectée chez quelques souches bactériennes puis on constate que, peu à peu, elle se généralise. Au bout de quelques années, la majorité des souches sont résistantes. Le même phénomène se produit lorsqu'on utilise un nouvel antibiotique (par exemple, la méticilline) : certaines souches de staphylocoque sont ainsi devenues multirésistantes. Comment expliquer l'apparition de cette résistance et son expansion ?

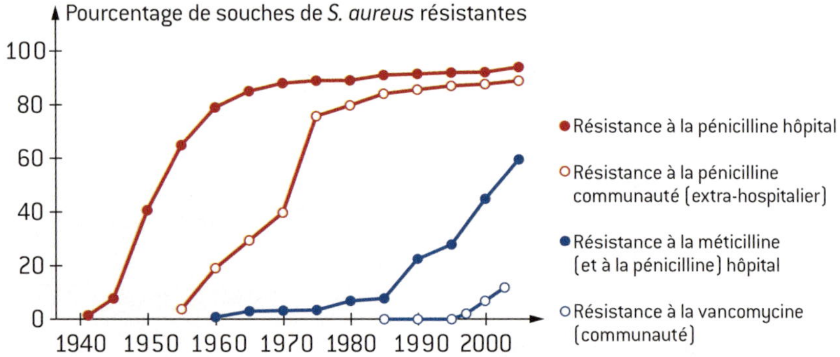

DOCUMENT 8 **Évolution de la résistance du staphylocoque doré (*S. aureus*) à trois antibiotiques.**

C L'acquisition de la résistance

■ Chaque antibiotique agit sur une cible, un constituant de la bactérie, en entravant une fonction vitale et donc sa multiplication **(DOCUMENT 9)**.

■ Plusieurs mécanismes sont à l'origine de la résistance aux antibiotiques :
– une modification de la cible de l'antibiotique ; les protéines cibles constitutives du ribosome peuvent muter, la molécule antibiotique ne les « reconnaissant » pas, elle ne peut plus s'y fixer ;
– la production d'enzymes par les bactéries, qui inactivent ou détruisent l'antibiotique ;
– la modification de la perméabilité membranaire bactérienne empêchant l'entrée de l'antibiotique ou favorisant son expulsion.

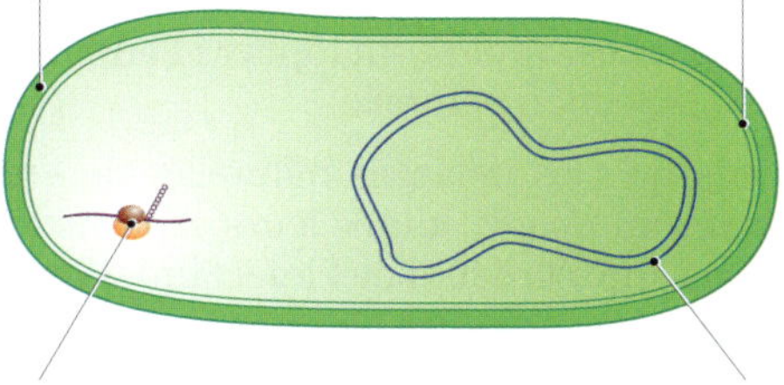

DOCUMENT 9 **Cibles bactériennes des antibiotiques.**

Tous les moyens qui permettent aux bactéries de s'opposer à l'action des antibiotiques résultent de la modification de leur génotype, donc de mutations. Celles-ci sont ensuite transmises à tous les descendants de la bactérie mutante.

D La résistance aux antibiotiques, un processus par étapes

1. Acquisition de la résistance

La résistance aux antibiotiques a pour origine des mutations. **Bien que la fréquence des mutations soit faible** (une bactérie mutante sur 10^7 ou 10^9 bactéries), elle reste significative car **la vitesse de multiplication des bactéries est énorme** si les conditions sont favorables : une bactérie peut donner naissance à 10^9 descendants en quelques heures.

Étant donné leur taille gigantesque, les populations bactériennes contiennent toujours un grand nombre de **bactéries mutantes**. Il faut bien se rappeler que l'antibiotique ne provoque pas les mutations et que celles-ci se produisent au hasard.

- Lors d'une infection, les bactéries responsables se multiplient de manière intensive dans l'organisme. Dans l'énorme population ainsi formée, il existe toujours des formes mutantes plus ou moins résistantes.

L'acquisition de la **résistance à un antibiotique** ne signifie pas une augmentation de la virulence. Les formes mutantes ne sont ni plus ni moins pathogènes que les formes non mutantes.

2. La sélection des souches résistantes

- Si on traite une infection bactérienne avec un antibiotique efficace, on modifie le milieu de vie des bactéries : les formes sensibles vont disparaître. Les mutants résistants, épargnés, vont se multiplier : l'antibiotique exerce donc une pression sélective (sélection naturelle).
- Cependant, une fois que les défenses naturelles de l'organisme (**mécanismes immunitaires**) ont acquis toutes leurs capacités (ce qui demande toujours quelques jours après le début de l'infection), elles peuvent contrôler l'invasion (ou l'infection) bactérienne et éventuellement les éliminer.

3. La diffusion

- Durant la période où les formes résistantes sont présentes, leur diffusion dans la population humaine est possible par transmission entre individus (contagion).

RÉCAPITULONS

L'apparition de souches bactériennes résistantes aux antibiotiques et leur expansion s'explique par les mécanismes de l'évolution : mutation au hasard, pression sélective par l'antibiotique. L'utilisation systématique de traitements antibiotiques augmente la fréquence des souches résistantes.

SCHÉMA BILAN

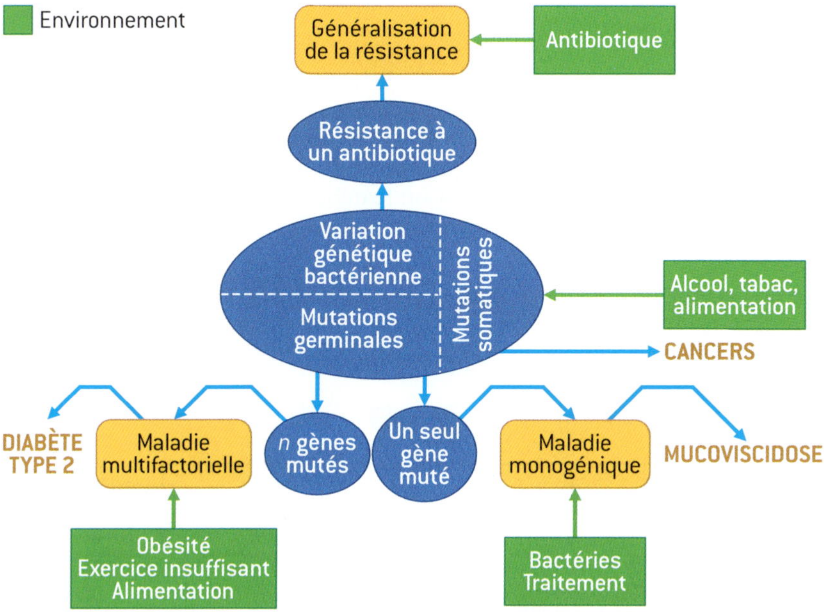

DOCUMENT 10 Les mutations, l'environnement et la santé des hommes.

Les mutations peuvent entraîner des maladies génétiques héréditaires (mutations germinales : diabète de type 2, mucoviscidose) ou non (mutations somatiques : cancers). Des mutations sont également responsables de la résistance bactérienne aux médicaments (antibiotiques). L'environnement intervient en augmentant la fréquence des mutations, en agissant sur la réalisation du phénotype (maladies plurifactorielles) et par son action de sélection (l'abus des antibiotiques entraîne une sélection des souches bactériennes résistantes).

Discuter la dominance ou la récessivité d'une maladie génétique

ÉNONCÉ

La **chorée de Huntington** est une maladie monogénique héréditaire dont les premiers signes apparaissent vers 35-40 ans en général, s'aggravent ensuite et traduisent une dégénérescence de certaines zones du cerveau. Étant donné la manifestation tardive des premiers symptômes, les personnes atteintes ont souvent pu avoir des enfants avant le début de la maladie. Le **DOCUMENT 11** illustre la transmission de la maladie sur quatre générations dans une famille européenne.

La prévalence de la maladie dans la population générale est comprise entre 6 et 10 pour 100 000 personnes en Europe. La fréquence des allèles du gène à l'origine de la maladie est du même ordre.

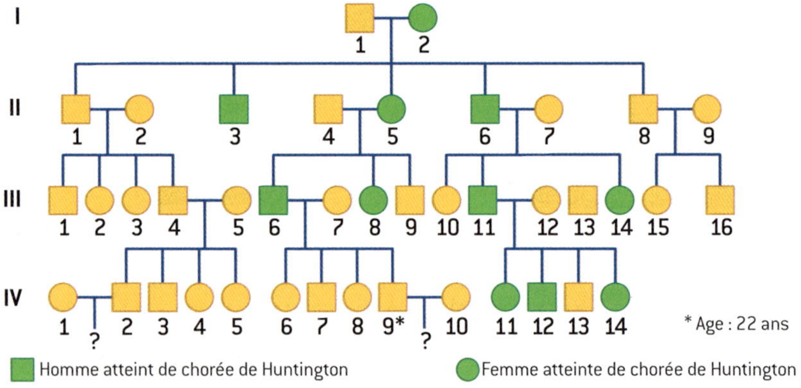

DOCUMENT 11 **L'individu IV9 a 22 ans au moment de la naissance de son premier enfant.**

1 Discuter à partir de l'arbre généalogique, avec une argumentation statistique, la dominance ou la récessivité de cette maladie génétique.

2 Prévoir en conséquence un risque génétique pour les descendants des couples IV1-IV2 et IV9-IV10.

MÉTHODE

Indiquer les deux hypothèses possibles.

Considérer en premier l'hypothèse qui paraît la moins probable d'après les caractères de l'arbre généalogique. La réfuter à partir des données de l'arbre en utilisant des données statistiques.

Considérer ensuite la deuxième hypothèse et montrer qu'elle rend compte des caractéristiques de l'arbre.

CORRIGÉ

1 Supposons que la chorée de Huntington soit une maladie héréditaire récessive. Dans ce cas, tous les individus atteints sont homozygotes : c//c (c est un allèle du gène responsable de la maladie). S'ils ont un descendant malade d'une union avec un sujet non atteint, c'est que ce dernier est hétérozygote $c^+//c$ (c^+ est un allèle non muté du gène).

Cette hypothèse implique que les personnes I1, II4, II7 et III12 soient hétérozygotes. Etant donné la très faible fréquence des allèles à l'origine de la maladie dans la population, il est très peu probable que ces quatre personnes non apparentées soient hétérozygotes. **L'hypothèse est statistiquement improbable**.

Considérons la deuxième hypothèse selon laquelle la maladie est dominante. Toutes les données de l'arbre généalogique s'interprètent correctement si l'on admet que tous les individus atteints sont hétérozygotes $C//C^+$. Ces personnes peuvent avoir une descendance avec des individus malades ou non, comme on le constate sur l'arbre.

2 IV1 et IV2 ne sont pas malades et dans leur ascendance (parents, grands parents) il n'y a pas de malades. Ils sont donc homozygotes $C^+//C^+$ puisque le phénotype « non atteint de chorée » est récessif. Le risque d'avoir un descendant atteint de chorée est donc quasi nul (sauf néomutation).

IV9 ne présente pas les symptômes de la maladie, mais il n'a que 22 ans et les premiers signes n'apparaissent que plus tardivement. On ignore donc s'il est porteur ou non d'un allèle C. Son père ayant présenté la maladie, la probabilité pour qu'il le soit est de $\frac{1}{2}$. S'il est malade, la probabilité pour qu'il transmette l'allèle C à un descendant est aussi de $\frac{1}{2}$. La probabilité pour qu'un descendant du couple IV9-IV10 soit atteint de chorée est donc de $\frac{1}{2} \times \frac{1}{2} = \frac{1}{4}$.

SE TESTER QUIZ

1 Notions clés

Associer à chaque élément du premier ensemble un ou plusieurs éléments du second ensemble.

Revoir le bilan page 109 et les définitions de concordance, de risque relatif…

1. Les mutations ☐
2. Être hétérozygote ☐
3. Le risque relatif ☐
4. Les facteurs de l'environnement ☐
5. Les taux de concordance chez les jumeaux monozygotes et les jumeaux dizygotes ☐
6. Les souches résistantes à un antibiotique ☐
7. Les cellules cancéreuses ☐
8. Les allèles de susceptibilité de gènes à une maladie ☐

- ☐ **a.** voient leur fréquence augmenter sous l'effet de la sélection naturelle
- ☐ **b.** peut être le cas d'une personne atteinte d'une maladie héréditaire dominante et est toujours le cas d'un parent non malade dont un enfant est atteint d'une maladie héréditaire récessive.
- ☐ **c.** interviennent dans l'apparition d'une maladie héréditaire multifactorielle
- ☐ **d.** sont à l'origine de maladies génétiques héréditaires
- ☐ **e.** sont à l'origine de maladies génétiques non héréditaires
- ☐ **f.** sont à l'origine de la résistance d'une souche bactérienne à un antibiotique
- ☐ **g.** renseignent si la maladie a une composante génétique héréditaire
- ☐ **h.** est une donnée statistique
- ☐ **i.** ne tiennent pas compte des signaux adressés par d'autres cellules

2 Probabilité relative à une maladie monogénique récessive

Relevez les affirmations exactes et celles qui ne le sont pas ; corriger ces dernières.

Considérons un couple de personnes non malades dont le premier enfant est atteint d'une maladie héréditaire, monogénique récessive (comme la mucoviscidose ou la drépanocytose). On peut dire que :

- ☐ **a.** les parents sont hétérozygotes pour le gène en cause
- ☐ **b.** la probabilité pour que leur deuxième enfant soit atteint est de 2 sur 3
- ☐ **c.** la probabilité pour que leur deuxième enfant soit homozygote non malade est nulle
- ☐ **d.** puisqu'il n'y a pas de cas connus de la maladie dans l'ascendance des parents, ceux-ci pensent que la maladie de leur premier enfant est due à une mutation qui a eu lieu lors de la formation des gamètes.

S'ENTRAÎNER

3 Critique

Dans les articles de certains journaux ou dans certains sites Internet, on voit souvent des expressions telles que : « On a découvert le gène de la mucoviscidose, on a découvert le gène de la myopathie », etc.

Expliquer pourquoi de telles expressions sont critiquables.

4 Expliquer en utilisant une information

Dans une lettre de l'Institut de veille sanitaire, on lit : « Après avoir révolutionné le traitement des maladies infectieuses, les antibiotiques cèdent du terrain face à des bactéries qui ont appris à se défendre. »

Dans son livre *Une histoire de la résistance aux antibiotiques* (L'Harmattan, 2009), Yvon Michel-Briand écrit :

> « La méticilline venait à peine d'être mise sur le marché en septembre 1960 que l'on signala trois souches résistantes de staphylocoque doré. [...] Ces trois staphylocoques isolés en juillet 1960 provenaient de trois sujets n'ayant pas reçu de traitement à la méticilline. »

À partir de l'information fournie par Y. Michel-Briand et de vos connaissances, expliquer ce qu'il faut entendre par « les bactéries ont appris à se défendre. »

5 Interpréter un antibiogramme

Le DOCUMENT 12 illustre les résultats d'antibiogrammes effectués à l'hôpital, visant à tester l'efficacité de la vancomycine vis-à-vis de staphylocoques recueillis chez 3 patients.

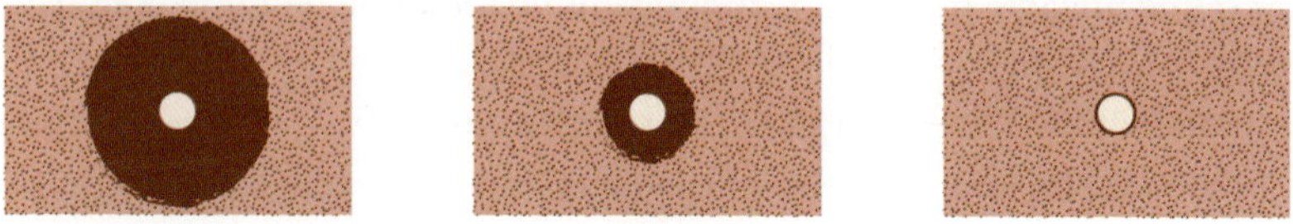

Patient A — Patient B — Patient C

Disque de papier buvard imprégné d'une solution identique de vancomycine pour les trois antibiogrammes

DOCUMENT 12 **Antibiogrammes effectués sur des cultures de staphylocoques.**

À partir de ces antibiogrammes, indiquer si la vancomycine est un antibiotique approprié pour soigner ces patients.

6 Le « bec de lièvre » est-il héréditaire ?

Le « bec de lièvre » est une malformation congénitale que l'on corrige après la naissance par un acte chirurgical.

Congénital signifie présent à la naissance.

Dans un forum sur Internet, une personne X s'inquiète : « Mon papa et son frère ont tous deux un bec de lièvre. Est-ce que mon enfant à naître risque aussi d'avoir cette malformation ? Est-ce héréditaire ? »

Elle reçoit d'une personne Y la réponse suivante : « Ce n'est pas héréditaire. Dans ma famille personne ne l'a eu jusqu'à l'arrivée de mon petit frère. Nous sommes six enfants et c'est le seul à l'avoir. Le médecin dit que cela arrive si tu as un choc en début de grossesse et beaucoup de stress. »

À partir des informations extraites du DOCUMENT A, discuter de la validité de la réponse reçue.

Quelle réponse peut-on donner à la personne X ?

Voir méthode, page 110.

DOCUMENT A

La prévalence du « bec de lièvre » dans la population générale est de 1/1 000.

Dans les familles où un enfant est atteint, la prévalence des frères et sœurs atteints est de 4,1 %.

Dans les familles où deux enfants sont atteints, la prévalence des autres frères et sœurs atteints est de 9 %.

Le taux de concordance entre vrais jumeaux est de 30 %. Le taux de concordance entre faux jumeaux est de 5 %.

Revoir la notion de prévalence (page 96).

7 Le gène (?) de la schizophrénie

Débutant généralement entre 15 et 25 ans, la schizophrénie associe en proportions variables un délire, des hallucinations (la personne entend des voix), une désorganisation du comportement, un repli sur soi... En 2008, des travaux de chercheurs ont conduit certains journaux à titrer qu'on était sur la piste du gène de la schizophrénie.

À partir des informations extraites du DOCUMENT B, critiquer le titre de cet article.

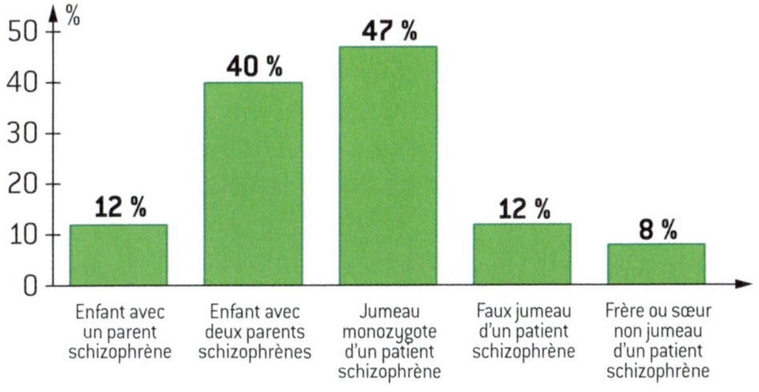

DOCUMENT B **Prévalence de la schizophrénie dans les familles.**
La prévalence de la schizophrénie est voisine de 1 %. En France, elle concerne environ 600 000 personnes.

Voir méthode, page 110.

OBJECTIF BAC

8 Une maladie génétique très rare

Le *xeroderma pigmentosum* est une maladie génétique, héréditaire, très rare, due à une mutation d'un des gènes intervenant dans la réparation de l'ADN.

À partir des informations extraites des **DOCUMENTS A, B** et **C**, et en utilisant vos connaissances, répondez aux questions suivantes.

a. Indiquer si cette maladie est récessive ou dominante et préciser les génotypes des enfants malades et de leurs parents. Calculer la probabilité pour que l'enfant à naître du couple III4-III5 soit atteint de la maladie.

b. Montrer en quoi des mutations germinales, des mutations somatiques et l'environnement contribuent à la réalisation du phénotype malade.

DOCUMENT A **Le phénotype « *xeroderma pigmentosum* »**

Le *xeroderma pigmentosum* se caractérise dès les premières années de la vie par l'apparition de rougeurs sévères, de type « coup de soleil » après une exposition même minime au soleil. Ces brûlures cicatrisent mal et peuvent persister plusieurs semaines. La peau est sèche (*xeroderma* signifie « peau sèche ») et le terme *pigmentosum* fait référence à l'aspect très pigmenté de la peau exposée au soleil. En effet, des tâches brunes irrégulières apparaissent progressivement sur toutes les parties exposées du corps : tête, cou, etc. Des cancers cutanés surviennent généralement avant l'âge de 10 ans dans les zones exposées au soleil. Une fréquence des cancers cutanés de 1 000 à 4 000 fois supérieure à celle de la population générale est observée chez les personnes malades.

La fréquence des allèles à l'origine de la maladie est de l'ordre de 1 pour 1 000 dans la population.

On a constaté que les cellules cancéreuses de la peau présentaient fréquemment des mutations ponctuelles du gène suppresseur de tumeur *P53* en des sites que les protéines normales, codées par les gènes de réparation de l'ADN, réparent en cas d'altération par les UV.

DOCUMENT B **La transmission**

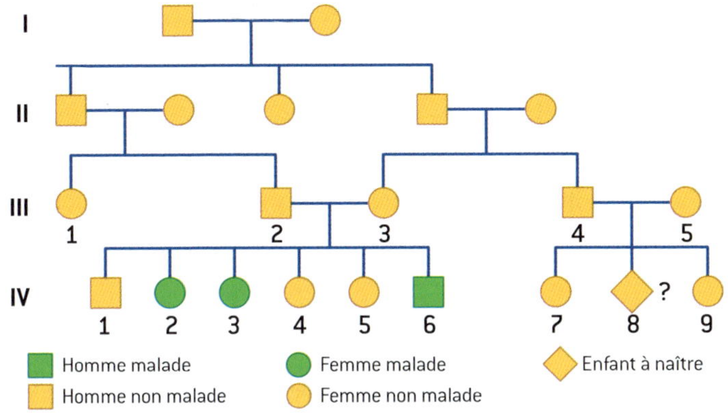

Arbre généalogique d'une famille dont certains membres sont atteints de *xeroderma pigmentosum*.

DOCUMENT C **Le traitement**

Il n'existe actuellement aucun traitement permettant de guérir de cette maladie. Le seul moyen de prévenir l'apparition des lésions cutanées et des cancers est d'éviter au maximum et en permanence l'exposition au soleil. Par exemple, à l'extérieur il est recommandé de porter des chapeaux à large bord, des gants, des vêtements longs, des cols fermés. Les fenêtres de la maison, de la voiture doivent être équipées de filtres anti-UV.

SE TESTER

1 Notions clés

Les associations exactes sont : **1** d, e, f – **2** b – **3** g, h – **4** c – **5** g, h – **6** a – **7** i – **8** c.

2 Probabilité relative à une maladie monogénique récessive

a. Exact.

b. Faux. La probabilité que le 2e enfant soit atteint est de 1/4. Le fait que le premier enfant soit atteint ne modifie pas la probabilité pour le 2e enfant : elle est uniquement liée au fait que les deux parents sont hétérozygotes.

c. Faux. L'échiquier prévisionnel de la descendance d'un couple d'hétérozygotes montre que cette probabilité est de 1/4.

d. Faux. Puisque la maladie est récessive, cela suppose une mutation lors de la formation de l'ovule et une autre lors de la formation du spermatozoïde. La fréquence des mutations étant très faible, c'est un événement très improbable.

S'ENTRAÎNER

3 Critique

Pris à la lettre, ce type d'expression signifie que les personnes malades possèdent un gène responsable de la maladie que les autres ne possèdent pas. C'est faux, car c'est confondre **gène et allèles d'un gène**. Un gène code une protéine jouant un rôle spécifique (exemple : le gène *CFTR* code une protéine membranaire). Il existe plusieurs allèles de ce gène, dont certains codent pour une protéine non fonctionnelle : ce sont ces allèles qui sont à l'origine de la maladie. Désigner un gène par le nom d'une maladie, c'est-à-dire décrire la fonction d'un gène par le résultat de son seul dysfonctionnement est une sorte de non-sens.

4 Expliquer un utilisant une information

Le texte de Y. Michel-Briand indique qu'il existait des souches de staphylocoques résistantes à la méticilline **avant** l'utilisation de cet antibiotique. **Ce n'est pas l'utilisation de la méticilline qui a provoqué l'apparition de ces souches résistantes**. Les mutations n'ont pas été provoquées par l'antibiotique. L'utilisation de la méticilline a changé le milieu de vie des staphylocoques et c'est la **sélection naturelle** qui a favorisé l'apparition de souches résistantes de plus en plus nombreuses. Les populations de staphylocoques **initialement presque toutes sensibles** à la méticilline sont devenues **majori-**

tairement résistantes : c'est ce qui est traduit par : « Les bactéries ont appris à se défendre. » Il ne s'agit pas d'un véritable apprentissage : les bactéries n'ont pas modifié leur comportement suite à la présence d'antibiotique dans leur milieu de vie ni transmis cet apprentissage à leur descendance !

5 Interpréter un antibiogramme

La DOCUMENT 12 (patient C) montre que les staphylocoques se sont développés jusqu'au contact de la vancomycine : ils sont donc résistants à l'antibiotique. Ce dernier ne permet donc pas de soigner le patient C.

Pour les patients A et B, le DOCUMENT 12 montre une auréole autour du disque imprégné de vancomycine. Cette auréole correspond à une zone où l'antibiotique, qui a diffusé à partir du disque, a empêché la multiplication des bactéries.

La concentration de l'antibiotique diminue au fur et à mesure qu'on s'éloigne du disque. Or, le diamètre de l'auréole est nettement plus important pour le patient A que pour le patient B. Cela signifie que les staphylocoques du patient A sont plus sensibles à l'antibiotique que ceux du patient B. La vancomycine sera efficace pour soigner le patient A ; elle sera efficace chez le patient B à condition d'utiliser une concentration élevée d'antibiotique.

La souche du patient A est sensible à la vancomycine ; la souche du patient C est résistante et la souche du patient B a une résistance intermédiaire.

6 Le « bec de lièvre » est-il héréditaire ?

Le risque relatif pour les apparentés au premier degré (frères, sœurs) d'un enfant atteint est fourni par le rapport de la prévalence de la malformation chez les apparentés sur la prévalence dans la population générale. Pour cette malformation, il est de **41 (4,1 %/1 000)**. Ce risque **très supérieur à 1** indique que des facteurs génétiques sont probablement en cause. Cela est confirmé par le fait que le taux de concordance est significativement plus élevé chez les vrais jumeaux que chez les faux jumeaux. **Cette malformation a donc une composante héréditaire**. La réponse fournie sur le forum par la personne Y est **donc fausse**. Son erreur provient du fait qu'elle a raisonné à partir d'un faible effectif, celui des 5 frères et sœurs de l'enfant atteint, qui n'est statistiquement pas représentatif.

Pour répondre à la personne X, il faut déterminer si la maladie est monogénique ou due à plusieurs gènes de susceptibilité. **Si** la malformation héréditaire **était monogénique**, elle serait **récessive** puisque, dans sa réponse, la personne indique que les deux parents de l'enfant atteint n'ont pas de bec de lièvre. La probabilité pour qu'un couple ayant un enfant atteint donne naissance à un autre enfant atteint serait de 25 % si la maladie était monogénique.

Cette valeur est très supérieure à celle statistiquement constatée par les analyses familiales (4,1 %) : **la maladie n'est donc pas monogénique.**

On doit conclure à un déterminisme héréditaire plurigénique, où des **allèles de susceptibilité de plusieurs gènes contribuent à la réalisation du phénotype « bec de lièvre ». C'est un cas d'hérédité complexe**.

Si seule l'hérédité, même complexe, jouait un rôle, la concordance chez les vrais jumeaux serait proche de 100 %. Or elle n'est que de 30 %. L'explication fournie par le médecin contient probablement une part de vérité.

Quelle réponse peut-on alors fournir à la personne inquiète ? La malformation congénitale a une composante héréditaire, elle a un risque plus grand qu'une personne sans histoire familiale de malformation d'avoir un enfant atteint. Par rapport au grand-père atteint, l'enfant à naître est un apparenté au deuxième degré ; le risque est inférieur à ce qu'il est pour un apparenté au premier degré (frère, sœur, parent) et donc inférieur à 4 %.

7 Le gène (?) de la schizophrénie

L'expression « gène de la schizophrénie » est incorrecte comme celle de « gène de la mucoviscidose » (voir correction de l'exercice 3).

Cette expression suggère que c'est une maladie héréditaire monogénique. Le calcul du risque relatif, le taux de concordance plus élevé chez les vrais jumeaux que chez les faux jumeaux (voir correction de l'exercice 6) indiquent bien que cette maladie a **une composante génétique héréditaire.**

Ce ne peut être une maladie monogénique récessive, car dans ce cas les enfants de deux parents schizophrènes seraient tous schizophrènes, ce qui n'est pas le cas (40 %). Si c'était une maladie monogénique dominante, un parent schizophrène serait soit homozygote (deux allèles à l'origine de la maladie), soit hétérozygote (un seul allèle à l'origine de la maladie). Dans le premier cas, tous ses enfants devraient être schizophrènes, dans le second cas 50 %. Ce n'est pas ce que l'on constate (12 %). L'hypothèse d'une maladie monogénique est donc réfutée et l'expression « gène de la schizophrénie » est donc fausse.

C'est une maladie à hérédité complexe mais dont le phénotype dépend de facteurs environnementaux, comme l'indique le taux de concordance des vrais jumeaux (47 % et non 100 % en cas de déterminisme purement génétique).

OBJECTIF BAC

8 Une maladie génétique très rare

a. Exploitation du document B.

Le texte introductif indique qu'il s'agit d'une maladie héréditaire monogénique. Les parents des enfants atteints ne sont pas malades, ce qui indique que la maladie est récessive.

On désigne par **x** un allèle du gène à l'origine de la maladie et par x^+ un allèle fonctionnel. Puisque la maladie est récessive, les enfants atteints ont le génotype **x//x.** Leurs parents sont hétérozygotes (phénotype non malade et transmission de l'allèle **x** à leurs enfants atteints). Pour chacun, le génotype est **x^+//x.**

Pour que l'enfant du couple III4-III5 soit atteint de la maladie, il faut que les deux parents soient hétérozygotes. La probabilité pour que III5 (sans histoire familiale de la maladie indiquée) le soit correspond à la fréquence de l'allèle dans la population, soit 1 pour 1 000.

Puisque III3 est hétérozygote, un des parents de III4 l'était aussi. La probabilité pour que III4 soit hétérozygote est donc de $\frac{1}{2}$.

La probabilité pour que III4 et III5 soient tous les deux hétérozygotes est donc de $\frac{1}{2} \times \frac{1}{1\,000} = \frac{1}{2\,000}$.

S'ils sont hétérozygotes, la probabilité pour qu'ils aient un enfant atteint du *xeroderma pigmentosum* est de $\frac{1}{4}$.

La probabilité pour que leur enfant ait cette maladie génétique est donc de $\frac{1}{2\,000} \times \frac{1}{4} = \frac{1}{8\,000}$.

b. Exploitation des documents A et C.

Bien que la maladie soit monogénique héréditaire, les **DOCUMENTS A ET C** montrent l'importance de l'exposition au soleil (et donc aux UV), donc d'un facteur d'environnement dans l'apparition du phénotype clinique, macroscopique. Les manifestations de la maladie, liées à l'anomalie génétique, en particulier les cancers cutanés, apparaissent si la peau est exposée au soleil et plus précisément aux rayons UV. Contrairement aux autres cellules de l'organisme, les cellules cancéreuses présentent un ou deux allèles du gène *P53* muté ; cela signifie que les cellules à l'origine de ces cellules cancéreuses ont subi une mutation somatique du gène *P53*.

Bilan

Les enfants malades ont hérité des allèles responsables de leur maladie de leurs parents (cousins germains) lesquels l'ont hérité d'un de leurs parents, etc. Mais cet allèle non fonctionnel d'un gène de réparation de l'ADN provient d'une mutation d'un allèle fonctionnel. En remontant dans l'ascendance de la famille, on trouverait un cas où les deux parents ont deux allèles fonctionnels du gène et un de leurs enfants un allèle fonctionnel et **un allèle muté**. Cela suppose une **mutation germinale** (néomutation) lors de la formation d'un gamète d'un des deux parents. C'est **le point de départ** de la transmission de l'allèle dans la famille, mais la maladie n'apparaît qu'à la suite d'une union entre cousins germains, tous deux possesseurs de l'allèle muté.

Les rayons UV du soleil sont mutagènes : ils provoquent des mutations dans l'ADN des cellules. Normalement, les protéines codées par les gènes de réparation de l'ADN suppriment ces erreurs, mais dans une cellule où les deux allèles du gène de réparation de l'ADN sont mutés, les dommages provoqués par les UV ne sont pas réparés. Ils deviennent permanents dans la cellule : **il s'agit de mutations somatiques**. Si ces mutations touchent des proto-oncogènes ou des gènes suppresseurs de tumeur comme le gène *P53*, la probabilité pour que la cellule devienne cancéreuse est élevée.

Le schéma ci-dessous illustre la part des mutations germinales, somatiques et de l'environnement dans l'apparition du phénotype *xeroderma pigmentosum*.

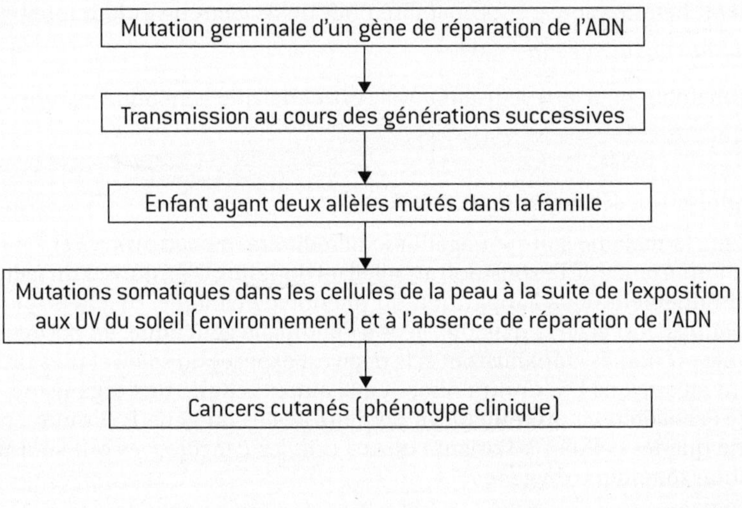

La Terre et les enjeux planétaires contemporains

www.annabac.com

CHAPITRE

5 La mobilité horizontale dans l'histoire de la Terre

Jusqu'à la fin du XIXe siècle et au début du XXe siècle, la conception dominante que l'on avait de l'histoire de la Terre était celle de la fixité : on pensait que la position des continents et des océans n'avait pas changé au cours des temps géologiques. La conception actuelle, qui date des années 1960, montre au contraire que des changements de la position des continents et des bassins océaniques ont eu lieu au cours de l'histoire du Globe à la suite de mouvements horizontaux.

1 Wegener et la dérive des continents

A La théorie dominante au début du XXe siècle

La théorie dite de la contraction du Globe repose sur l'idée que la Terre, initialement en fusion, ne cesse de se refroidir. En se refroidissant, l'intérieur du Globe se contracte, entraînant le plissement de son écorce superficielle, à la manière de la peau d'une vieille pomme qui se fripe en se desséchant. Selon cette conception, **les continents et les fonds océaniques sont fondamentalement de même nature.**

B La théorie de Wegener (1912)

- En 1912, Alfred Wegener, un météorologue allemand, s'interroge sur la similitude des formes des côtes américaines et des côtes européenne et africaine de part et d'autre de l'Atlantique. Cette similitude ne pouvait être liée au hasard, ni être expliquée par la théorie de la contraction du Globe.

« La première idée des translations continentales me vint à l'esprit dès 1910. En considérant la carte du Globe, je fus subitement frappé par la concordance des côtes de l'Atlantique. »

Extrait de l'ouvrage de Wegener (1928) :
La Genèse des continents et des océans , traduit de l'allemand par Armand Lerner,
réédition janvier 1991, Christian Bourgois Éditeur

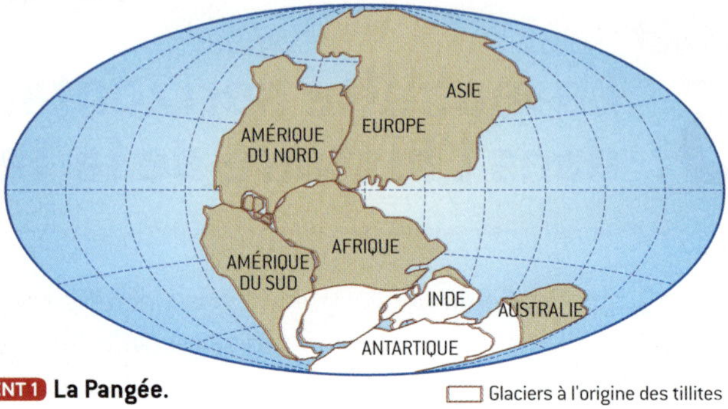

DOCUMENT 1 La Pangée.

Wegener émet alors l'idée, et c'est l'**hypothèse fondamentale**, que les continents étaient autrefois réunis en un seul supercontinent, la Pangée, entouré d'un océan unique **(DOCUMENT 1)**.

- Wegener **suppose** que la Pangée s'est par la suite fragmentée et que les différents morceaux (continents) se sont séparés en se déplaçant sur les fonds océaniques comme des icebergs dérivant à la surface de la mer.

« On remarquera aisément que toute la conception de la dérive des continents procède de l'hypothèse que les fonds océaniques et les socles continentaux diffèrent par leur constitution, qu'ils sont en quelque sorte des couches différentes du Globe. La plus extérieure de celles-ci est constituée par les socles continentaux. Les fonds océaniques représentent la surface de la couche suivante sur laquelle reposeraient les socles continentaux. »

- Wegener **trouve une confirmation** de l'existence de deux couches de nature différente en étudiant la répartition des altitudes à la surface du Globe. Si la nature des continents et des océans était la même, la répartition des altitudes devrait être unimodale. Or, la courbe de fréquence présente deux maxima : l'un au voisinage d'une centaine de mètres, l'autre vers –4 700 m **(DOCUMENT 2)**.
- **Wegener apporte divers arguments à l'appui de sa théorie.**

« Ce n'est qu'en réunissant les données de toutes les sciences qui se rapportent à l'étude du Globe que nous pourrons espérer obtenir « la vérité », c'est-à-dire l'image qui systématise de la meilleure façon la totalité des faits connus et qui peut par conséquent prétendre être la plus probable. Et même dans ce cas, nous devons nous attendre à ce qu'il soit modifié par toute nouvelle découverte. »

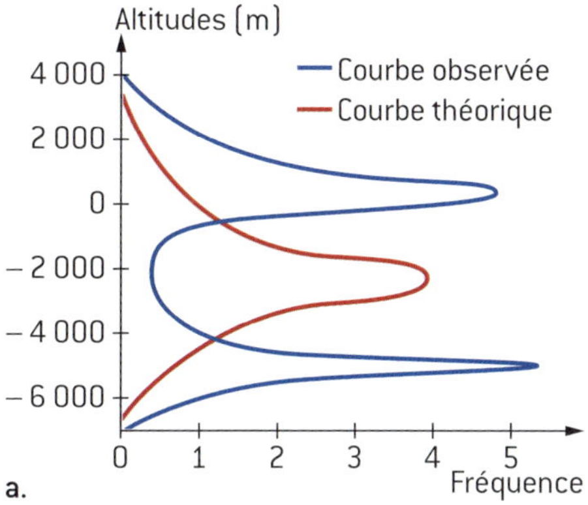

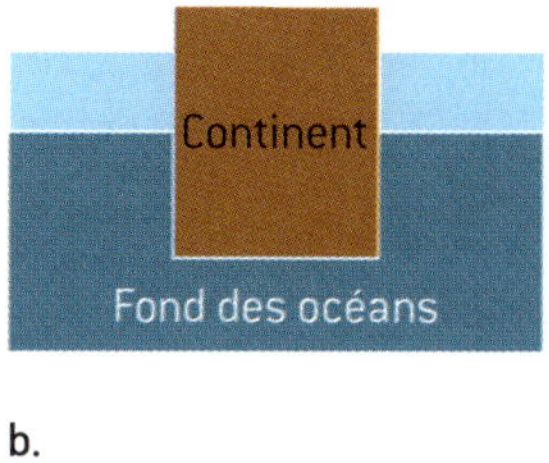

DOCUMENT 2 **a.** Distribution des altitudes terrestres par rapport au niveau de la mer. **b.** Relations entre socles continentaux et fonds océaniques selon Wegener.

Des arguments climatologiques. Wegener remarqua que des dépôts glaciaires (tillites), tous âgés de 300 millions d'années, étaient présents au sud de l'Amérique du Sud, au sud de l'Afrique, au sud de l'Inde, en Antarctique et au sud de l'Australie (DOCUMENT 3). La présence de ces tillites ne s'explique pas avec la configuration actuelle des continents. En revanche, elle s'explique bien si les continents étaient regroupés au voisinage du pôle Sud il y a 300 millions d'années (DOCUMENT 1).

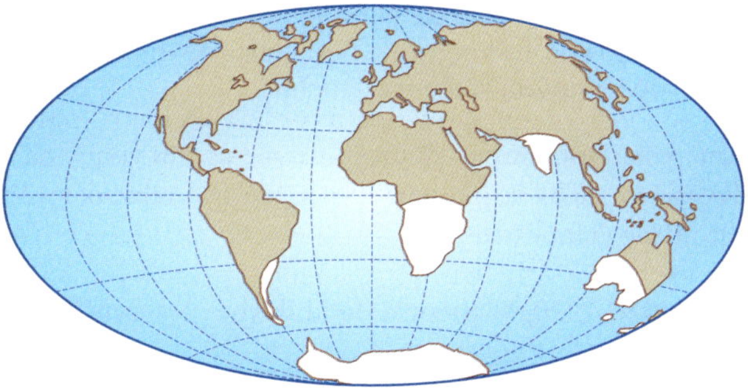

DOCUMENT 3 **Répartition actuelle (en blanc) des tillites qui se sont déposées il y a 300 millions d'années.**

Les **tillites** (ou till) sont des sédiments déposés par les glaciers (mélange de boue, de sable de galets…), qui témoignent du climat qui régnait dans la région où ils se sont déposés.

Des arguments paléontologiques. Wegener montra que l'on les retrouvait, sur plusieurs continents, un certain nombre d'espèces fossiles datées du Trias. La présence de ces espèces ne peut s'expliquer qu'en admettant que les continents étaient accolés les uns aux autres, il y a environ 250 millions d'années **(DOCUMENT 4)**.

Une **espèce terrestre,** africaine par exemple, ne peut se retrouver en Amérique du Sud ou en Australie... simplement parce qu'elle est incapable de traverser les océans à la nage.

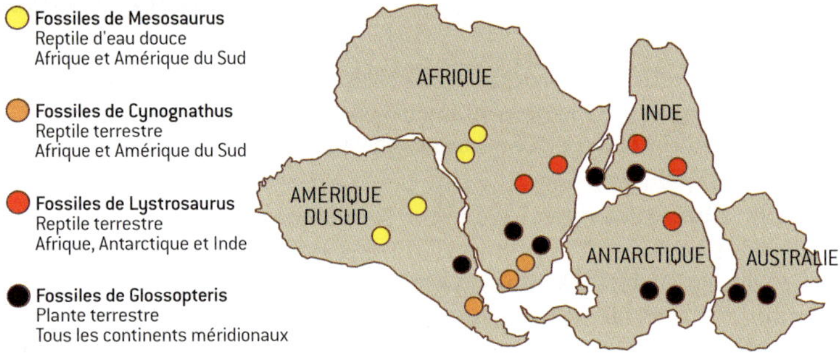

DOCUMENT 4

Des arguments géologiques. Le lent soulèvement des boucliers scandinave et canadien (1 mètre par siècle), à la suite de la fonte des calottes glaciaires qui les recouvraient il y a 20 000 ans, témoigne de l'existence de mouvements verticaux. Partant de cette observation, Wegener conclut :

« Si les socles continentaux flottent dans un fluide, fût-il même très visqueux, il n'y a aucun motif d'admettre qu'ils ne puissent se mouvoir que verticalement, les mouvements horizontaux étant exclus. »

Ainsi, durant les années 1910-1920, la théorie de la dérive des continents était bien acceptée.

C Critique et rejet de la théorie de Wegener

- Au début du XXe siècle, les géophysiciens étudient la structure interne de la Terre par l'intermédiaire des ondes sismiques. Ils en déduisent que l'intérieur du Globe est solide et qu'il n'y a pas de couche « plastique », en particulier au niveau des fonds océaniques : **la théorie de Wegener** stipulant le déplacement des continents sur un milieu plastique **est alors infirmée**.

- La rigidité des couches terrestres s'oppose à l'idée que les continents se déplacent sur la croûte océanique. Les forces imaginées par Wegener pour les faire dériver sont beaucoup trop faibles. **À la fin des années 1920**, en l'absence d'une explication plausible du mécanisme moteur de la dérive des continents, les géophysiciens, puis les géologues **rejettent la théorie de Wegener**. De 1930 à 1960, on revient à une théorie fixiste du Globe.

- Toutefois, quelques géologues, notamment l'Anglais Arthur Holmes et le Sud-Africain A. Du Toit continuent d'accorder du crédit à la théorie de Wegener et la développent. Holmes postule l'existence de mouvements ascendants dans le manteau sous les continents et provoquant leur dérive.

RÉCAPITULONS

En s'appuyant sur des arguments divers (paléontologiques, climatiques…), Wegener réfuta l'idée d'une position fixe des continents sur le Globe. Il émit l'hypothèse que ceux-ci s'étaient déplacés horizontalement après la dislocation d'un continent unique, la Pangée. À la fin des années 1920, faute d'avoir trouvé le mécanisme moteur de cette dérive, les géophysiciens réfutèrent la théorie.

2 Expansion des fonds océaniques et dérive des continents

L'idée de mobilité horizontale des continents allait renaître à la suite de découvertes sur les océans.

A 1945-1960 : de nouvelles données sur les océans

Les géophysiciens ont recueilli de nombreuses nouvelles données entre 1945 et 1960 grâce au développement des techniques océanographiques : navires spécialisés, bathyscaphe, sonars, sismique réflexion, sismique réfraction…

1. La bathymétrie des fonds océaniques

La bathymétrie est la mesure des profondeurs sous-marines. Elle est réalisée en continu grâce au sondage par ultrasons et non plus ponctuellement par des sondages manuels.

- Les relevés mettent en évidence **(DOCUMENT 5)** :
– des rides, ou dorsales océaniques, dans tous les océans, dont les sommets se situent à 2 à 2,5 km sous la surface de la mer ;
– des plaines abyssales (4 à 5 km de profondeur) ;
– des marges continentales (plateau continental, talus), zone de transition entre océans et continents ;
– des fosses océaniques profondes (de 6 à près de 12 km de profondeur) en bordure du Pacifique.

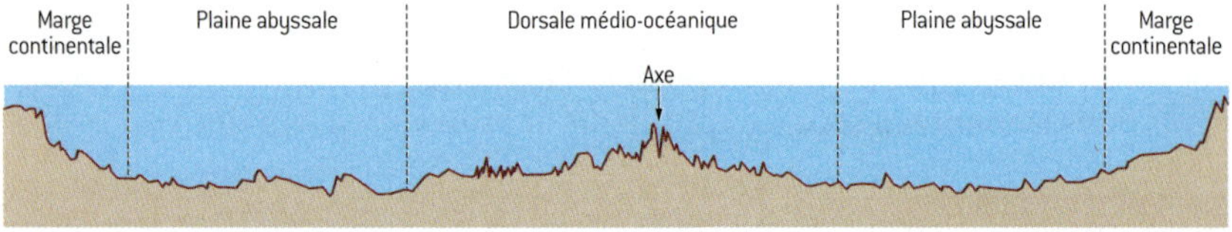

DOCUMENT 5 Profil bathymétrique de l'océan Atlantique.

- **La découverte fondamentale est l'existence de dorsales océaniques** dans tous les océans, qui forment une chaîne d'environ 60 000 km de longueur sur 1000 à 2000 km de largeur. À l'axe de certaines de ces dorsales (celle de l'Atlantique, par exemple), un fossé bien net occupe toute la longueur de la dorsale.

- Les observations révèlent une **activité sismique importante** au niveau de l'axe des dorsales.

2. La croûte océanique et les sédiments des fonds marins

Les progrès techniques (sismique réflexion) permettent de mettre en évidence certaines caractéristiques des dépôts sédimentaires sur les fonds océaniques.

- **Les sédiments sont très peu épais à l'axe de la dorsale**, puis s'épaississent progressivement à mesure que l'on s'éloigne de celle-ci. Ces sédiments sont essentiellement constitués d'argile et de coquilles d'organismes planctoniques.

- L'épaisseur maximale de la couche de sédiments est cependant **beaucoup plus faible** que celle à laquelle on pourrait s'attendre s'ils s'étaient accumulés depuis le début de l'histoire de la Terre (autrement dit, si la surface terrestre était restée telle qu'elle existe aujourd'hui, comme le stipule la théorie fixiste).

Les forages profonds ont confirmé que les **fonds océaniques** (sous les sédiments, lorsqu'ils existent) sont exclusivement de **nature basaltique**.

3. Le flux de chaleur à l'axe des dorsales

Dans un système « thermodynamique », la chaleur s'écoule des parties les plus chaudes vers les plus froides. Dans la croûte terrestre, comme la température augmente avec la profondeur, un flux de chaleur diffuse de l'intérieur vers la surface du Globe.

En un point du Globe, le flux de chaleur est le produit du gradient géothermique et de la conductivité thermique des roches en ce point. Sa valeur moyenne est de 0,06 watt par mètre carré (W/m^2).

Au niveau des dorsales, le flux de chaleur (ou flux thermique) est nettement plus élevé pouvant atteindre 0,30 W/m^2 (DOCUMENT 6).

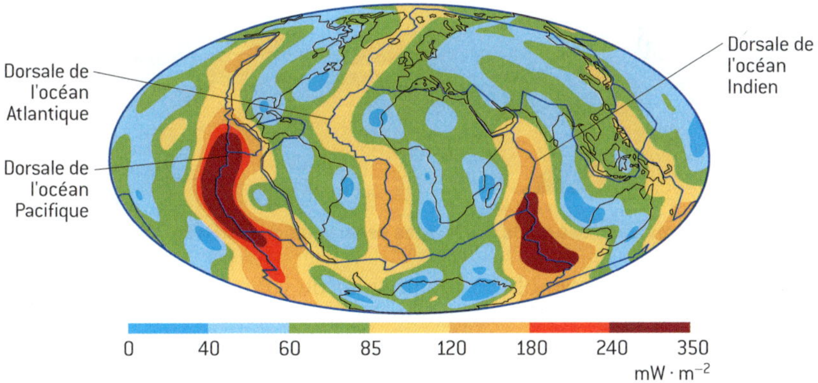

DOCUMENT 6 Flux de chaleur à la surface du globe terrestre.

- Le **gradient géothermique** est la variation de température au sein de la croûte terrestre par unité de longueur. Près de la surface, sa valeur moyenne est de l'ordre de 3 °C pour 100 m, soit 0,003 $°C·m^{-1}$ (la température augmente de 3 °C tous les 100 m de profondeur).
- La **conductivité thermique** des roches (propriété d'une roche à transmettre la chaleur) est déterminée en laboratoire.

B L'interprétation de ces données : la théorie de Hess (1962)

- Au début des années 1960, l'Américain Harry Hess proposa une théorie tout à fait nouvelle, dénommée « Essai en géopoésie », qui, très rapidement, sera appelée la « **théorie de l'expansion des fonds océaniques** ».

- Selon cette théorie, l'axe d'une dorsale océanique est alimenté par des matériaux en fusion issus du manteau. En se refroidissant, ces matériaux forment une **croûte océanique nouvelle qui s'éloigne ensuite de part et d'autre de l'axe**. La surface des océans augmente, entraînant une expansion des fonds océaniques (DOCUMENT 7).

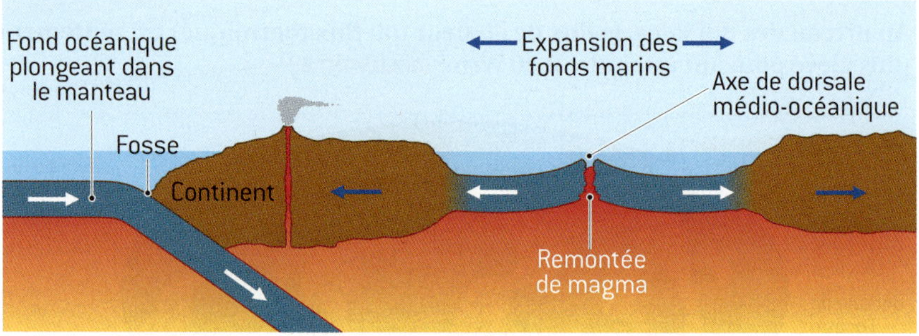

DOCUMENT 7 L'expansion des fonds océaniques selon la théorie de Hess.

- Puisque la Terre ne semble pas augmenter de volume, Hess supposa que, pour compenser cette création de croûte au niveau des dorsales, une **quantité équivalente de croûte devait disparaître au niveau des fosses océaniques**.

- L'expansion des fonds océaniques éloigne les continents, du moins s'il n'y a pas de fosse à la limite continent-océan. Il y a donc bien une « dérive des continents », comme le pensait Wegener, mais elle est une **conséquence de l'expansion des fonds océaniques** et non due à un déplacement autonome des continents.

L'existence d'un continent unique il y a environ 250 millions d'années, la Pangée, postulée par Wegener, est conservée dans la théorie de l'expansion des fonds océaniques. Sa fragmentation est liée à l'apparition de dorsales dont l'activité engendre les fonds océaniques (naissance et élargissement d'un océan) et, par suite, la dérive des continents.

La **théorie de Hess**, comme toute théorie, est un modèle explicatif des diverses données existant en 1962. Elle explique notamment :
– que l'épaisseur des sédiments à la dorsale et dans son voisinage est très faible, puisque c'est là que se forme la nouvelle croûte océanique ;
– que le flux de chaleur élevé à l'axe de la dorsale est la conséquence de la remontée de magma ;
– les faits qui avaient conduit Wegener à formuler sa théorie de la dérive continentale.
La théorie de l'expansion des fonds océaniques, comme toute théorie, va bien au-delà des faits constatés. Pour être reconnue comme théorie scientifique, elle doit permettre d'effectuer des prévisions susceptibles d'être testées.
La théorie de la dérive des continents de Wegener n'est pas infirmée, mais elle est intégrée au sein d'un autre système explicatif que celui qu'il avait imaginé.

RÉCAPITULONS

- L'interprétation des connaissances nouvelles sur les océans a conduit Hess à proposer la théorie de l'expansion océanique.
- Suivant cette théorie, l'axe des dorsales est un lieu où se forme sans cesse la nouvelle croûte océanique qui s'éloigne ensuite de part et d'autre de l'axe. Il y a renouvellement des fonds océaniques, la croûte ancienne disparaissant au niveau des fosses.
- Les continents sont entraînés passivement, poussés par le renouvellement des fonds océaniques. S'il n'y a pas de fosse en bordure des continents, l'expansion du fond d'un océan provoque l'éloignement des continents qui le bordent.

3 Les anomalies magnétiques à l'appui de la théorie de Hess

Des mesures du champ magnétique terrestre au niveau des océans ont permis de tester la théorie de l'expansion des fonds océaniques.

A Définition d'une anomalie magnétique

Au cours des années 1950, des magnétomètres ont été mis au point pour mesurer l'intensité du champ magnétique en un lieu donné.

L'intensité mesurée du champ magnétique en un lieu donné dépend de :
– l'intensité du champ magnétique terrestre créé par l'activité interne du globe terrestre (mouvements dans le noyau) ;
– l'aimantation des roches proches de la surface en ce lieu ; en général très faible, elle est relativement plus élevée dans les basaltes.

ORIGINE DE L'AIMANTATION D'UNE ROCHE VOLCANIQUE

Lorsqu'un magma basaltique se solidifie, des cristaux de magnétite se forment. À une température inférieure à 600°C, soumis au champ magnétique terrestre, ils s'aimantent tous suivant la direction de ce champ : chacun d'eux constitue un minuscule aimant dipolaire. Cette aimantation acquise persiste, « fossilisant » ainsi le champ magnétique terrestre existant au moment de la formation de la roche [aimantation rémanente].

L'intensité du champ magnétique terrestre d'origine interne peut être **calculée** en tout lieu.

Une anomalie magnétique, en un lieu donné, correspond à la différence entre l'intensité mesurée et l'intensité calculée.

Une anomalie est dite positive lorsque l'intensité mesurée est supérieure à l'intensité calculée et négative dans le cas inverse.

Ces anomalies sont dues à l'aimantation des roches de la croûte (cristaux de magnétite) qui s'ajoute ou se retranche de la valeur du champ magnétique terrestre mesuré.

Le calcul et la mesure du **champ magnétique** s'effectuant pour un même lieu, la différence constatée ne peut être due qu'à l'aimantation des roches.

B Les caractéristiques des anomalies magnétiques dans les bassins océaniques

Durant les années 1960, des résultats significatifs ont été obtenus. On a mis en évidence **(DOCUMENT 8)** :
– une **forte anomalie positive au-dessus de l'axe** des dorsales océaniques ;
– **des bandes d'anomalies alternativement positives (en noir) et négatives (en blanc)**, de quelques dizaines de kilomètres de large et de plusieurs milliers de kilomètres de long, parallèlement à l'axe des dorsales ;
– **une symétrie de ces bandes d'anomalies** de part et d'autre de la dorsale.

DOCUMENT 8

Sur les continents, l'étude du champ magnétique ne montre pas de résultats comparables (pas d'organisation en bandes des anomalies magnétiques).

C Le test de la théorie de Hess

1. Les inversions du champ magnétique terrestre

- À certaines périodes de l'histoire de la Terre, le pôle Nord magnétique devint le pôle Sud et inversement. Ces inversions ont été établies en étudiant le magnétisme de **basaltes continentaux** : l'aimantation de certaines coulées de lave était dans le même sens que le champ magnétique actuel (période normale), d'autres avaient une aimantation opposée (période inverse).

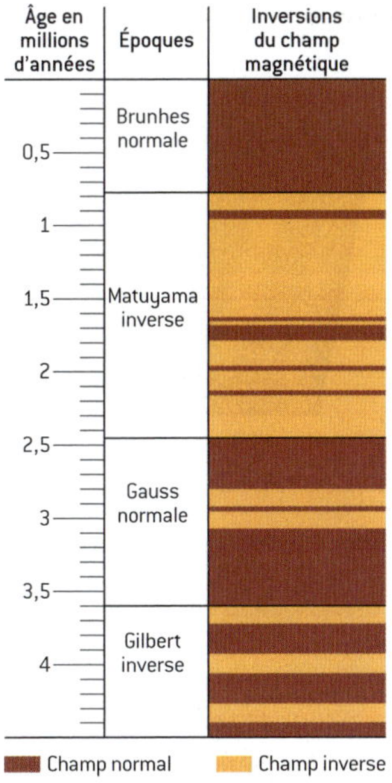

DOCUMENT 9 Chronologie des inversions du champ magnétique terrestre.

- La chronologie des inversions du champ magnétique terrestre a été établie pour les quatre derniers millions d'années (DOCUMENT 9), en combinant l'étude de l'aimantation des basaltes continentaux avec leur datation.

En étudiant des basaltes continentaux de même âge, en différentes régions, on a constaté qu'ils indiquaient la même orientation du champ magnétique. Les **inversions** sont donc des phénomènes qui se produisent à l'échelle globale et non locale.

2. Les relations entre expansion des fonds océaniques et anomalies magnétiques (Vine et Matthews, 1963)

Deux chercheurs britanniques, Fred Vine et Drummond Matthews, ont relié l'existence d'anomalies magnétiques à l'expansion des fonds océaniques (théorie de Hess). Pour cela, ils ont interprété les anomalies magnétiques en prenant en compte les inversions du champ magnétique terrestre.

Les bandes d'anomalies magnétiques positives et négatives des fonds océaniques dues à l'aimantation rémanente des basaltes de la croûte océanique correspondent à des périodes de polarité respectivement normales et inverses par rapport au champ magnétique terrestre actuel.

La disposition des anomalies magnétiques au fond des océans correspond bien à celle que l'on doit observer si la théorie de l'expansion des fonds océaniques est exacte **(DOCUMENT 10)**. C'est un test qui **confirme la théorie de Hess**.

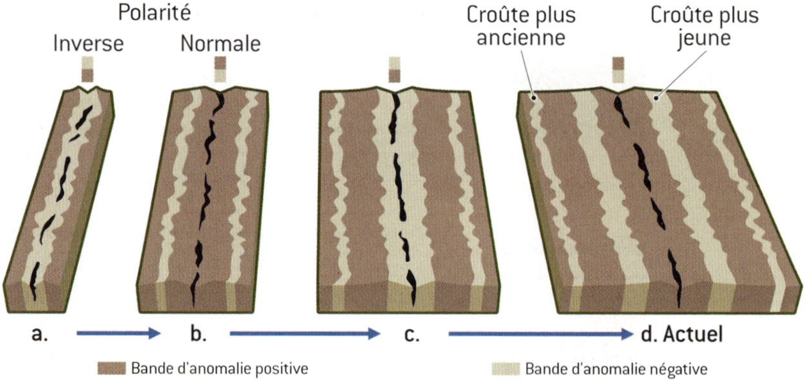

DOCUMENT 10 **Naissance des différentes bandes de polarités alternées dues à l'expansion des fonds océaniques.**

RÉCAPITULONS

Comme toute théorie scientifique, la théorie de l'expansion des fonds océaniques a été testée et cela, grâce aux caractéristiques des anomalies magnétiques enregistrées en milieu océanique. L'existence d'une bande d'anomalie positive à l'axe de la dorsale, entourée de part et d'autre par des bandes d'anomalies alternativement positives et négatives, sont les caractéristiques auxquelles on doit s'attendre si la théorie est exacte.

SCHÉMA BILAN

Fin du XIXe siècle Début du XXe siècle

- **Fixité des continents**
  Mobilité verticale possible, pas de mobilité horizontale.

1910-1925 WEGENER

- **Théorie de la dérive des continents**
  Distribution bimodale des altitudes
  Données topographiques
  Données climatologiques
  Données paléontologiques
- Il y a 250 millions d'années existait un supercontinent, la Pangée, qui s'est scindé par la suite en plusieurs parties qui se sont éloignées les unes des autres en dérivant sur les fonds céaniques

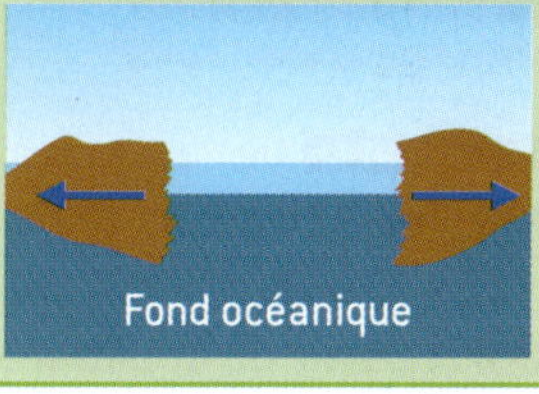

Fin des années 1920

- **Rejet de la théorie de Wegener**
  Rigidité des fonds océaniques
  Pas de force capable de vaincre cette rigidité

1962 HESS

- **Théorie de l'expansion des fonds océaniques**
  Exploitation de données nouvelles :
  bathymétrie
  dorsale
  épaisseur des sédiments
  flux de chaleur

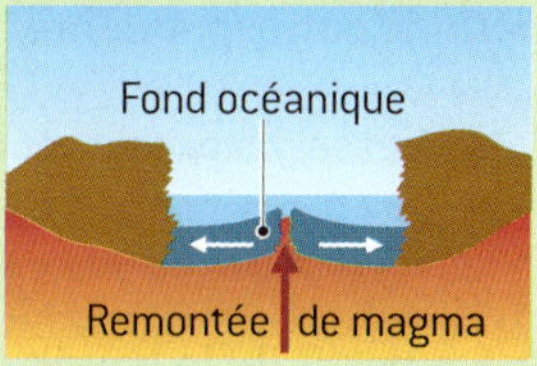

1963 VINE et MATTHEWS

- **Test de cette théorie**
  Répartition des anomalies magnétiques de part et d'autre de la dorsale

- **Confirmation la théorie de l'expansion des fonds océaniques**

DOCUMENT 11 L'idée de mobilité horizontale de la surface terrestre : de la dérive des continents à l'expansion des fonds océaniques.

Calculer la vitesse de l'expansion océanique

ÉNONCÉ

Le **DOCUMENT 12** illustre les anomalies magnétiques enregistrées au niveau de la dorsale du Pacifique Sud. Le **DOCUMENT 13** renseigne sur la chronologie des inversions du champ magnétique terrestre établie à partir de l'analyse de coulées de basalte continentales.

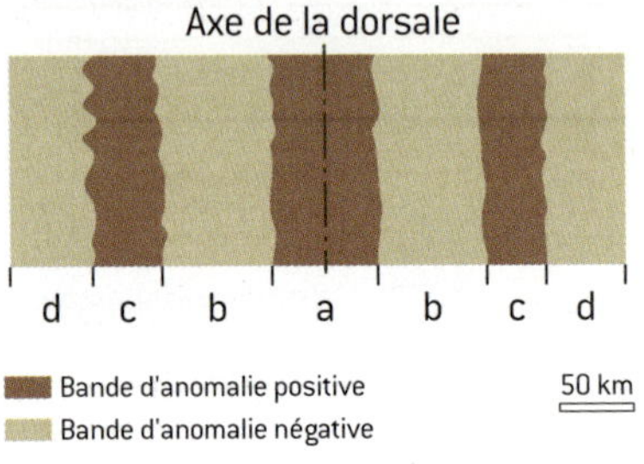

DOCUMENT 12 Anomalies magnétiques au-dessus de la dorsale du Pacifique Sud.

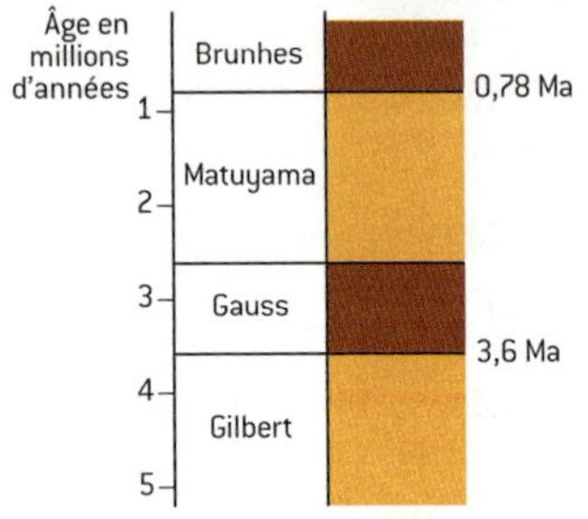

DOCUMENT 13

1 À partir de la bande d'anomalie magnétique située à l'axe de la dorsale (bande a), calculer la vitesse moyenne d'expansion océanique durant la période correspondante.

> La vitesse d'expansion durant un temps donné doit prendre en compte les fonds océaniques engendrés de part et d'autre de l'axe de la dorsale.

2 À partir de la bande d'anomalie d et de sa distance à l'axe de la dorsale, calculer la vitesse moyenne d'expansion océanique durant la période de temps correspondante.

3 Comparer les valeurs obtenues.

MÉTHODE

Grâce au **DOCUMENT 13**, déterminer le temps correspondant à l'anomalie a.

Déterminer la largeur de fond océanique correspondant à la bande d'anomalie magnétique a grâce à l'échelle indiquée sur le **DOCUMENT 12**.

Diviser la largeur calculée par le temps et exprimer la vitesse d'expansion en cm/an.

Utiliser la même méthode pour répondre à la deuxième question.

CORRIGÉ

1 La bande a correspond aux fonds océaniques les plus récents. C'est une bande d'anomalie positive. Durant toute la période de formation de cette bande, le champ magnétique était orienté comme le champ actuel. Cette bande de fonds océaniques a donc été élaborée depuis le début de la période la plus récente de polarité normale du champ magnétique jusqu'à aujourd'hui, période dite de Brunhes sur le **DOCUMENT 13**. Ce dernier indique que la durée de cette période est de 780 000 ans.

La largeur de la bande est de 0,7 cm, ce qui, compte tenu de l'échelle, correspond à une largeur de : $\frac{0,7 \times 50}{0,5} = 70 \text{ km} = 7 \times 10^6 \text{ cm}$.

La vitesse moyenne d'expansion de l'océan durant les 780 000 dernières années a donc été d'environ $\frac{7 \times 10^6}{78 \times 10^4} = 8,9 \text{ cm/an}$.

2 La bande d'anomalie magnétique d correspond aux fonds océaniques les plus anciens représentés sur le **DOCUMENT 12**. C'est une bande d'anomalie négative correspondant à une période où le champ magnétique était inverse par rapport au champ actuel. La succession des bandes d'anomalie magnétique depuis l'axe de la dorsale indique que c'est, par rapport à l'actuel, l'avant-dernière période de polarité inverse du champ magnétique. Le **DOCUMENT 13** indique qu'elle s'est terminée il y a 3,6 millions d'années. Les fonds océaniques entre l'axe de la dorsale et la fin de cette période de polarisation inverse du champ magnétique ont donc été élaborés en 3,6 millions d'années.

Leur largeur sur le document 12 est de 1,8 cm, ce qui, compte tenu de l'échelle, correspond à une largeur de : $\frac{1,8 \times 50}{0,5} = 180 \text{ km} = 18 \times 10^6 \text{ cm}$.

La vitesse de formation de cette bande de fonds océaniques est donc de : $\frac{18 \times 10^6}{3,6 \times 10^6} = 5 \text{ cm/an}$.

Pendant la même période, une bande équivalente de fond océanique a été fabriquée de l'autre côté de la dorsale. La vitesse moyenne d'expansion de l'océan durant ces 3,6 millions d'années a donc été de $5 \times 2 = 10$ cm/an.

3 La vitesse moyenne de l'expansion de l'océan Pacifique, au niveau de cette zone, depuis 3,6 millions d'années, est très voisine de ce qu'elle a été durant les derniers 780 000 ans. Cela indique que la vitesse d'expansion a été quasi constante pendant toute cette période.

SE TESTER QUIZ

1 Océans et continents

Associer à chaque élément du premier ensemble un ou plusieurs éléments du second ensemble.

1. L'axe d'une dorsale océanique ☐	☐ a. augmente d'épaisseur lorsqu'on s'éloigne d'une dorsale
2. Les continents ☐	☐ b. n'ont pas occupé la même position au cours de l'histoire de la Terre
3. Les sédiments marins océaniques ☐	☐ c. est une zone de formation de la croûte océanique
4. Le manteau ☐	☐ d. ne se forme pas comme la croûte océanique
5. Les anomalies magnétiques ☐	☐ e. sont symétriques par rapport à l'axe de la dorsale
6. Une dorsale océanique ☐	☐ f. est une couche du globe terrestre se trouvant sous la croûte
7. La croûte continentale ☐	☐ g. sont entraînés passivement par le renouvellement des fonds océaniques
	☐ h. est un relief que l'on trouve dans tous les océans
	☐ i. enregistrent au fond des océans les inversions du champ magnétique terrestre

S'ENTRAÎNER

2 Dorsales et fosses océaniques

Pour les fonds océaniques, indiquer ce que représentent les dorsales et les fosses océaniques.

3 La dérive des continents de Wegener et l'expansion océanique de Hess

Indiquer quels sont les points communs et les différences entre ces deux conceptions de l'histoire de la planète.

4 Un essai en géopoésie

En 1962, Hess a présenté l'expansion des fonds océaniques sous l'appellation d'« essai en géopoésie ». Expliquer pourquoi il a utilisé cette expression et indiquer ce que représente dans la démarche scientifique cet essai en géopoésie.

5 Argumenter

Le DOCUMENT 14 est une représentation de l'Afrique et de l'Amérique du Sud il y a 200 millions d'années environ. Les zones en bleu correspondent à des roches datées de 2 milliards d'années. Les roches en blanc ont un âge compris entre 1100 et 650 millions d'années.

Indiquer en quoi cette représentation est conforme à la théorie de la dérive des continents et contient des informations qui la confortent.

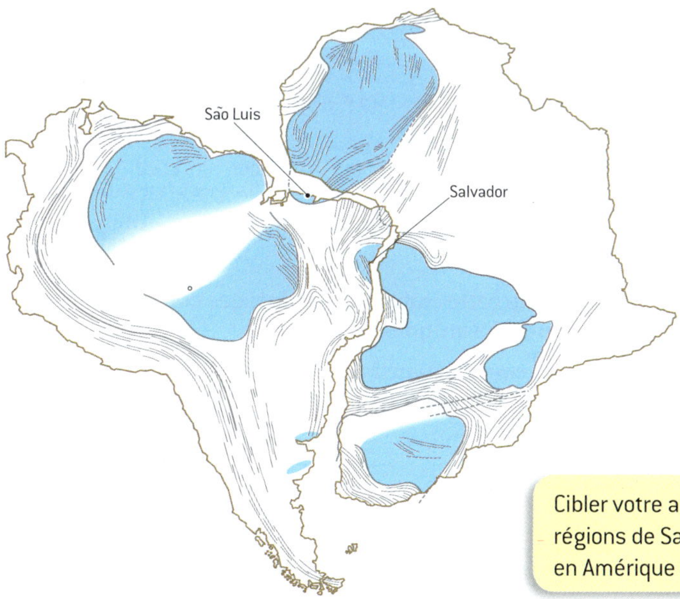

Cibler votre analyse sur les régions de Sao Luis et Salvador en Amérique du Sud

DOCUMENT 14

6 Extraire des informations d'un document et les utiliser comme test d'une théorie

Au cours des années 1960, on a lancé un navire océanographique, le *Glomar Challenger*, afin d'effectuer des forages dans les fonds océaniques. Le **DOCUMENT 15** fournit les résultats d'une campagne de forages effectuée en 1968-69 dans l'Atlantique Sud, entre l'Afrique et l'Amérique du Sud. Tous les forages ont atteint le socle basaltique. Il a été possible, grâce aux microfossiles, de dater, en chaque site, les plus anciens sédiments, c'est-à-dire situés immédiatement au-dessus du basalte de la croûte océanique.

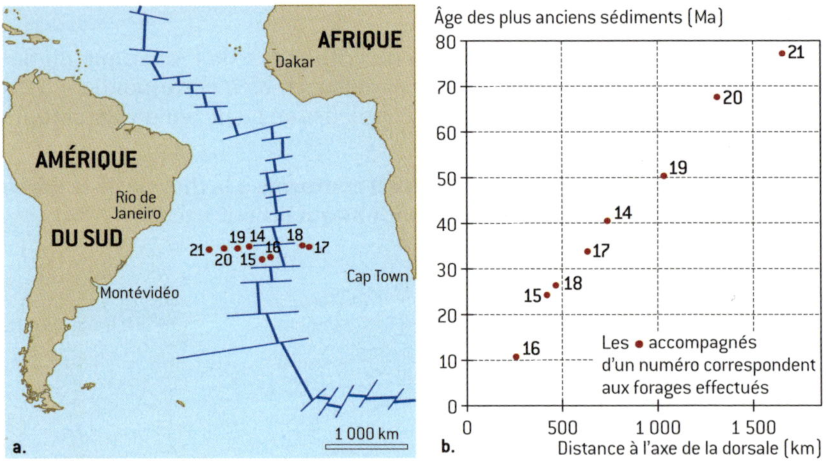

DOCUMENT 15

Montrer que les résultats de cette campagne de forages confortent la théorie de l'expansion des fonds océaniques de Hess.

D'après ces résultats, la vitesse d'expansion dans l'océan Atlantique Sud a-t-elle été constante durant les 80 derniers millions d'années d'existence de cet océan ? Calculer cette vitesse.

OBJECTIF BAC

7 L'expansion des fonds océaniques

À partir des informations extraites du DOCUMENT 16 mises en relation avec vos connaissances :

a. Expliquer ce qu'on entend par expansion des fonds océaniques.

b. Comparer les vitesses d'expansion de l'océan Atlantique et de l'océan Pacifique.

c. Dater l'âge maximal des fonds océaniques actuels.

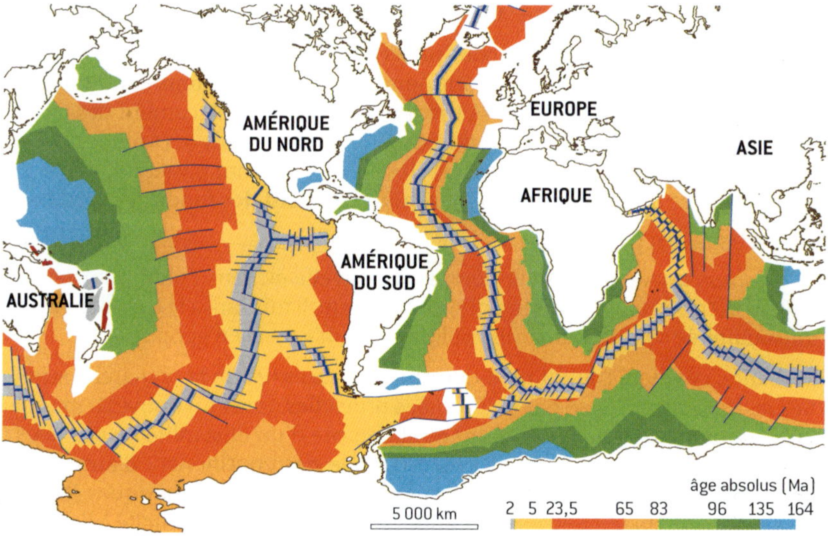

DOCUMENT 16 **Carte de l'âge des fonds océaniques établie à l'aide des anomalies magnétiques.**

Si l'on excepte la fosse des Antilles, les marges (frontière continent-océan) de l'océan Atlantique, contrairement à celles du Pacifique (exemple : marge avec l'Amérique du Sud), ne sont pas bordées de fosses océaniques.

d. Que pouvez-vous en déduire sur l'âge de l'océan Atlantique ? Peut-on aboutir à une conclusion semblable pour le Pacifique ?

SE TESTER

1 Océans et continents

Les associations correctes sont : **1** c – **2** b, g – **3** a – **4** f – **5** e, i – **6** h – **7** d.

S'ENTRAÎNER

2 Dorsales et fosses océaniques

Les axes des dorsales sont des zones où se forme la croûte océanique à partir de magma issu du manteau. Les fosses sont des zones où les fonds océaniques plongent dans le manteau et sont donc soustraits à la surface.

3 La dérive des continents de Wegener et l'expansion océaniques de Hess

Pour les deux théories, les continents n'ont pas occupé une position fixe au cours de l'histoire de la Terre : ils se sont déplacés à la surface du Globe.

Dans la théorie de la dérive des continents de Wegener (dite encore théorie des translations continentales), les continents se déplacent comme des radeaux sur les fonds océaniques. Dans la théorie de Hess, le déplacement des continents n'est que la conséquence de l'expansion des fonds océaniques (et de leur disparition au niveau des fosses) ; les continents sont passifs, éloignés ou rapprochés les uns des autres par **le renouvellement des fonds océaniques**.

4 Un essai en géopoésie

Hess a émis une hypothèse entièrement nouvelle et, sans doute pour ne pas heurter la communauté géologique de l'époque, il minimisa le caractère révolutionnaire de son idée en utilisant l'expression « essai en géopoésie ».

En réalité, cet essai traduit bien un caractère essentiel de la démarche scientifique. Hess ne propose pas de données nouvelles, mais un nouveau modèle du fonctionnement de la Terre qui rend compte d'un ensemble de données : d'une part, des faits en accord avec la dérive des continents ; d'autre part, des faits récemment obtenus de l'exploration des fonds océaniques (bathymétrie, flux de chaleur, épaisseur des sédiments marins, séismicité à l'axe des dorsales). Il intègre aussi l'idée de mouvements de matière dans le manteau, exprimée dans les années 1930 par le géologue Arthur Holmes.

L'essai en géopoésie de Hess est une théorie scientifique, un modèle explicatif qui va au-delà des faits connus à l'époque où elle est émise mais qui rend compte de ces faits. Elle permet de faire des prévisions et doit être testable. Mais au moment où il l'exprime, Hess ne voit pas comment on peut la tester : d'où l'expression d'« essai » qu'il utilise. Durant les années 1960, l'exploitation des anomalies magnétiques, puis les données résultant des forages (voir l'exercice 6) ont permis de confirmer la théorie de l'expansion des fonds océaniques.

5 Argumenter

Le document montre les deux continents emboîtés, tels qu'ils devaient l'être 200 millions d'années plus tôt, selon la théorie de Wegener.

L'élément le plus remarquable est l'existence, au Brésil, de deux formations géologiques de 2 milliards d'années, l'une dans la région de Sao Luis, l'autre dans celle de Salvador, entourées par des formations géologiques plus récentes. Elles se situent dans le prolongement de formations géologiques similaires d'Afrique. Tout se passe comme si la séparation des deux continents avait scindé ces formations en deux.

Cette correspondance entre des formations géologiques de deux continents aujourd'hui éloignés de milliers de kilomètres corrobore la théorie de la dérive des continents de Wegener.

6 Extraire des informations d'un document et les utiliser comme test d'une théorie

Sur le DOCUMENT 15A, on voit que les forages 16, 15, 14, 19, 20 et 21 effectués à l'ouest de la dorsale atlantique sont **de plus en plus éloignés** de l'axe de la dorsale. Le DOCUMENT 15B indique que les sédiments les plus anciens de ces sites (situés juste au-dessus de la croûte océanique) sont **d'autant plus vieux** que l'on s'éloigne de la dorsale : 10 millions d'années au site 16, le plus proche de la dorsale ; 75 millions d'années au site 21, le plus éloigné. C'est ce à quoi l'on doit s'attendre si la théorie de l'expansion des fonds océaniques de Hess est exacte. En effet, ces sédiments se sont déposés **à l'axe de la dorsale** peu de temps après la formation de la croûte, ont été entraînés par l'expansion de la croûte, puis recouverts par d'autres sédiments.

Les forages **18** et **17** ont été réalisés de **l'autre côté** de la dorsale, à l'est. Les résultats de ces deux forages sont conformes à ceux obtenus par les forages du côté ouest de la dorsale. Les âges des terrains les plus anciens aux sites 18 et 17 situés à l'est sont compris entre les âges des sédiments aux sites 15 et 14 situés à l'ouest, correspondant à la distance des sites par rapport à l'axe de la dorsale. C'est en accord avec l'idée que les fonds océaniques, formés à l'axe de la dorsale, sont ensuite entraînés **de part et d'autre de la dorsale** à la même vitesse.

L'âge des sédiments océaniques les plus anciens correspond à peu près à l'âge de la croûte océanique d'après la théorie de l'expansion. Sur le DOCUMENT 15B, les points sont relativement alignés, ce qui indique que la vitesse d'expansion était à peu près constante durant les 80 derniers millions d'années.

Pour calculer la vitesse d'expansion, prenons l'exemple du forage 19. Il est éloigné de l'axe de la dorsale de 1000 km. En ce point, l'âge des sédiments au contact de la croûte est de 50 millions d'années. La vitesse d'expansion du côté ouest de la dorsale est de 10^8 cm / $50 \times 10^6 = 2$ cm/an.

Comme il faut tenir compte de la croûte formée pendant la même période de l'autre côté de la dorsale, cela correspond à une expansion de cette zone de l'Atlantique Sud de 4 cm/an.

OBJECTIF BAC

7 L'expansion des fonds océaniques

a. Aussi bien pour l'Atlantique que pour le Pacifique, les fonds océaniques les plus récents sont situés **au niveau de l'axe de la dorsale.** L'âge de la croûte océanique **augmente** dans les deux océans au fur et à mesure que l'on s'éloigne de cet axe. Le phénomène s'interprète bien si l'on admet que la croûte est formée continuellement à l'axe de la dorsale, puis qu'elle est entraînée de part et d'autre de l'axe. La croûte océanique la plus ancienne est donc celle qui s'est formée en premier. Cette production de croûte qui augmente la superficie d'un océan est appelée expansion des fonds océaniques.

b. On constate que la largeur d'une bande de croûte océanique formée pendant un temps donné est toujours plus importante dans l'océan Pacifique que dans l'océan Atlantique. Cela signifie que la vitesse d'expansion du Pacifique est plus grande que celle de l'Atlantique.

Dans la partie « Méthode », on a trouvé une vitesse de 9 cm/an pour le Pacifique ; dans l'exercice 6, on a trouvé une vitesse de 4 cm/an pour l'Atlantique Sud, soit plus de deux fois plus faible. On a cependant toujours le même ordre de grandeur de quelques centimètres par an ! On dit que la dorsale du Pacifique est une dorsale rapide et celle de l'Atlantique une dorsale lente.

c. La plus vieille croûte de l'Atlantique est située dans l'Atlantique central, à proximité de la côte africaine à l'est, de celle de l'Amérique du Nord à l'ouest. Représentée en bleu, son âge est compris entre 135 et 164 millions d'années. On trouve un âge semblable pour la croûte du Pacifique. Cela signifie que l'âge maximal de la croûte océanique actuelle est inférieur à 200 millions d'années.

d. Les marges de l'Atlantique ne possèdent pas de fosses. Comme c'est au niveau des fosses que la croûte océanique disparaît dans le manteau, cela signifie que toute la croûte océanique élaborée par l'activité de la dorsale atlantique est encore présente. En conséquence, l'âge de l'océan Atlantique est celui de ses fonds les plus anciens, c'est-à-dire inférieur à 200 millions d'années. On ne peut rien dire sur l'océan Pacifique, car étant bordé de fosses, sa croûte océanique la plus ancienne a disparu.

www.annabac.com

CHAPITRE

6 Le modèle de la tectonique des plaques

La théorie de l'expansion des fonds océaniques, confirmée par l'étude des anomalies magnétiques, a conduit à de nouvelles recherches. Elles ont débouché sur un modèle de la dynamique externe de notre planète : la tectonique des plaques ou tectonique globale.

1 Le concept de lithosphère et d'asthénosphère

La connaissance de la structure interne du globe terrestre découle en grande partie de l'analyse des enregistrements des ondes sismiques (séismogrammes) permettant de calculer la vitesse des ondes sismiques en fonction des milieux qu'elles traversent lors de leur propagation.

A Les ondes sismiques et la structure générale du Globe

- **Les séismes** ont pour origine une rupture au sein des roches entraînant le déplacement relatif et brusque de deux compartiments situés de part et d'autre d'une faille. Cette rupture se produit au foyer du séisme, situé à une profondeur de moins de 60 km pour les séismes superficiels, jusqu'à 600-700 km pour les séismes les plus profonds. Elle déclenche la formation d'ondes sismiques qui se propagent dans toutes les directions et sont enregistrées par des séismographes en différentes stations de mesure.

- **Trois types d'onde** sont enregistrés :
  – **les ondes P**, ondes premières, de faible amplitude, sont longitudinales (ou de compression-décompression) et **se propagent dans tous les milieux** ;
  – **les ondes S**, ondes secondes, d'amplitude plus importante, sont des ondes transversales (ou de cisaillement). Elles ne **se propagent pas dans les liquides** ;
  – **les ondes L**, tardives et de forte amplitude, ne se propagent que dans les couches superficielles du globe. Elles sont à l'origine des principaux dégâts des séismes.

- Les changements de vitesses **des ondes P et S** en fonction de la profondeur apportent des renseignements sur la structure interne du globe terrestre, permettant d'élaborer un modèle (DOCUMENT 1).

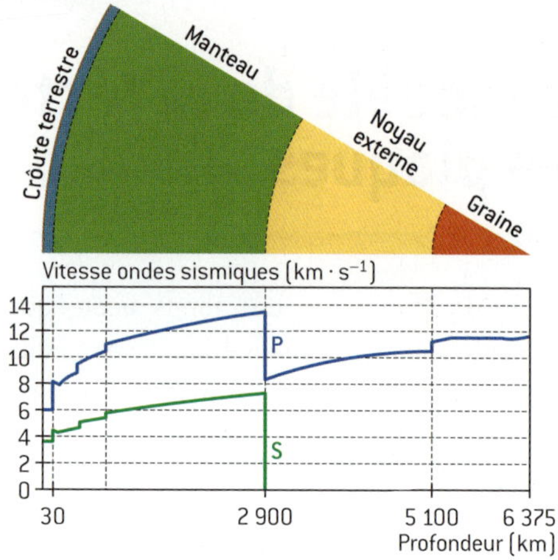

DOCUMENT 1 Les ondes P et S révèlent la structure interne du globe terrestre.

B Ondes sismiques, lithosphère et asthénosphère

- Durant les années 1960, grâce à de nombreuses mesures, on a précisé la vitesse des ondes P et S dans la partie superficielle du manteau.
- La vitesse des ondes S diminue brusquement vers 100 km de profondeur **(DOCUMENT 2)**. Cette **« zone à faible vitesse »** (LVZ = *Low Velocity Zone*) se prolonge jusqu'à 200-300 km ; au-delà, la vitesse des ondes S augmente à nouveau.

Cette diminution de vitesse des ondes S ne peut résulter que d'un changement d'état physique du milieu traversé. Les ondes S, qui ne se propagent pas dans les liquides, sont **fortement ralenties lorsqu'elles traversent un milieu plastique**. Cette « zone à faible vitesse » semble donc relativement ductile, en raison d'une **fusion partielle** (1 %) des roches. En effet, les conditions de température et de pression régnant à 100 km de profondeur sont celles où débute la fusion des roches du manteau (péridotites).

Au-delà de 300-400 km de profondeur, les conditions de pression et de température sont telles que la fusion devient impossible : le manteau est solide, ce qui explique l'augmentation de la vitesse des ondes S à cette profondeur.

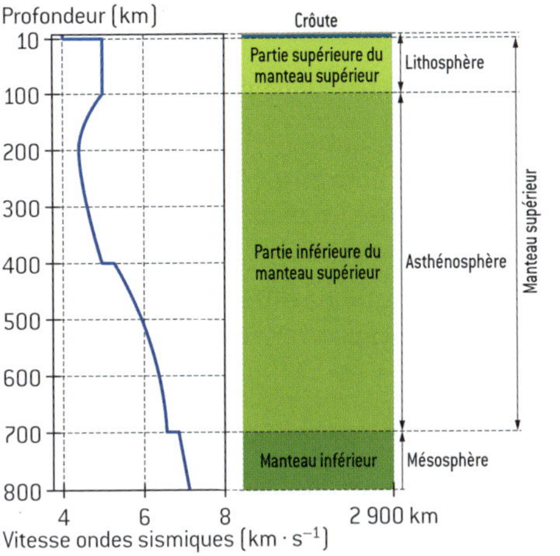

DOCUMENT 2 La vitesse des ondes sismiques dans le manteau supérieur.

La structure superficielle du globe se présente ainsi en deux grandes parties :
– une couche externe, appelée **lithosphère rigide** (*lithos* = pierre), épaisse de 70 km sous les océans et de 120 à 150 km sous les continents en moyenne, comprend la totalité de la croûte plus une partie du manteau supérieur ;
– sous la lithosphère se situe **l'asthénosphère plastique** (*asthenos* = sans résistance), ductile, capable de « fluer » sous de faibles contraintes. Elle ne peut donc se briser et produire des séismes. Sa limite inférieure se trouve vers 650-700 km de profondeur.

- Soumise à une faible contrainte, la **lithosphère** rigide se déforme, mais elle reprend sa forme initiale lorsque la contrainte cesse. Si la contrainte est trop forte, la lithosphère se rompt, provoquant un séisme.
- L'**asthénosphère** étant ductile, elle ne peut se casser en réponse à des contraintes et donc ne peut être le siège de séismes.
- Ne pas confondre la limite croûte-manteau **(DOCUMENT 1)** avec la limite lithosphère-asthénosphère **(DOCUMENT 2)**.

En distinguant lithosphère et asthénosphère, on retrouve l'existence de **deux couches** : l'une rigide, la lithosphère, reposant sur une couche plus plastique, l'asthénosphère, ainsi que l'avait imaginé Wegener. Mais, alors que celui-ci pensait que la croûte continentale reposait sur une croûte océanique plastique, les ondes sismiques montrent une lithosphère rigide présente au niveau des océans comme des continents et reposant sur l'asthénosphère plastique.

C Lithosphère océanique et lithosphère continentale

1. Manteau asthénosphérique et manteau lithosphérique

Le **manteau asthénosphérique**, comme le manteau lithosphérique, est constitué de péridotite, une roche vert sombre composée à 90 % d'olivine et de pyroxènes. Le **manteau lithosphérique** a la même composition minéralogique dans les lithosphères continentale et océanique.

Les manteaux lithosphérique et asthénosphérique ne diffèrent que par leurs propriétés physiques : le premier est rigide, alors que le second est plus plastique, plus ductile.

2. Croûte continentale et croûte océanique

Lithosphère continentale et lithosphère océanique diffèrent uniquement par leur croûte.

- **La croûte océanique** (7 km d'épaisseur en moyenne) comprend, sous les sédiments, une succession de couches (DOCUMENT 3a) :
– des basaltes (en coussins sur environ 0,5 km, en filons sur environ 1,5 km), roches magmatiques résultant de la solidification rapide et de la cristallisation partielle du magma arrivant en surface ;
– des gabbros (environ 5 km), roches magmatiques résultant de la solidification lente et de la cristallisation complète du magma, sous les basaltes.

- Basaltes et gabbros ont la même composition minéralogique (olivine, pyroxène et feldspaths plagioclases) et chimique : **la composition chimique et minéralogique de la croûte océanique est donc globalement celle du basalte.**

- **La croûte continentale** (35 km d'épaisseur en moyenne) est plus hétérogène. Sous une couche sédimentaire d'épaisseur variable suivant les régions se trouvent des roches ayant la composition du granite (quartz, feldspaths et micas) : le granite (roche magmatique plutonique) et le gneiss (roche métamorphique) (DOCUMENT 3b).

- **Croûte océanique et croûte continentale sont deux entités différentes.** L'origine de la croûte continentale, âgée dans certaines régions du Globe de plus de 4 milliards d'années, sera abordée en Terminale S. La croûte océanique se forme à l'axe de la dorsale par la remontée d'un magma issu du manteau ; son âge est au maximum d'environ 200 millions d'années.

DOCUMENT 3 Compositions minéralogiques de différentes roches magmatiques.

La nature différente des croûtes continentale et océanique font qu'elles ont des densités différentes : 2,7 pour la croûte continentale, 2,9 pour la croûte océanique. Il en est de même pour les lithosphères continentale et océanique (le manteau lithosphérique seul a une densité moyenne de 3,3).

La lithosphère océanique est plus dense que la lithosphère continentale, d'où **la différence d'altitude importante, par rapport à l'altitude moyenne du Globe, entre fonds océaniques et continents**.

RÉCAPITULONS

- Le modèle de la tectonique des plaques repose sur la distinction lithosphère-asthénosphère.
- La lithosphère est une enveloppe rigide qui repose sur l'asthénosphère, plus plastique. La limite entre les deux est de nature physique et non chimique.
- La lithosphère océanique et la lithosphère continentale ne diffèrent que par leur croûte. La lithosphère océanique est plus dense que la lithosphère continentale.

2 Le modèle de la tectonique des plaques

A La répartition des séismes

Les géologues ont établi une carte des séismes ayant affecté le globe terrestre entre 2000 et 2008 **(DOCUMENT 4)**. On observe trois zones principales d'activité sismique :

– **les dorsales océaniques,** où les séismes sont très superficiels (foyers inférieur à 20 km) ;

– **la zone péripacifique,** notamment le long des grandes fosses océaniques, où les séismes peuvent être superficiels, intermédiaires ou profonds (jusqu'à 700 km) ;

– une **zone située au sein des continents** allant des Alpes aux chaînes de l'Asie centrale, caractérisée par des séismes superficiels ou intermédiaires.

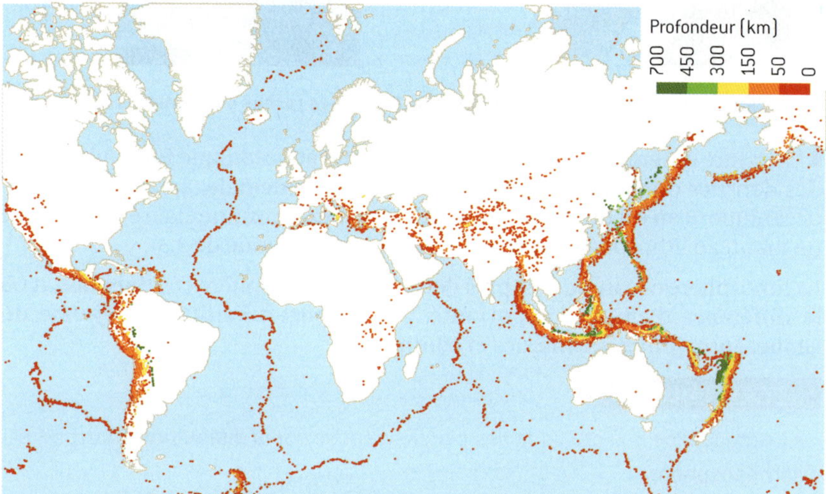

DOCUMENT 4 Localisation des séismes sur le Globe et profondeurs des foyers.

B L'activité sismique dans les régions des grandes fosses océaniques

La fosse océanique qui borde le Chili (DOCUMENT 5) constitue une frontière entre une région océanique, dite de Nazca, et une région continentale, l'Amérique du Sud. Au niveau de la fosse, il n'y a que des séismes superficiels ; les foyers des séismes intermédiaires et profonds sont nettement décalés vers le continents et ceci d'autant plus qu'ils sont profonds. **L'ensemble des foyers sismiques se répartit le long d'une surface inclinée, le plan de Benioff, qui passe sous le continent.**

La même disposition des foyers est observée pour toutes les fosses océaniques entourant le Pacifique, même celles qui ne sont pas en bordure d'un continent (fosses du Pacifique Ouest, comme celle des Mariannes, par exemple).

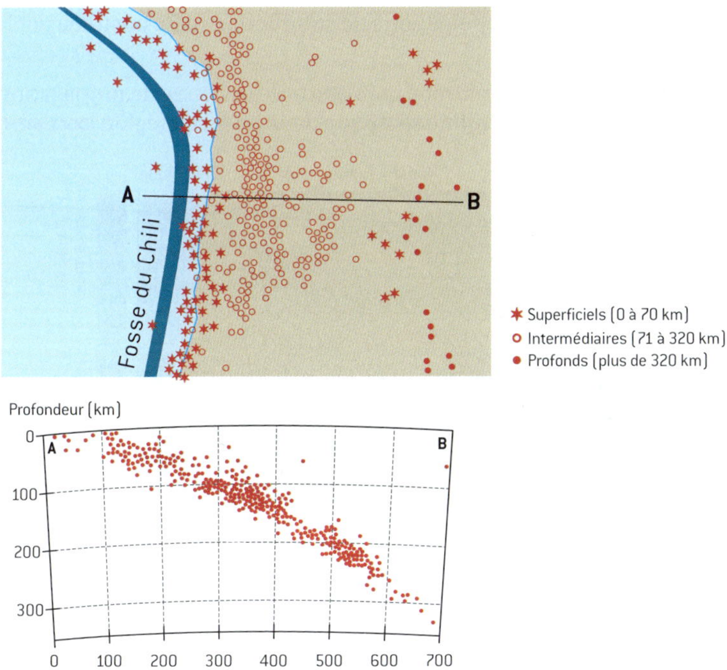

DOCUMENT 5 **Profondeurs des séismes en bordure du Chili.**

C Interprétation du plan de Benioff

- Si l'on respecte le modèle lithosphère-asthénosphère (DOCUMENT 3), il faut expliquer pourquoi les séismes se produisent à des profondeurs supérieures à 100-150 km. En effet, dans une région correspondant à ces profondeurs, les séismes ne devraient pas pouvoir se produire, car l'asthénosphère est plastique. Il faut donc postuler l'existence d'une **lithosphère rigide, disposée suivant le plan de Benioff**, à des profondeurs où, normalement, elle n'existe pas.
- Si cette lithosphère était statique, elle devrait, à ces profondeurs, se réchauffer et perdre son identité. Si elle persiste, c'est qu'**elle est sans cesse renouvelée.**
- **En bordure du Chili, la lithosphère océanique (Nazca) plonge sous la lithosphère continentale (Amérique du Sud).**
- La région où une lithosphère plonge sous une autre lithosphère et s'enfonce dans l'asthénosphère est appelée **zone de subduction** (déjà postulée par Hess, voir DOCUMENT 8, CHAP. 5).
- Cette interprétation est confirmée par l'étude de la vitesse de propagation des ondes sismiques ou **tomographie sismique** dans une telle région (DOCUMENT 6).

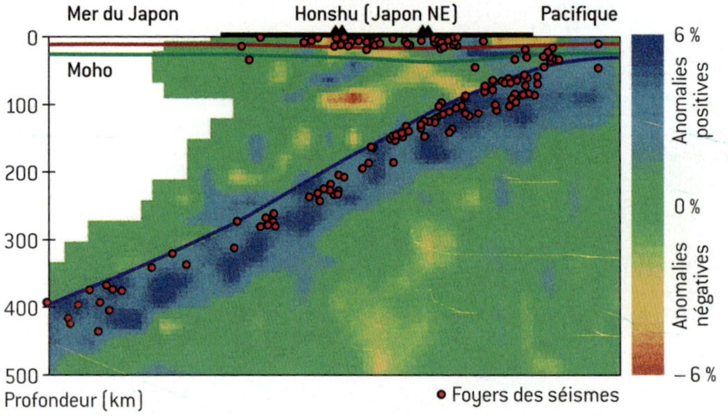

DOCUMENT 6 Profil tomographique du manteau au niveau du Japon. On peut déterminer avec précision dans une région la vitesse des ondes P et S et comparer ces mesures avec les valeurs attendues (théoriques) de ces vitesses suivant le modèle sphérique de la Terre. On reconnaît alors, dans certaines régions, des anomalies positives (vitesses plus grandes que prévues) et négatives (vitesses plus faibles). Ces anomalies sont interprétées en terme d'anomalies de température à une profondeur donnée : anomalies positives = zones plus froides que prévues, anomalies négatives = zones plus chaudes que prévues.

D Généralisation : la tectonique des plaques

- La **création de lithosphère** océanique a lieu au niveau des dorsales et sa **disparition** au niveau des fosses.
- Les ceintures sismiques encadrent de larges espaces où les tremblements de terre sont rares. Les contraintes à l'origine de séismes sont rares ou absentes dans ces régions dites asismiques.
- Les zones sismiques révèlent l'existence de contraintes entraînant des ruptures dans la lithosphère qui ne peuvent se comprendre que par l'existence de deux blocs de lithosphère animés de mouvements différents.
- La **théorie des plaques** synthétise toutes ces données : **la lithosphère, discontinue, est formée de plusieurs calottes subsphériques appelées plaques** (DOCUMENT 7), qui glissent sur l'asthénosphère et sont en mouvement constant les unes par rapport aux autres. Ce sont ces mouvements qui, à leurs frontières, sont à l'origine des séismes. En réalité, ces **mouvements sont des mouvements de rotation,** car se déroulent sur une sphère, celle du globe terrestre.

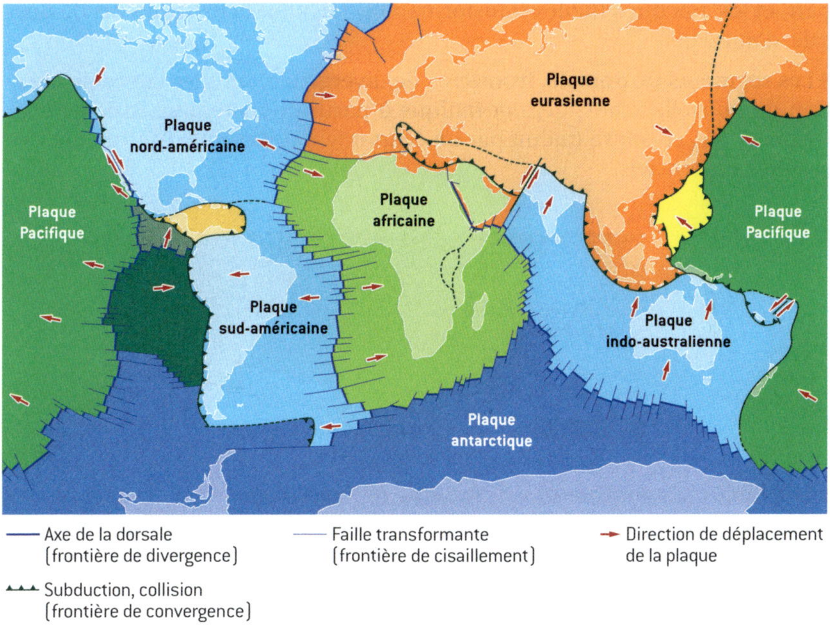

DOCUMENT 7 Les principales plaques tectoniques du globe terrestre.

Certaines plaques sont purement océaniques (plaque Pacifique), d'autres comportent à la fois océan et continent (plaque sud-américaine, par exemple). Les **continents sont passifs, entraînés par les mouvements des plaques** dont ils font partie.

La limite continent-océan, appelée marge, n'est pas obligatoirement une limite de plaque. Lorsque cette limite correspond à une zone de subduction, on parle de **marge active** ; si la limite continent-océan appartient à une même plaque, on parle de **marge passive** (marges américaines et européennes de l'Atlantique, par exemple).

E Les frontières de plaques

Frontières au niveau d'une dorsale océanique. Une dorsale océanique n'est pas continue, elle est formée de segments décalés les uns par rapport aux autres par des zones de fracture (DOCUMENT 8). Il existe donc deux types de limite entre plaques au niveau d'une dorsale : les segments de dorsale, d'une part, et les fractures (failles transformantes) joignant deux segments de dorsale, d'autre part.

Les segments de dorsale, frontières de divergence, sont les zones de création de nouvelle lithosphère océanique à partir de matériaux issus de l'asthénosphère, ce qui se traduit par un écartement des plaques entraînant des séismes superficiels.

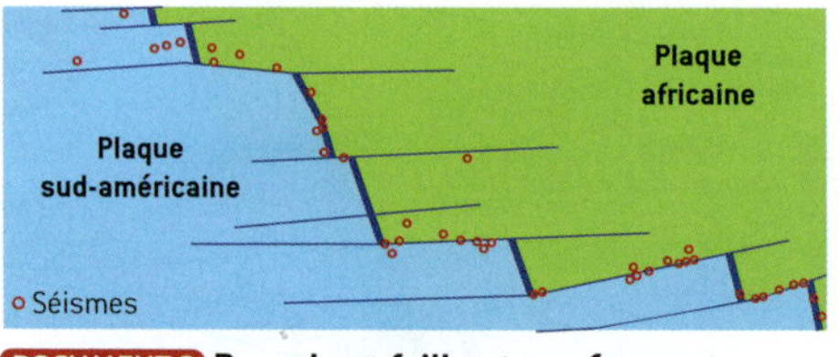

DOCUMENT 8 **Dorsale et failles transformantes.**

Les failles transformantes, frontières de coulissage, sont les régions où ne se produit ni création ni destruction de lithosphère, mais un coulissage de deux plaques l'une par rapport à l'autre, se traduisant, ici encore, par des séismes superficiels.

Les fosses océaniques, frontières de convergence, sont des zones de disparition de la lithosphère compensant sa création au niveau des dorsales. La lithosphère d'une plaque disparaît sous la lithosphère d'une autre plaque qui la chevauche (subduction), en plongeant dans l'asthénosphère. De nombreux séismes superficiels, mais aussi profonds, sont associés à cette subduction **(DOCUMENT 9)**.

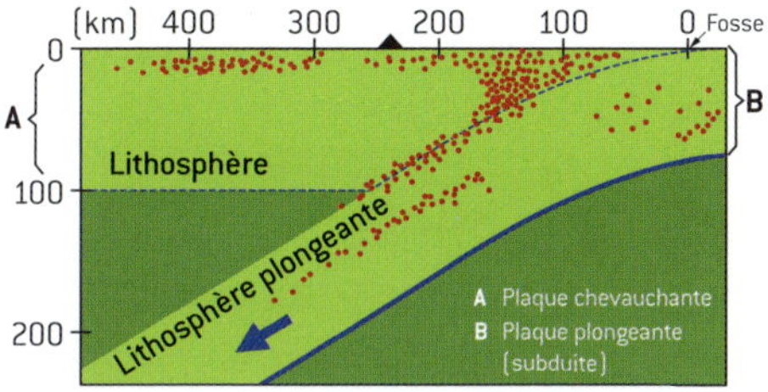

DOCUMENT 9 Fosse océanique et activité sismique associée. A. Plaque chevauchante. B. Plaque plongeante (subduite).

Familiarisez-vous avec les termes utilisés à propos de la subduction : plaque **chevauchante** et plaque **plongeante** ou **subduite**. C'est la répartition des foyers sismiques qui permet de distinguer la plaque subduite et la plaque chevauchante.

RÉCAPITULONS

La lithosphère est découpée en plaques rigides se déplaçant les unes par rapport aux autres. Les contraintes liées à ces mouvements s'exercent aux frontières des plaques ; elles se traduisent par des séismes. On reconnaît trois grands types de frontière : convergente, divergente et de coulissage. Seules les zones de subduction sont le siège de séismes profonds.

3 Des confirmations du déplacement des plaques

A Volcanisme des points chauds et déplacement des plaques

Il existe un volcanisme intra-plaque, aussi bien continental qu'océanique, éloigné des frontières de plaques. C'est le cas de l'archipel volcanique des îles Hawaii, prolongé par les monts de l'Empereur dans l'océan Pacifique **(DOCUMENT 10)**.

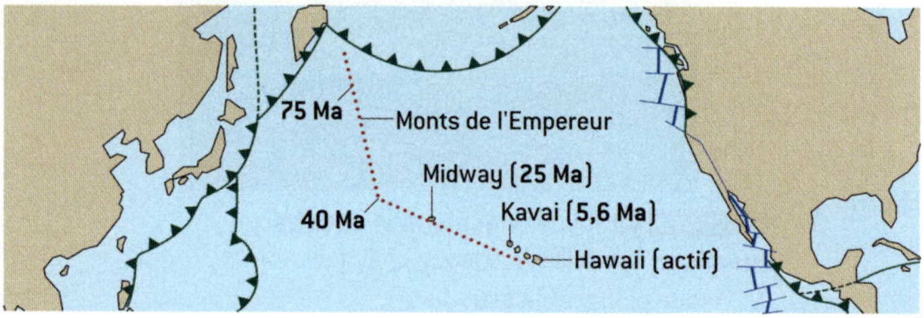

DOCUMENT 10 **L'archipel des îles Hawaii** est constitué de volcans actifs (Mauna Loa, Kilauea...) situés sur l'île principale et de volcans éteints et submergés (Midway...) lorsqu'on s'éloigne vers l'Ouest. Tous ces volcans sont alignés ESE-NNW. Cette chaîne hawaiienne se prolonge par celle des monts de l'Empereur, orientée SSE-NNW, formée de volcans éteints et immergés.

La datation des volcans indique que **leur âge augmente à mesure que l'on s'éloigne d'Hawaii**, les volcans des monts de l'Empereur étant les plus anciens.

- Pour expliquer ce volcanisme, on fait appel à l'existence de **points chauds** : en ces points, du magma remonte du manteau, traverse la lithosphère et donne naissance à des volcans.

Le point chaud responsable du volcanisme hawaiien est actuellement situé sous les îles Hawaii. On considère que sa position n'a pas varié au moins durant les derniers 80 millions d'années.

- C'est le déplacement de la plaque Pacifique au-dessus de ce point chaud qui engendre la chaîne volcanique hawaiienne **(DOCUMENT 11)**.

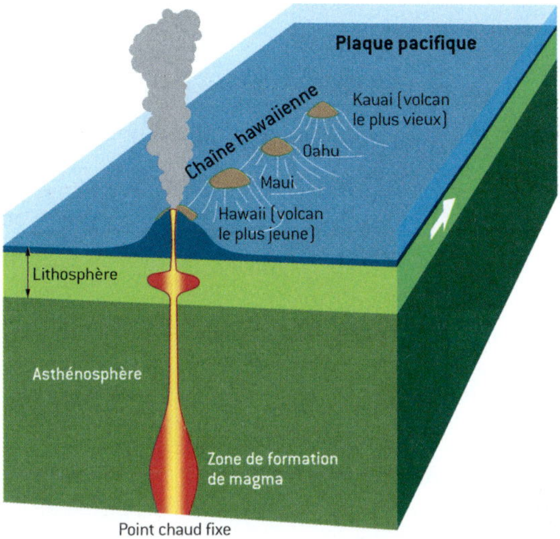

DOCUMENT 11 **Point chaud, fixe, situé sous la plaque Pacifique.**

- L'alignement des volcans n'apparaît plus que comme la conséquence du déplacement de la plaque pacifique. Leur écartement fournit un moyen de **calculer la vitesse de déplacement de la plaque océanique :** la distance entre deux volcans divisée par leur différence d'âge donne une vitesse de 8 à 10 cm par an.
- Fait remarquable, cette **vitesse** de déplacement est **très voisine de celle trouvée à partir des anomalies magnétiques**. Cette concordance est donc une **confirmation de la réalité du déplacement des plaques.**

La différence d'orientation entre la chaîne volcanique hawaiienne et celle des Monts de l'Empereur révèle que le déplacement de la **plaque Pacifique** a changé de direction il y a 40 millions d'années.

B Mesures géodésiques et déplacement des plaques

- Depuis les années 1980, on peut, grâce au système de positionnement par satellite (**GPS** ou *Global Positioning System*), suivre les variations de longitude et de latitude d'un grand nombre de points à la surface de la Terre. Les résultats obtenus permettent de déterminer les vecteurs vitesse de déplacement de différents points à la surface du globe **(DOCUMENT 12)**.

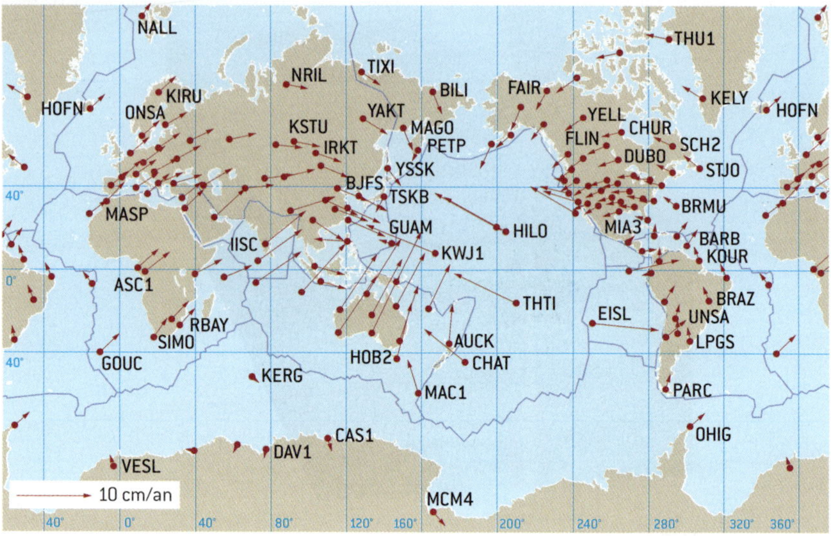

DOCUMENT 12

- Les vitesses de déplacement mesurées grâce au GPS sont du **même ordre de grandeur** que les vitesses calculées à partir **des anomalies magnétiques et des points chauds.** Elles sont plus importantes dans le Pacifique que dans l'Atlantique, corroborant également les données issues des anomalies magnétiques (voir page 133).

- Les stations PAMA et HILO, situées à l'intérieur de la plaque Pacifique, se déplacent à la même vitesse et surtout dans la même direction (ESE-NNW) que celle de l'alignement des volcans hawaiiens. Cela montre que la plaque Pacifique (comme les autres) se comporte comme un seul bloc rigide.

Grâce au GPS, on sait que deux points, l'un situé en Amérique du Nord, l'autre en Europe, s'éloignent l'un de l'autre. Cela confirme la **dérive des continents,** entraînés par l'expansion des fonds océaniques.

RÉCAPITULONS

• Des alignements volcaniques situés en domaine océanique sont la trace du déplacement d'une plaque lithosphérique au-dessus d'un point chaud fixe. Les directions et vitesses de déplacement des plaques déduites de ces alignements volcaniques sont conformes à celles établies à partir des anomalies magnétiques.

• Les vitesses actuelles de déplacement des plaques (quelques centimètres par an) sont du même ordre de grandeur que celles calculées à partir des données géologiques sur une centaine de millions d'années. Le modèle de la tectonique des plaques est confirmé.

SCHÉMA BILAN

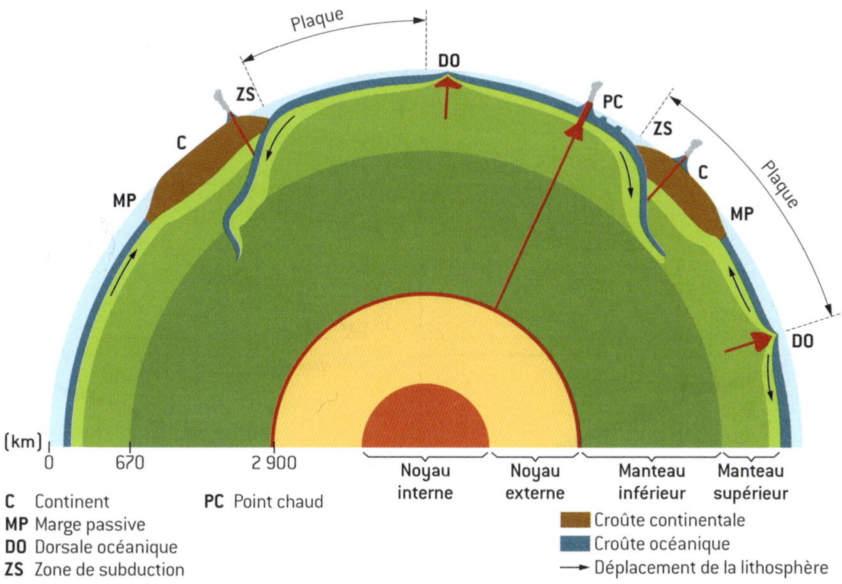

DOCUMENT 13 La structure du globe terrestre et le découpage de la lithosphère en plaques animées de mouvements.

Construire le vecteur vitesse du déplacement d'une station à partir de données GPS

ÉNONCÉ

Le système GPS permet de connaître les coordonnées d'un point à la surface du Globe à la fois en longitude et en latitude, avec une précision de l'ordre du millimètre. On peut par exemple suivre pendant plusieurs années les changements de coordonnées d'une station.

Les résultats **(DOCUMENT 15)** sont fournis pour deux stations islandaises, REYK et HOFN. Le **DOCUMENT 14** donne la situation des deux stations par rapport à la dorsale atlantique.

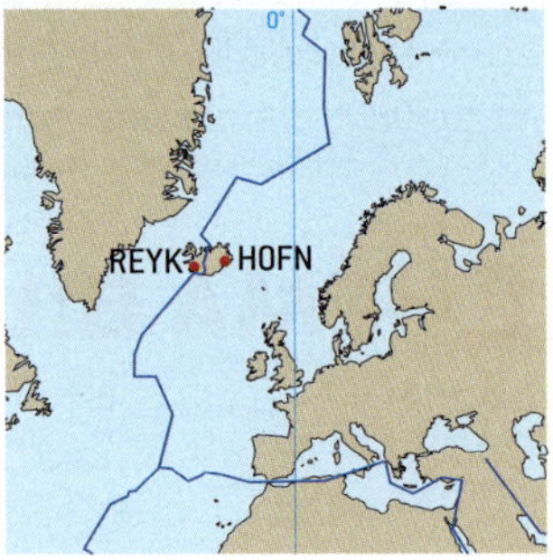

DOCUMENT 14

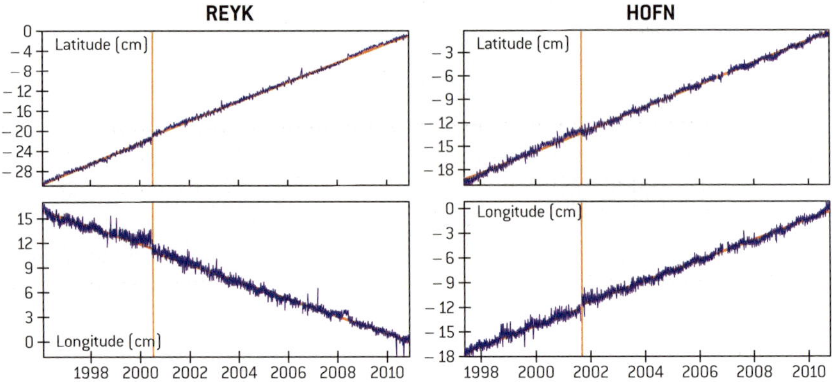

DOCUMENT 15

Construire et calculer les vecteurs vitesse du déplacement de ces deux stations et expliquer en quoi les résultats obtenus confirment que l'axe de la dorsale océanique est une frontière de divergence.

MÉTHODE

Utiliser les conventions suivantes (qui sont celles du site de la Nasa) :
– les valeurs croissantes de latitude soulignent un déplacement vers le nord ; les valeurs décroissantes, un déplacement vers le sud ;
– les valeurs croissantes de longitude indiquent un déplacement vers l'est ; les valeurs décroissantes, un déplacement vers l'ouest.

Pour chaque station, considérer d'abord la latitude et déterminer si son déplacement a lieu vers le nord ou vers le sud. Calculer la pente de la droite (coefficient directeur) matérialisant les changements de position de la station en latitude : vous obtenez ainsi la vitesse de déplacement de la station en latitude (en cm/an).

Considérer ensuite le déplacement en longitude. Déterminer s'il a lieu vers l'est ou vers l'ouest et calculer la vitesse de déplacement de la station en longitude (en cm/an).

En tenant compte à la fois de la latitude et de la longitude, construire le vecteur indiquant la direction et la vitesse de déplacement de la station. Veiller à utiliser une échelle appropriée.

Indiquer en quoi les caractéristiques de ces deux vecteurs sont en accord avec ce que doivent être les caractéristiques des déplacements de deux stations situées de part et d'autre de la dorsale.

CORRIGÉ

Station REYK

Déplacement en latitude : les valeurs croissantes de la latitude indiquent que la station s'est déplacée vers le nord. La valeur du coefficient directeur de la droite obtenue, en considérant les latitudes en 1998 et 2006 par exemple, est de 20,6 mm/an. C'est la vitesse de déplacement en latitude.

Déplacement en longitude : les valeurs décroissantes de longitude indiquent un déplacement vers l'ouest. La valeur du coefficient directeur de la droite est de 11 mm/an.

Le vecteur construit à partir des deux valeurs précédentes (DOCUMENT 16) indique un déplacement résultant de la station REYK vers le nord-ouest à 2,35 cm/an (mesure directe ou calculée en appliquant le théorème de Pythagore).

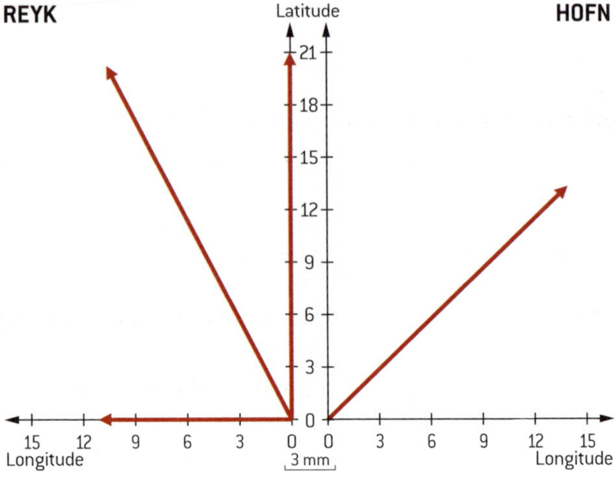

DOCUMENT 16

Station HOFN

Déplacement en latitude : les valeurs croissantes indiquent un déplacement vers le nord à une vitesse de 14 mm/an (coefficient directeur de la droite).

Déplacement en longitude : les valeurs croissantes indiquent un déplacement vers l'est à une vitesse de 13,1 mm.

Le vecteur construit à partir des vitesses de déplacement en latitude et longitude (DOCUMENT 16) indique un déplacement vers le nord-est à une vitesse de 1,92 cm/an.

Conclusion, les deux stations se sont déplacées toutes les deux vers le nord **tout en s'éloignant l'une de l'autre**. REYK, situé à l'ouest de la dorsale, s'est déplacé vers l'ouest et HOFN, situé à l'est de la dorsale, s'est déplacé vers l'est. Cela est en accord avec l'idée que la dorsale océanique qui traverse l'Islande est une frontière en divergence.

SE TESTER QUIZ

1 Propriétés de couches et de régions du globe

Associer à chaque élément du premier ensemble un ou plusieurs éléments du second ensemble.

1. Une zone de subduction ☐
2. La lithosphère continentale ☐
3. Une plaque lithosphérique ☐
4. Le manteau asthénosphérique ☐
5. L'axe de la dorsale océanique ☐
6. Une frontière de plaque en coulissage ☐

☐ **a.** est solide et rigide

☐ **b.** est une région où des séismes profonds peuvent avoir lieu

☐ **c.** est une couche où les séismes ne peuvent pas se produire

☐ **d.** est le lieu où la lithosphère océanique plonge sous une autre plaque

☐ **e.** est une région sismique du Globe

☐ **f.** permet la propagation des ondes sismiques P et S

☐ **g.** est parfois située à la frontière entre un continent et un océan

☐ **h.** est un endroit où les plaques se déplacent latéralement l'une par rapport à l'autre

☐ **i.** est l'endroit où se forme la lithosphère océanique

☐ **j.** ne subducte pas

☐ **k.** est une limite de plaque en divergence

☐ **l.** est une limite de plaque en convergence

☐ **m.** est relativement plastique

☐ **n.** est fréquente sur les pourtours du Pacifique

☐ **o.** peut être entièrement océanique ou comporter une partie continentale et une partie océanique

2 L'asthénosphère

Parmi les affirmations suivantes, relever la seule qui soit inexacte.

L'asthénosphère :

- ☐ **a.** est constituée de péridotite
- ☐ **b.** est une couche du globe sur laquelle la lithosphère se déplace
- ☐ **c.** est découpée en plaques
- ☐ **d.** existe sous les océans et les continents
- ☐ **e.** est solide.

S'ENTRAÎNER

3 L'activité sismique du globe

Le **DOCUMENT 17** indique des régions sismiques du Globe, mais la carte est incomplète.

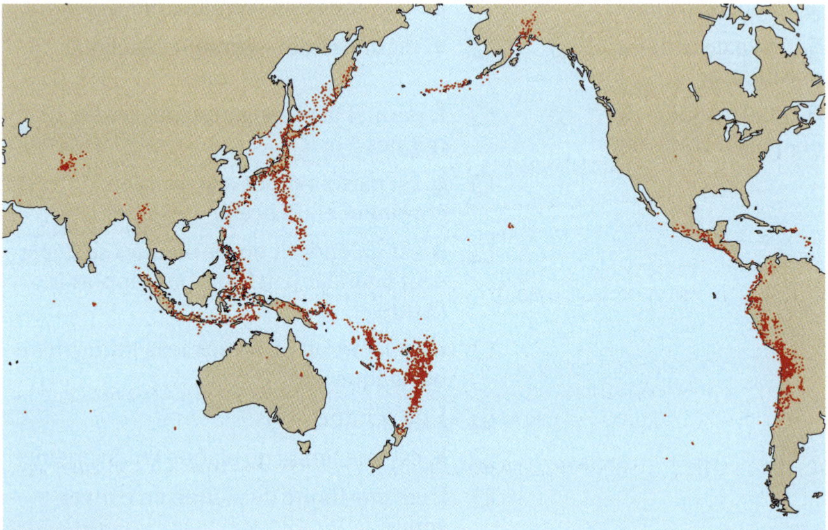

DOCUMENT 17

Indiquer, en ayant recours à la théorie de la tectonique des plaques, les zones sismiques représentées sur cette carte, ainsi que les caractéristiques de certains séismes de ces régions.

Nommer les régions fortement sismiques du Globe qui ne sont pas représentées sur cette carte.

4 Extraire d'un document une information pertinente et émettre une hypothèse

Pour une plaque lithosphérique, on peut calculer la proportion de ses frontières qui sont des zones de subduction par rapport à la longueur totale de ses frontières. Les chercheurs ont essayé de voir s'il y avait une relation entre la vitesse de déplacement d'une plaque et la proportion des zones de subduction à ses frontières (DOCUMENT 18).

Consulter la carte des plaques lithosphériques (DOCUMENT 7) et trouver une plaque avec peu ou pas de zone de subduction à ses frontières et une plaque avec une zone de subduction importante à l'une de ses frontières.

Dégager une conclusion à partir des données du DOCUMENT 18.

À partir de cette conclusion, émettre une hypothèse sur ce qui facilite le mouvement des plaques.

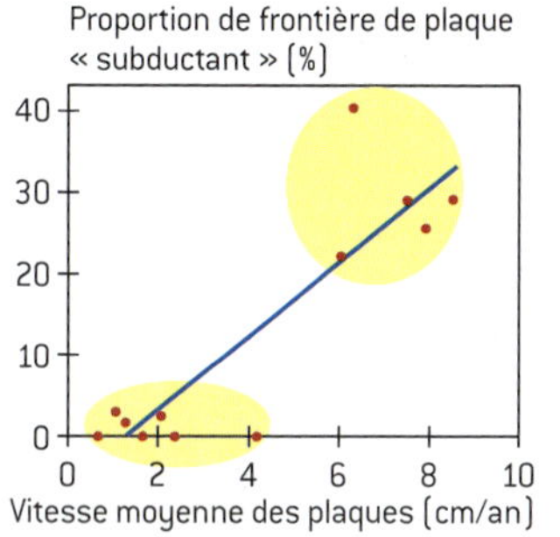

DOCUMENT 18

5 Interpréter les ophiolites du Chenaillet

Le massif du Chenaillet est un massif alpin qui culmine à 2650 mètres d'altitude, à l'est de Briançon. Il est célèbre pour ses ophiolites, un ensemble de roches basaltiques où l'on distingue de haut en bas :
– des basaltes en coussins de plus de 400 mètres d'épaisseur ;
– des gabbros ;
– des péridotites serpentinisées (altérées) situées sous les gabbros.

À partir de ces observations, indiquer les informations que fournit ce massif du Chenaillet sur l'histoire de la chaîne des Alpes ?

6 Identifier une frontière de plaque à partir de données sismiques et bathymétriques

Les îles Kermadec forment un archipel volcanique dans l'océan Pacifique. Le DOCUMENT 19 fournit des données sur la bathymétrie et la séismicité de cette région.

a. **À partir des informations extraites du DOCUMENT 19, montrer que cette région est une frontière de plaque et préciser le type de frontière dont il s'agit.**

b. **Réaliser une coupe schématique de la région suivant AB.**

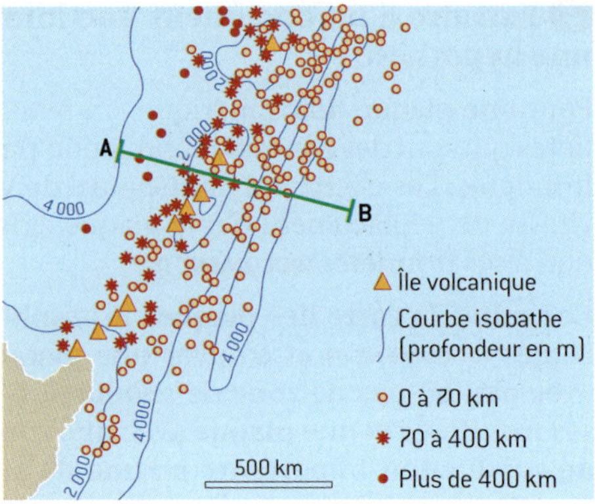

DOCUMENT 19

OBJECTIF BAC

7 Vitesse de déplacement de plaques par rapport à une dorsale

L'archipel de la Société, situé dans l'océan Pacifique, est constitué par un alignement d'îles volcaniques, dont Tahiti.

Mehetia est l'île la plus récente avec des indices d'activité volcanique sur les flancs immergés du volcan. Les volcans des autres îles ne sont plus actifs.

1. **À partir des informations extraites des DOCUMENTS A et B mises en relation avec vos connaissances, situer une dorsale par rapport aux stations THTI et EISL.**

2. **Calculer de deux façons différentes la vitesse de déplacement de la plaque dont fait partie Tahiti.**

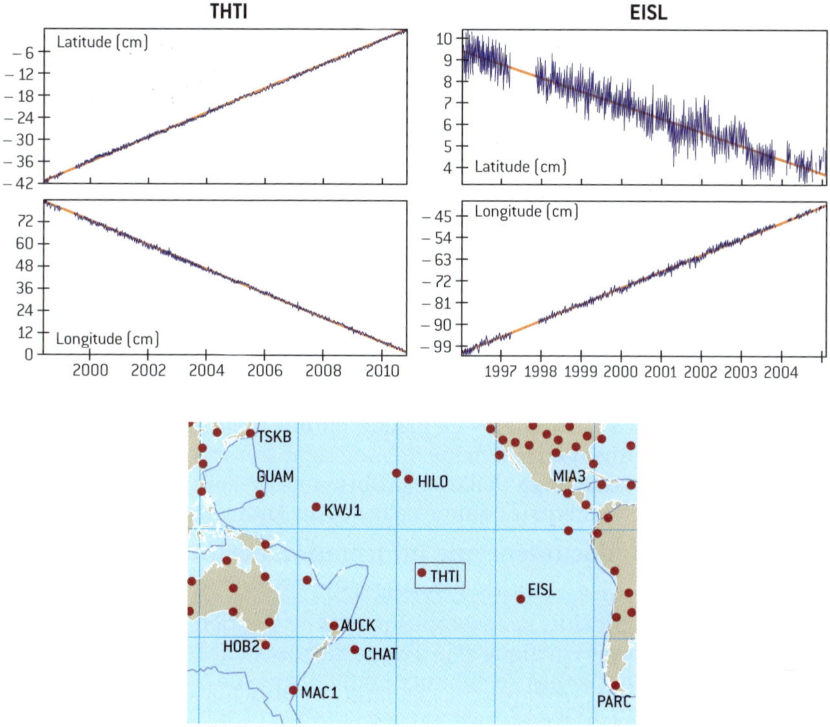

DOCUMENT A **Mesures GPS (G1) et localisation des stations (G2).**

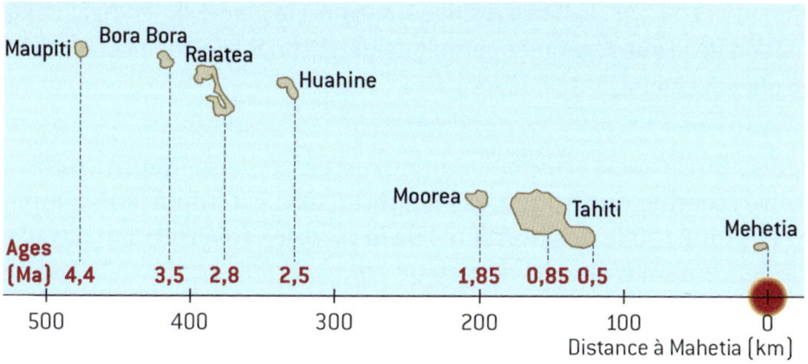

DOCUMENT B **Âge des îles volcaniques de l'archipel de la Société.**

SE TESTER

1 Propriétés de couches et de régions du globe

Les associations correctes sont : **1** b, d, e, g, l, n – **2** a, f, j – **3** a, f, o – **4** c, f, m – **5** e, i, k – **6** e, h.

2 L'asthénosphère

La seule affirmation fausse est l'affirmation c. Contrairement à la lithosphère, l'asthénosphère n'est pas découpée en plaques.

S'ENTRAÎNER

3 L'activité sismique du Globe

Les zones sismiques représentées sur le DOCUMENT 17 sont situées autour de l'océan Pacifique. Elles correspondent à des zones où il existe des séismes à **foyers profonds** : ce sont des zones de subduction, des **frontières** de plaques **en convergence**. Les régions sismiques non représentées sur la carte sont celles qui correspondent aux frontières de plaque en **divergence** (axe des dorsales océaniques), **en convergence** (chaîne de montagne intracontinentale comme l'Himalaya) et **en coulissage** (failles transformantes reliant des segments de dorsales ou faille continentale comme celle de San Andreas, en Californie).

4 Extraire d'un document une information pertinente et émettre une hypothèse

La plaque sud-américaine, par exemple, n'a pas de frontière où elle subducte. En revanche, la plaque Pacifique et la plaque de Nazca ont des frontières étendues comportant des zones de subduction (la plaque de Nazca plonge sous la plaque sud-américaine).

> Sur la carte des plaques lithosphériques (DOCUMENT 7), les zones de subduction sont indiquées par des lignes avec des triangles ; la pointe du triangle indique l'orientation de la subduction et permet de déterminer la plaque subduite et la plaque chevauchante.

Les plaques dont la vitesse de déplacement est élevée (supérieure à 6 cm/an) sont celles dont l'étendue des frontières en subduction est importante (supérieure à 20 % de l'étendue totale des frontières de la plaque). Inversement, les plaques se déplaçant lentement n'ont pas ou peu de zones de subduction à leurs frontières.

Cette corrélation entre vitesse de déplacement des plaques et frontières de subduction laisse à penser que la subduction joue un rôle moteur dans le déplacement des plaques en « tirant » sur celle-ci.

5 Interpréter les ophiolites du Chenaillet

Les ophiolites du Chenaillet présentent une succession de roches caractéristiques de la croûte océanique (basaltes en coussins et gabbros) reposant sur le manteau lithosphérique (péridotites). Si l'on considère que la lithosphère océanique s'est formée dans le passé comme elle se forme aujourd'hui (principe de l'actualisme), on en conclut que les ophiolites du Chenaillet représentent un lambeau de lithosphère océanique. L'épisode océanique est un moment de l'histoire des Alpes. Cet océan **s'est fermé** (par subduction de sa lithosphère océanique). Un lambeau de cette lithosphère océanique a dû échapper à la subduction et être charrié sur la lithosphère continentale, se retrouvant aujourd'hui à plus de 2 000 m d'altitude.

6 Identtifier une frontière de plaque à partir de données sismiques et bathymétriques

La région des îles Kermadec est **très sismique**. On peut donc penser qu'il s'agit d'une **frontière de plaques** à l'ouest de l'océan Pacifique. La zone sismique est bordée à l'est par une fosse (6 000 m de profondeur). En outre, on constate l'existence de séismes profonds (foyers à une profondeur supérieure à 400 km). Cela indique l'existence d'une **zone de subduction**, donc d'une frontière en convergence.

On constate que la profondeur des foyers sismiques augmente d'est en ouest. C'est la marque d'un panneau de lithosphère océanique plongeant sous une autre plaque. La plaque qui subducte est située à l'est (c'est la plaque Pacifique) ; la plaque chevauchante est située à l'ouest comme le montre la coupe AB.

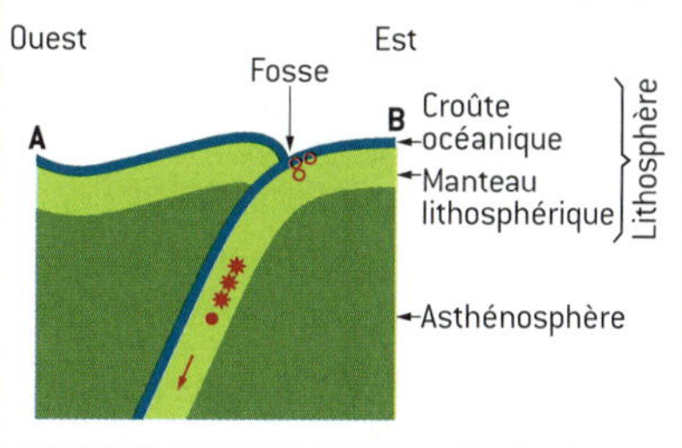

OBJECTIF BAC

7 Vitesse de déplacement de plaques par rapport à une dorsale

1. Exploitation du document A. Il faut préciser, grâce aux données géodésiques, l'orientation des déplacements des deux stations THTI (Tahiti) et EISL (île de Pâques).

THTI : Les valeurs croissantes de la latitude indiquent un déplacement vers le nord ; les valeurs décroissantes de la longitude soulignent un déplacement vers l'ouest. Globalement, de 1999 à 2006, Tahiti s'est déplacé vers **le nord-ouest.**

EISL : Les valeurs décroissantes de la latitude indiquent un déplacement vers le sud ; celles croissantes de la longitude un déplacement vers l'est. Globalement, de 1995 à 2004, l'île de Pâques s'est déplacée vers le sud-est (essentiellement **vers l'est**).

Les déplacements des deux stations sont donc très différents puisque l'une s'est déplacée vers l'ouest et l'autre vers l'est. Si elles faisaient partie d'une même plaque, leurs déplacements présenteraient les mêmes caractéristiques. Bien qu'elles soient toutes les deux situées dans le Pacifique Sud, ces îles appartiennent à deux plaques différentes. On peut donc penser que l'axe d'une dorsale est située entre ces deux stations ; la création de lithosphère océanique à l'axe de cette dorsale étant à l'origine de l'éloignement des deux stations.

2. Exploitation du document B. À partir des données GPS, on calcule pour Tahiti une vitesse de déplacement en latitude de 33,7 mm/an environ et une vitesse en longitude de 66,9 mm/an environ. Le vecteur construit à partir de ces valeurs indique un déplacement vers le nord-ouest à une vitesse de 7,5 cm/an environ.

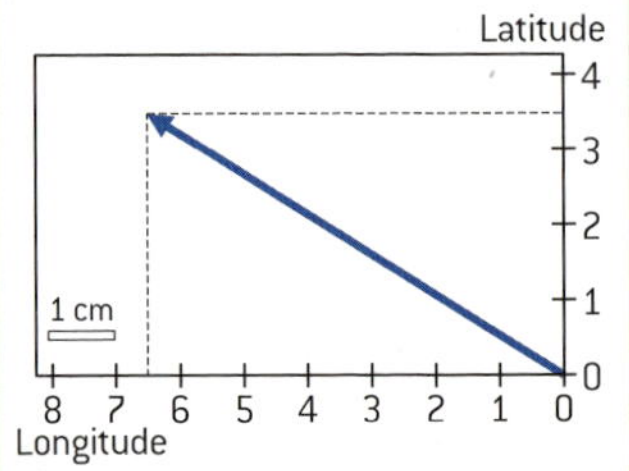

La chaîne de volcans des îles de la Société dont fait partie Tahiti montre une série d'îles volcaniques d'autant plus âgées que l'on s'éloigne du volcan encore récemment actif (Mehetia). Cela s'explique si l'on admet l'existence d'un point chaud sous Mehetia. Les autres volcans ont été créés lors du défilement de la plaque Pacifique au-dessus de ce point chaud.

L'orientation du chapelet d'îles indique un déplacement vers le nord-ouest conforme avec le déplacement actuel de Tahiti à partir des données GPS.

Avec l'échelle fournie et les âges des îles volcaniques, on peut estimer de façon assez grossière la vitesse de déplacement de la plaque Pacifique qui supporte ces îles volcaniques.

En considérant Mehetia et Bora-Bora, la plaque a parcouru 416 km en 3,80 millions d'années, soit un peu plus de 10 cm/an.

Bilan

La vitesse de déplacement actuelle de la plaque Pacifique fournie par les données GPS est du même ordre de grandeur que celle calculée à partir de la chaîne des volcans des îles de la Société. Les données confirment l'uniformité du déplacement depuis 4 millions d'années (le calcul à partir de la chaîne volcanique n'est qu'approximatif ; il ne faut pas chercher de signification à la différence entre les deux valeurs).

www.annabac.com

CHAPITRE

7 Marges passives et ressources pétrolières

Un océan peut naître de la fracturation d'un continent. L'océan Atlantique Sud est ainsi né de la fracture, il y a 140 millions d'années, d'un continent qui regroupait l'Amérique du Sud et l'Afrique. Cette fracturation est complète lorsque se met en place une dorsale dont l'activité engendrera l'expansion d'un océan. Les deux bords du continent fracturé vont devenir des marges passives. Dans certains cas, les conditions de sédimentation dans ces marges permettent la genèse de pétrole.

1 Naissance d'un océan et de ses marges passives

■ La marge continentale est une zone immergée qui fait la transition entre la croûte continentale et la croûte océanique. Certaines de ces marges sont des limites de plaque (ouest de l'Amérique du Sud, par exemple) et sont donc des zones à forte séismicité : on les appelle des **marges actives**.

■ D'autres marges continentales, très peu sismiques actuellement, sont situées à l'intérieur d'une plaque (par exemple, les marges bordant l'océan Atlantique actuel) : on les appelle des marges **passives.**

A Caractères généraux des marges passives

■ Une **marge passive** (DOCUMENT 1) est généralement constituée par :
– une plateforme ou **plateau continental** jusqu'à 200 m de profondeur ;
– un **talus** qui descend rapidement jusqu'à 3 000 m ;
– un **glacis** qui, vers 5 000 m de profondeur, rejoint les plaines abyssales.

■ Les marges passives ont une histoire qui se déroule en deux grandes étapes :
– une **phase continentale** embryonnaire marquée par la fracturation du continent : c'est le stade **rift** (DOCUMENTS 2A et B) ;
– une **phase marge passive adulte,** lorsque la fracturation débouche sur la naissance d'une dorsale et l'expansion d'un océan.

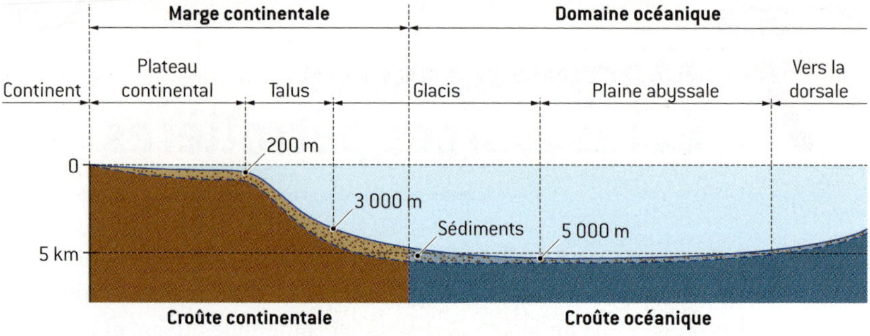

DOCUMENT 1 **Morphologie d'une marge continentale passive.**

B La phase continentale : la naissance du rift

- Il existe aujourd'hui des régions où la fracturation d'un continent est visible : ce sont les **rifts** ou fossés d'effondrement. Ils peuvent être avortés (fossé rhénan, en Alsace) ou en activité comme dans la région des grands lacs, à l'est de l'Afrique, où un océan est en formation.
- Le rift est un bassin long, étroit, limité par un système de failles normales qui témoigne d'une tectonique en extension, de mouvements de divergence.
- Le rift résulte d'un **étirement local de la lithosphère continentale.** L'extension se traduit, au niveau de la croûte, par l'apparition de failles normales qui délimitent des **blocs basculés**.

Il en résulte un amincissement de la croûte continentale qui entraîne un affaissement du rift dont le fond est généralement occupé par des lacs ou un bras de mer. Cet affaissement est appelé **subsidence.** Des sédiments se déposent en général dans les fossés formés entre les blocs basculés **(DOCUMENT 2).**

La période durant laquelle les phénomènes tectoniques sont uniquement continentaux est appelée **rifting**. Elle se termine lorsque la dorsale se met en place et que commence la phase d'expansion océanique.

L'amincissement de la lithosphère continentale (croûte + manteau lithosphérique) s'accompagne d'une **montée de l'asthénosphère** (DOCUMENT 2B), ce qui entraîne une activité volcanique plus ou moins intense au niveau du rift et des dépôts volcaniques souvent importants.

La phase continentale de rifting s'achève lorsque la montée de l'asthénosphère entraîne la **naissance d'une dorsale** (DOCUMENT 2C) à l'origine de la formation et de la mise en place de lithosphère océanique.

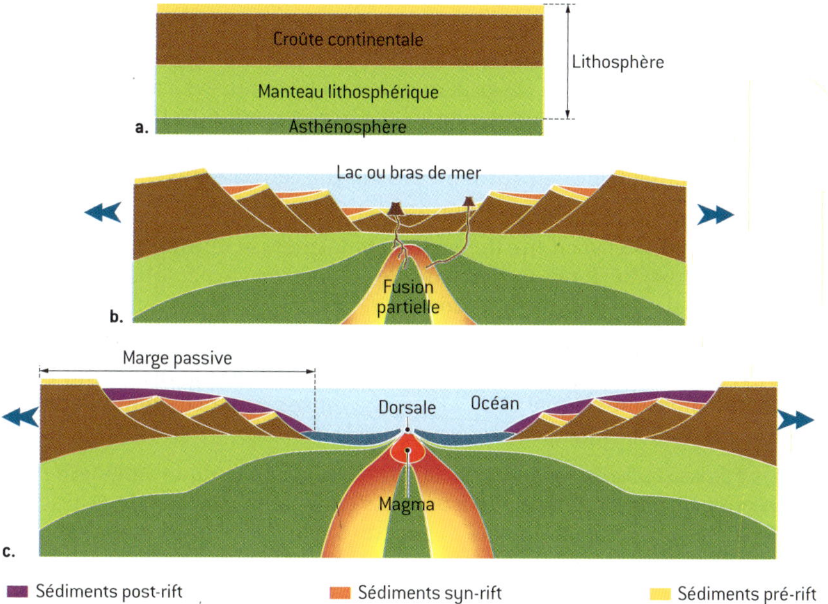

DOCUMENT 2 **Rifting et expansion océanique.**

C Genèse et évolution de la lithosphère océanique

- **À l'axe de la nouvelle dorsale**, il y a production de lithosphère océanique, peu épaisse (10 à 20 km) et essentiellement formée de croûte océanique.
- La croûte océanique, constituée de basaltes et de gabbros, provient du refroidissement d'un magma. Comment expliquer la genèse de ce magma à l'axe de la dorsale, sachant que tout le manteau supérieur (lithosphère et asthénosphère) est solide (le manteau asthénosphérique est cependant plastique) ?

- Les données de la tomographie sismique (voir page 155) mettent en évidence l'existence d'un matériel plus chaud à l'axe de la dorsale, ce qui traduit une **montée de l'asthénosphère**.

- En montant, l'**asthénosphère**, qui garde la même température (supérieure à 1 300 °C), est soumise à une diminution de pression. Or, la température de fusion (fusion commençante) d'un matériau solide diminue lorsque la pression diminue. Les conditions de température et de pression qui règnent sous la dorsale sont telles qu'**une partie (10 à 20 %) de la péridotite asthénosphérique fond.**

Cette fusion partielle conduit à un magma de type basaltique. Plus léger que la péridotite résiduelle, ce magma monte vers la surface et s'accumule dans une chambre magmatique. Une partie du magma se refroidit alors lentement, cristallise en gabbros, alors que le reste parvient en surface et se refroidit rapidement au contact de l'eau, formant des basaltes en coussins.

- **La partie** non fondue (80 à 90 % de la roche initiale) **du manteau asthénosphérique** reste sous la croûte nouvellement formée, se refroidit et devient du **manteau lithosphérique**. Cette nouvelle lithosphère océanique est ensuite entraînée de part et d'autre de la dorsale.

- En s'éloignant de la dorsale, **la lithosphère océanique se refroidit.** L'asthénosphère sous-jacente se refroidit également et acquiert la rigidité du manteau lithosphérique auquel elle s'ajoute. La **lithosphère océanique s'épaissit** donc au fur et à mesure qu'elle s'éloigne de la dorsale.

- En s'épaississant, la densité de la **lithosphère océanique** augmente. En conséquence, elle s'enfonce peu à peu en s'éloignant de la dorsale et descend de 2 500 m, à l'axe de la dorsale, à plus de 5 000 m de profondeur, dans les plaines abyssales.

D Les marges passives durant l'expansion océanique

- Pendant la phase d'expansion océanique, la marge continentale, qui avait une activité sismique et souvent volcanique lors du rifting, **devient passive** (très peu ou pas d'activité sismique et volcanique).

L'évolution globale de la marge passive est essentiellement caractérisée par sa **subsidence**. Le socle fracturé lors du rifting s'enfonce. Cependant, la profondeur de la marge passive, toujours immergée, n'augmente pas, car l'enfoncement du socle est compensé par le dépôt de sédiments parfois très abondants.

Ils proviennent essentiellement de l'érosion intense des continents proches et de dépôts marins de faible profondeur : ce sont des **sédiments post-rift**. Dans le cas de certaines marges (marges du Niger, du Gabon, de l'Angola…), l'épaisseur de ces sédiments peut atteindre une dizaine de kilomètres.

Les sédiments qui se déposent dans une région de rifting sont dits :
– **pré-rift**, lorsqu'ils couvrent la croûte continentale avant qu'elle ne commence à subir le rifting ;
– **syn-rift**, lorsqu'ils se déposent durant le rifting ;
– **post-rift**, lorsqu'ils se déposent après le rifting, durant la phase d'expansion océanique.

RÉCAPITULONS

- La rupture d'un continent peut déboucher sur la mise en place d'une dorsale et sur la naissance d'un océan. À la dorsale, une montée de l'asthénosphère entraîne une fusion partielle de la péridotite asthénosphérique et la formation d'un magma : la croûte océanique nouvelle provient du refroidissement de ce magma.
- Les marges continentales passives, transition entre continent et océan, sont parfois marquées par une très importante sédimentation (plus de 10 000 m de dépôts).
- C'est la subsidence des marges passives qui permet l'énorme accumulation de sédiments.

2 Tectonique des plaques et recherche d'hydrocarbures

- La tectonique des plaques est un modèle qui explique un grand nombre de phénomènes géologiques (séismes, volcanisme, formation des chaînes de montagnes, des océans, caractères de la sédimentation sur les marges et les fonds océaniques).

- La tectonique des plaques peut également orienter la recherche des ressources énergétiques et, en particulier, des hydrocarbures.

A Conditions nécessaires à la formation d'un système pétrolier

1. La genèse d'hydrocarbures

- Les pétroles ont pour origine de la **matière organique** provenant des restes d'organismes morts qui se sont déposés avec d'autres sédiments (souvent des argiles) en milieu lacustre ou marin peu profond.

Pour devenir du pétrole, cette matière organique doit, au moins en partie, échapper à la dégradation par les bactéries aérobies et par les organismes vivant sur les fonds.

- Dans des conditions anaérobies (en absence de dioxygène), cette matière organique est dégradée par des bactéries anaérobies qui la transforment en **kérogène,** un ensemble de molécules organiques complexes. Le kérogène imbibe le sédiment minéral qui deviendra la **roche mère** des hydrocarbures.

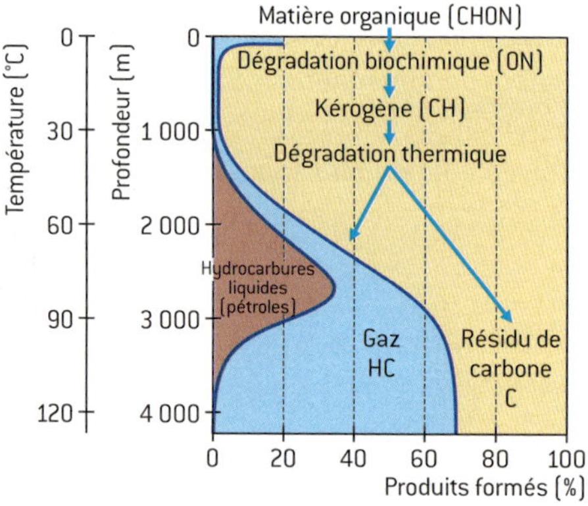

DOCUMENT 3

- Le kérogène ne peut se transformer en **hydrocarbures** que s'il subit des températures supérieures à 60 °C. Cela n'est possible que si la roche mère, imbibée de kérogène, est entraînée à une profondeur suffisante (DOCUMENT 3). Ainsi, entre 2 et 5 kilomètres de profondeur, à une température comprise entre 60 et 150 °C, les réactions chimiques transforment les grosses molécules organiques du kérogène en hydrocarbures liquides (pétrole brut) et gazeux.

2. Le gisement d'hydrocarbure type

▪ Les hydrocarbures liquides et a fortiori gazeux ont une densité faible. Ils tendent à quitter la roche mère et à monter vers la surface, d'autant plus facilement lorsqu'il existe un réseau de failles. Si, au cours de leur montée, ils rencontrent un **piège,** leur migration s'interrompt et ils s'accumulent dans le piège.

▪ Un piège comprend :
– une **roche réservoir**, poreuse (calcaire, grès…), dans les pores de laquelle s'insinue le pétrole ;
– une **roche de couverture**, constituée par une roche imperméable (roche saline, argile…) ;
– une **structure géologique** qui piège le pétrole dans la roche réservoir (faille, structure anticlinale, par exemple).

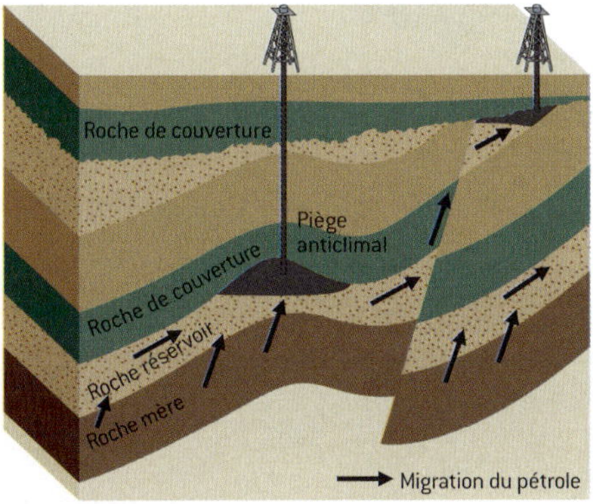

DOCUMENT 4 **Un système pétrolier.**

B Les champs pétrolifères et leur contexte géologique

▪ On constate que les principales provinces pétrolifères connues (30 % de la surface du Globe) sont liées à la tectonique des plaques : **rifts, marges passives, zones de collision entre continents…** Les marges passives (30 %) et les rifts (31 %) représentent les deux tiers des grands champs pétrolifères. Ce sont les sites les plus favorables à la genèse des hydrocarbures.

▪ Certaines régions comme le golfe Persique ont des ressources pétrolières associées à une histoire géologique complexe faisant intervenir plusieurs aspects de la tectonique des plaques : rift, marge passive, collision…

C Pétroles et marges passives

■ Des **recherches pétrolières** actives ont lieu aujourd'hui dans les marges passives de l'est du Brésil et de l'ouest de l'Afrique (Niger, Gabon, Angola…) qui résultent toutes de l'ouverture de l'océan Atlantique Sud.

■ Depuis 2007, des champs pétrolifères dont les réserves paraissent considérables (huiles et gaz) ont été découverts à 300 km au sud de Rio de Janeiro et à 300 km au large des côtes brésiliennes. Sous 2 000 m d'eau environ, les forages (DOCUMENT 5) ont atteint la couche réservoir après avoir traversé 5 000 m de roches sédimentaires. La zone d'exploration est localisée dans la **marge passive brésilienne**.

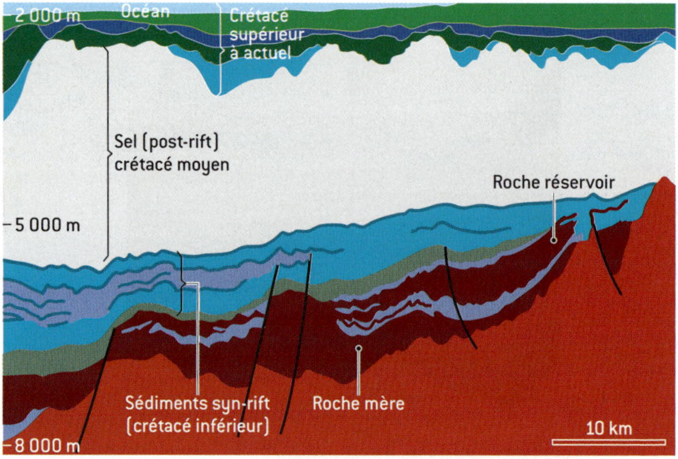

DOCUMENT 5 Coupe géologique de la marge passive brésilienne.

■ La **roche mère** a été identifiée : il s'agit de sédiments lacustres qui se sont déposés au moment de la création du rift (syn-rift) ayant conduit à la séparation de l'Amérique du Sud et de l'Afrique.

Les conditions anoxiques qui règnaient au sein du rift ont favorisé la conservation de la **matière organique abondante** (kérogène) dans la roche mère.

À la suite de la subsidence de la marge passive, la roche mère est aujourd'hui enfouie sous 5 000 m de sédiments. L'élévation de température conséquente a transformé le kérogène de la roche mère en pétrole et en gaz.

■ La **sédimentation** syn-rift ou post-rift de la marge passive a conduit à la formation de roches réservoir (des calcaires poreux, dans cet exemple).

La **couche de sel** qui recouvre la roche réservoir joue le rôle de **roche de couverture** pour le piège à pétrole. Sa formation est liée à l'histoire de la marge dont les eaux, parfois en communication, parfois isolées de l'océan mondial, ont subi des phénomènes d'évaporation intense entraînant d'importants dépôts de roches salines.

Ainsi, dans l'histoire de cette marge passive, toutes les conditions ont été réunies pour qu'elle devienne une région pétrolifère.

La découverte de ces gisements dans la marge passive brésilienne laisse à penser que des gisements comparables peuvent être présents dans la marge passive africaine (DOCUMENT 6). C'est pourquoi des compagnies pétrolières explorent encore aujourd'hui l'off-shore africain.

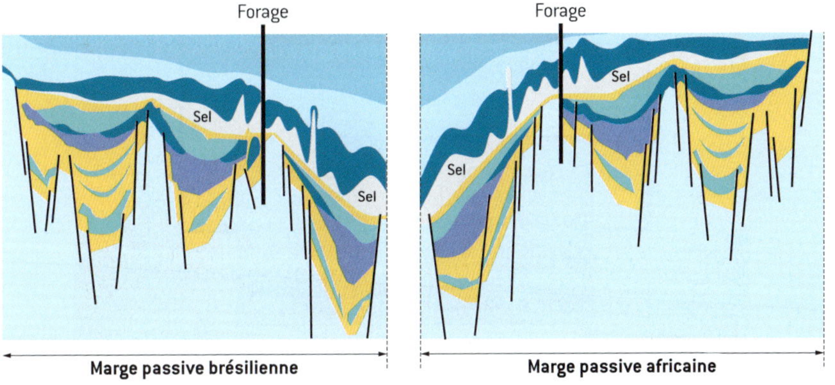

DOCUMENT 6

RÉCAPITULONS

- Les gisements pétroliers sont très souvent situés dans des zones liées à la tectonique des plaques, en particulier les rifts et les marges passives.
- Dans certaines de ces zones, les conditions nécessaires à la genèse de pétrole sont en effet réunies : accumulation de sédiments riches en matières organiques (roche mère), enfouissement indispensable à la formation des hydrocarbures, existence de pièges permettant l'accumulation de pétrole.

SCHÉMA BILAN

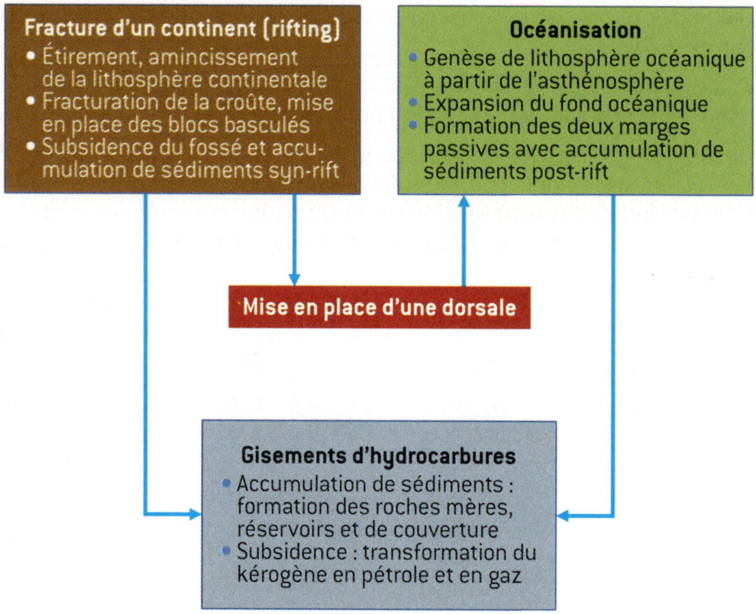

DOCUMENT 7 **Rifting, océanisation et gisements d'hydrocarbures.** Durant la formation du rift les sédiments s'accumulent par suite de la subsidence du fossé ; la mise en place d'une dorsale conduit à la formation de marges passives où s'accumulent encore parfois des sédiments. Ces régions à forte sédimentation sont propices à la naissance d'hydrocarbures.

Interpréter un profil de sismique réflexion

ÉNONCÉ

La réalisation d'un profil de sismique réflexion (DOCUMENT 7) permet d'obtenir des informations sur la structure géologique du sous-sol en utilisant des ondes sismiques provoquées.

Le dispositif en mer comprend un navire qui se déplace en traînant derrière lui, immergé, un canon à air qui déclenche l'émission des ondes acoustiques. Le bateau traîne aussi derrière lui un long tuyau flexible contenant des hydrophones qui captent les ondes acoustiques.

Les ondes émises par le canon se réfléchissent sur le fond marin, mais pénètrent aussi dans le sous-sol. Lorsque l'onde, dans le sous-sol, rencontre un réflecteur, c'est-à-dire une surface séparant deux milieux aux propriétés différentes, elle est réfléchie, revient en surface, se propage dans l'eau et est finalement captée par les hydrophones.

Le traitement des arrivées des ondes captées par les différents hydrophones permet de repérer les différents réflecteurs du sous-sol en fonction du temps mis par les ondes pour parcourir le trajet entre l'émetteur et le capteur.

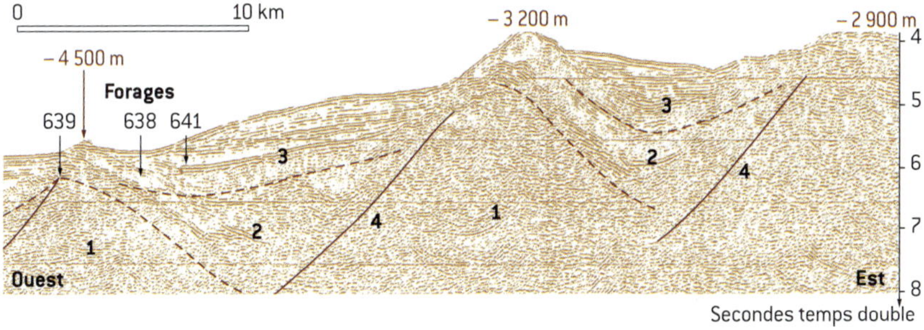

DOCUMENT 7 Profil de sismique réflexion dans la marge orientale de l'océan Atlantique au large de la Galice (Espagne).

1 Indiquer les légendes correspondant aux structures 1, 2, 3 et 4.

2 À partir de ce profil, indiquer à quelle période a commencé à se former cette marge et à quelle période a commencé à se développer l'océan Atlantique au niveau de la Galice.

Les structures 2 sont du crétacé inférieur (130 Ma à 96 Ma) et les structures 3, au moins à leur base, du crétacé supérieur (96 Ma à 65 Ma).

MÉTHODE

Dans un profil de sismique réflexion, l'échelle verticale naturelle est un temps d'aller-et-retour des ondes (trajet direct + trajet réfléchi) d'où l'expression en « secondes temps double » (std en abrégé). C'est le cas du profil du DOCUMENT 7.

Pour interpréter un profil de marge, il faut identifier :
– le socle existant avant le rifting ;
– les sédiments contemporains du rifting (sédiments syn-rift) ;
– les sédiments déposés sur la marge après l'épisode de rifting, lorsque l'océan a commencé son expansion (sédiments post-rift) ;
– les failles qui témoignent de la fracturation de la croûte continentale).

Une fois identifiées les structures 1, 2, 3 et 4, grâce à leur datation, répondre à la question 2.

CORRIGÉ

1 Sur le DOCUMENT 7, on voit une couverture sédimentaire (2 et 3) qui surmonte le socle (1). Celui-ci est affecté de structures en extension, à savoir des failles normales (4) qui limitent des blocs basculés.

La couverture comporte deux ensembles superposés : des sédiments de remplissage des fossés entre les blocs du socle, déformés et donc contemporains de la phase de rifting : ce sont les sédiments syn-rift (2).

Au-dessus, des sédiments présentant des réflecteurs quasi horizontaux, non affectés par la tectonique en expansion : ce sont des sédiments post-rift (3) qui se sont déposés sur la marge devenue passive après la fin du rifting.

2 **Les sédiments syn-rift sont du crétacé inférieur.** Au plus tôt, la phase de rift continental de la marge s'est amorcée au début du crétacé inférieur, il y a 130 millions d'années.

Les **sédiments post-rift les plus anciens** sont du crétacé supérieur donc plus récents que 96 millions d'années. La phase de rift continental était terminée au début du crétacé supérieur (elle a duré au maximum 34 Ma : 130 – 96 Ma), les deux marges issues du rift étaient devenues des marges passives. Une dorsale engendrant les fonds océaniques de l'océan Atlantique s'est donc mise en place un peu avant 96 Ma, marquant ainsi la fin du rifting et le début de l'océanisation.

SE TESTER QUIZ

1 Les marges continentales passives

Parmi les affirmations suivantes, relever celles qui sont inexactes et les corriger.

Les marges continentales passives :

- ☐ **a.** sont toutes passées par un stade rift continental
- ☐ **b.** sont souvent le siège d'une sédimentation importante
- ☐ **c.** se limitent au plateau continental
- ☐ **d.** sont actuellement des frontières de plaques
- ☐ **e.** renferment souvent des gisements pétrolifères
- ☐ **f.** sont immergées et font partie du domaine océanique.

2 Marges continentales passives et pétroles

Associer à chaque élément du premier ensemble un ou plusieurs éléments du second ensemble.

1. La subsidence	☐	☐	**a.** est une roche poreuse où les pores communiquent entre eux
2. La roche mère de pétrole	☐	☐	**b.** est nécessaire à la formation de gisements de pétrole
3. Les sédiments post-rift	☐	☐	**c.** se caractérise par une fracturation de la croûte continentale et un amincissement de la lithosphère continentale
4. La phase de rifting	☐	☐	**d.** empêche le pétrole de monter à la surface
5. Les sédiments syn-rift	☐	☐	**e.** provient de sédiments riches en matières organiques
6. La roche de couverture	☐	☐	**f.** se déposent après le début de la formation de lithosphère océanique
7. La roche réservoir de pétrole	☐	☐	**g.** se déposent dans les fossés résultant de la fracturation continentale
		☐	**h.** peut être une roche saline

3 La lithosphère océanique

Parmi les affirmations suivantes, relever celles qui sont inexactes et les corriger.

La lithosphère océanique :

- ☐ **a.** a une épaisseur qui augmente lorsqu'on s'éloigne de la dorsale
- ☐ **b.** a une croûte dont l'épaisseur augmente lorsqu'on s'éloigne de la dorsale
- ☐ **c.** diminue d'altitude lorsqu'on s'éloigne de la dorsale
- ☐ **d.** a une croûte qui provient du refroidissement d'un magma dont la composition chimique est celle d'une péridotite

S'ENTRAÎNER

4 Le golfe de Suez

Le golfe de Suez prolonge la mer Rouge vers le nord-ouest (DOCUMENT 8).

DOCUMENT 8

À partir des informations extraites du DOCUMENT 9, indiquer pourquoi on peut dire que ce golfe est resté au stade de rift continental et n'a pas atteint celui de jeune océan.

Indiquer si certaines des conditions nécessaires à la genèse d'hydrocarbures ont été réunies lors de l'histoire géologique de ce golfe.

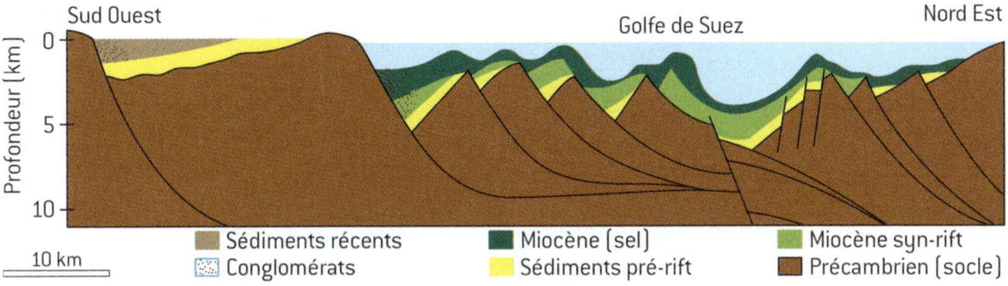

DOCUMENT 9 Coupe géologique dans le golfe de Suez.

5 Forage au large de la Bretagne

L'éperon de Goban est situé sur la marge passive de l'océan Atlantique au large de la Bretagne (DOCUMENT 10). On y a figuré les sites où ont été réalisés des forages. Le tableau ci-dessous indique les formations rencontrées au cours de ces forages.

Forage	550	551	549	548
Quaternaire	4 800	– 2 500	– 1 000	– 1 000
Crétacé supérieur	– 5 000	– 3 700	– 2 600	1 300
Crétacé inférieur	Absent	Absent	– 3 200	– 1500
Socle	Basalte	Basalte	Granite	Granite
	– 5 400	4 000	– 3 600	– 1 600

Les profondeurs (en mètres) sont indiquées par rapport au niveau de la mer et correspondent au toit (sommet) des formations rencontrées.

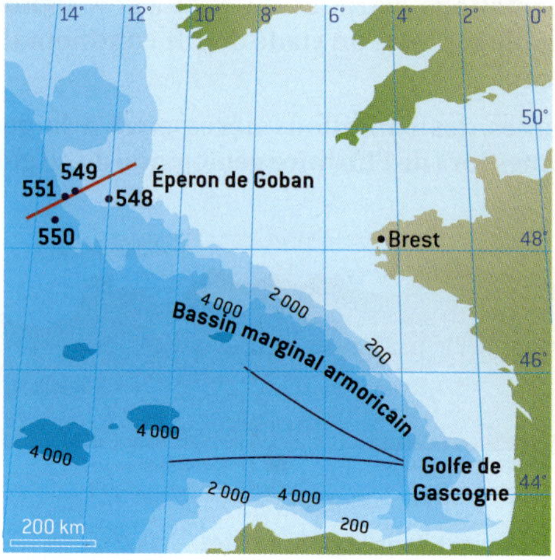

DOCUMENT 10 **La marge de l'éperon de Goban, localisation du profil bathymétrique et des forages.**

a. À partir d'informations extraites du DOCUMENT 10, indiquer si les forages ont été réalisés ou non dans le plateau continental.

b. Indiquer si sur cette marge de l'océan Atlantique la sédimentation a été importante et favorable à la genèse de pétrole.

c. À partir des informations extraites du tableau, indiquer, par rapport aux sites de forage, où se trouve le passage de la marge passive au domaine océanique de l'océan Atlantique.

d. À partir des informations extraites du tableau, indiquer quand a débuté le fonctionnement de la dorsale dans cette région de l'océan Atlantique.

6 Genèse de magma à l'aplomb de l'axe d'une dorsale

Le DOCUMENT 10 fournit des renseignements sur :
– le géotherme à l'aplomb de l'axe d'une dorsale et le géotherme au niveau d'une plaine abyssale d'un océan ; le géotherme traduit les variations de la température des roches en fonction de la profondeur ;
– la température de fusion d'une péridotite en fonction de la pression à laquelle elle est soumise (déterminée expérimentalement). Le solidus sépare le domaine où la roche est entièrement à l'état solide de celui où commence une fusion partielle (existence d'une phase liquide et d'une phase solide) : elle est aussi appelée courbe de fusion commençante. Le liquidus sépare le

domaine où la roche est partiellement fondue de celui où elle est totalement fondue. C'est la courbe de fusion finissante.

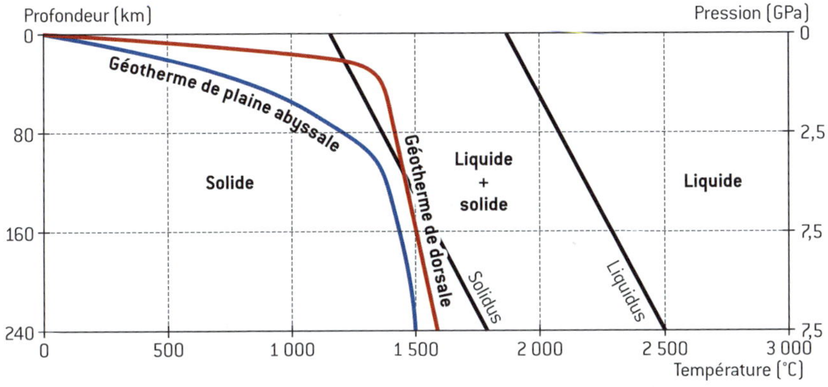

DOCUMENT 11

a. Considérer le solidus d'une péridotite : comment varie la température de fusion commençante en fonction de la pression (et donc en fonction de la profondeur) ?

b. Indiquer si les conditions régnant au niveau de l'axe d'une dorsale permettent la genèse d'un magma ayant la même composition que la péridotite solide.

c. Sachant que la limite thermique entre la lithosphère et l'asthénosphère est de 1300 °C, comparer l'épaisseur de la lithosphère au niveau d'une plaine abyssale et de l'axe d'une dorsale à partir des données du DOCUMENT 11. En utilisant aussi le géotherme, indiquer comment se comporte l'asthénosphère à l'aplomb de l'axe d'une dorsale.

d. Expliquer pourquoi il y a genèse de magma à l'axe de la dorsale et pourquoi cela n'a pas lieu au niveau d'une plaine abyssale.

OBJECTIF BAC

7 Histoire du golfe d'Aden

À partir des informations extraites des documents mises en relation avec vos connaissances, dégager les grands traits de l'histoire géologique du golfe d'Aden depuis 25 millions d'années.

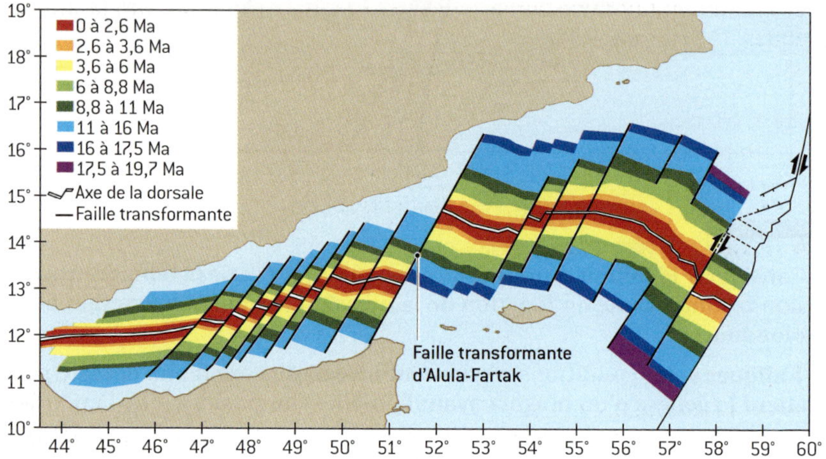

DOCUMENT A **Carte de l'âge de la croûte du golfe d'Aden.**

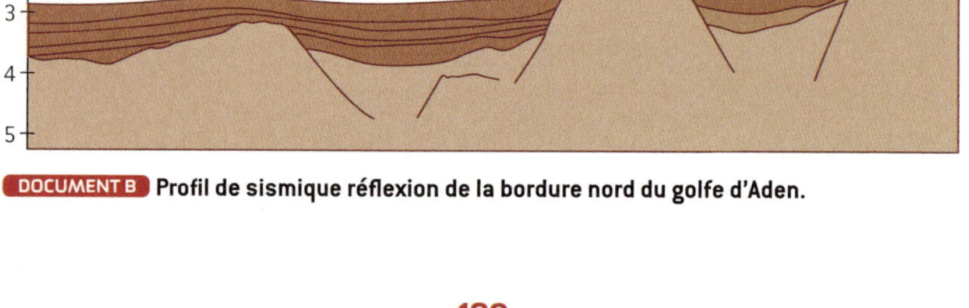

DOCUMENT B **Profil de sismique réflexion de la bordure nord du golfe d'Aden.**

SE TESTER

1 Les marges continentales passives

a, b. Exact.

c. Faux. Les marges passives comprennent non seulement le plateau continental, mais aussi la pente continentale et le glacis continental.

d. Faux. Contrairement aux marges actives, les marges passives (caractérisées notamment par une faible activité sismique) ne sont pas des limites de plaques.

e. Exact.

f. Faux. Un océan est défini par sa croûte ; la croûte d'une marge passive est une croûte continentale, plus ou moins amincie. En conséquence, une marge ne fait pas partie du domaine océanique ; de nature continentale, elle est une transition entre l'océan proprement dit et le continent émergé.

2 Marges continentales passives et pétrole

Les associations correctes sont : **1** b – **2** b, e – **3** f – **4** c – **5** g – **6** b, d, h – **7** a, b.

3 La lithosphère océanique

a. Exact.

b. Faux. La croûte océanique se forme uniquement à la dorsale et son épaisseur reste la même quand elle s'éloigne de la dorsale. En revanche, l'épaisseur de la lithosphère océanique augmente en s'éloignant de la dorsale (par suite du refroidissement de la plaque, l'épaisseur du manteau lithosphérique augmente aux dépens du manteau asthénosphérique sous-jacent).

c. Exact.

d. Faux. Le magma à l'origine de la croûte n'a pas la composition d'une péridotite. En effet, il provient de la fusion partielle et non de la fusion totale de la péridotite asthénosphérique à l'axe de la dorsale. Si la fusion était totale, le magma aurait la même composition chimique que la péridotite solide ; au cours d'une fusion partielle, seuls certains minéraux de la péridotite fondent, d'autres minéraux restant à l'état solide. Le magma et les roches de la croûte qui en sont issues (basaltes et gabbros) ont ainsi une composition différente de la péridotite.

4 Le golfe de Suez

Sur cette coupe du golfe de Suez, on ne voit pas de croûte océanique ni d'indication de l'existence d'une dorsale ; le golfe n'est donc pas un jeune océan.

En revanche, la croûte continentale du golfe est fracturée et amincie (20 km) : elle présente des failles normales qui témoignent d'une tectonique en extension. Le golfe de Suez est un rift continental. Les fossés situés entre les blocs basculés sont remplis de sédiments syn-rift. La couche de sel et les sédiments plus récents (post-rift) ne sont pas affectés par les failles : la tectonique en extension a donc cessé depuis leur dépôt ce qui permet de dire que le golfe d'Aden est un rift continental avorté, son évolution vers le stade « jeune océan » s'est arrêtée.

Dans certains fossés, l'épaisseur des sédiments atteint 5 km voire plus. Cela témoigne d'une subsidence importante du golfe. Si certains sédiments syn-rift étaient riches en matières organiques, ils ont pu au cours de leur subsidence subir l'évolution thermique permettant la genèse de pétrole et devenir ainsi des roches mères. La couche de sel fournit une très bonne roche de couverture. Il manque des indications sur l'existence de roches réservoirs et de structures pièges.

Il existe effectivement des exploitations de champs pétrolifères dans le golfe de Suez.

5 Forage au large de la Bretagne

a. La carte indique que les forages ont été réalisés dans une zone dont la profondeur est comprise entre 2 000 et plus de 4 000 mètres, donc bien au-delà du plateau continental dont la profondeur maximale est de 200 mètres.

b. Les épaisseurs des sédiments pouvant, pour les plus anciens, faire office de roche mère, sont beaucoup trop faibles, du moins en ce qui concerne les forages 548 (600 m de sédiments), 550 (600 m) et même 551 (1 500 m). Le kérogène ne débutant sa transformation en pétrole en quantités exploitables qu'à des profondeurs supérieures à 2 000 m, seul le site du forage 550, où se sont accumulés 2 600 m de sédiments, est susceptible de renfermer du pétrole.

c. Le socle fournit des renseignements sur la nature de la croûte. Aux forages 550 et 551, on a trouvé des basaltes : on peut penser qu'il s'agit des basaltes de la croûte océanique formée au début de l'expansion de l'océan Atlantique. Aux forages 549 et 548, le socle est granitique ce qui est caractéristique d'une croûte continentale. La frontière entre le domaine océanique et la marge passive continentale est donc comprise entre les forages 551 et 549.

d. Il n'y a pas de sédiments du crétacé inférieur au-dessus de la croûte océanique (forages 551 et 550), alors qu'il y en a au-dessus du socle de la marge. Cela signifie qu'il n'y avait pas encore de croûte océanique au crétacé inférieur et donc que l'ouverture de l'océan Atlantique n'était pas encore accomplie dans cette zone. En revanche, on trouve des sédiments du crétacé supérieur au-dessus du basalte : la dorsale était donc active au début du crétacé supérieur. Les sédiments du crétacé inférieur de la marge sont contemporains de la période de rifting (sédiments syn-rift).

6 Genèse de magma à l'aplomb de l'axe d'une dorsale

a. La pente du solidus est orientée vers la droite, ce qui indique que la température de fusion commençante de la péridotite augmente avec la pression (ou diminue quand la pression baisse).

b. Pour que le magma ait la même composition que la péridotite, il faudrait que la **fusion de cette dernière soit totale**. Les températures de fusion totale sont fournies par la courbe du liquidus. Les géothermes indiquent que les températures existant réellement sont très inférieures à celles du liquidus. En conséquence, il n'y a pas de fusion totale de la péridotite.

c. En prenant le repère thermique de 1300°C, on note que la lithosphère est épaisse de 10 à 20 km environ à l'axe d'une dorsale et d'une centaine de kilomètres au niveau d'une plaine abyssale. L'asthénosphère est donc proche de la surface à l'axe de la dorsale. Le géotherme presque vertical du compartiment asthénosphérique à l'axe de la dorsale indique une ascension de l'asthénosphère à une température presque constante.

d. Au niveau d'une plaine abyssale, le géotherme ne recoupe jamais le solidus de la péridotite. La température dans l'asthénosphère et la lithosphère est toujours inférieure à celle du solidus : il n'y a donc pas de genèse de magma (en réalité vers 100 km, la température est proche de celle du solidus).

À l'axe de la dorsale, le géotherme de l'asthénosphère (qui monte vers la surface) recoupe le solidus de la péridotite : il indique qu'il y a une **fusion partielle de la péridotite** et genèse d'un magma de composition basaltique. En remontant à l'axe de la dorsale, la pression à laquelle est soumise la péridotite asthénosphérique diminue et sa température de fusion commençante baisse, ce qui entraîne sa fusion partielle.

OBJECTIF **BAC**

7 Histoire du golfe d'Aden

Exploitation du document A. La croûte la plus récente (0-2,6 millions d'années) est au milieu du golfe. L'âge de la croûte augmente au fur et à mesure que l'on s'éloigne de part et d'autre de cette zone centrale, la croûte la plus ancienne étant sur les bords du golfe. Ce sont là des caractéristiques de croûte océanique. Par conséquent, au milieu du golfe d'Aden, une dorsale engendre de la croûte océanique. La croûte la plus ancienne, à l'est, est datée de 20 millions d'années environ : c'est l'âge de ce jeune océan qu'est le golfe d'Aden. On constate que la croûte la plus ancienne du golfe, à l'ouest, est datée de 16 millions d'années : l'ouverture du golfe d'Aden s'est donc effectuée d'est en ouest.

Exploitation du document B. Le profil de sismique réflexion (DOCUMENT B) réalisé dans la marge nord du golfe de Suez montre une couverture sédimentaire au-dessus d'un socle. Celui-ci est affecté par des failles normales qui limitent des blocs basculés. Cela traduit une tectonique en extension et donc un épisode de rifting de la croûte continentale. Dans les fossés situés entre ces blocs, on distingue des sédiments qui se sont déposés pendant la période de rifting : ce sont des sédiments syn-rift.

Au-dessus, et plus ou moins en discordance, on distingue des sédiments post-rift qui se sont déposés pendant la période d'océanisation du golfe d'Aden.

Bilan

Les DOCUMENT A et B illustrent deux étapes de la genèse d'un océan.

D'abord, la fracturation d'un continent aboutissant finalement à la séparation de l'Arabie et de l'Afrique. L'épisode initial de rifting continental est visible sur le profil de sismique réflexion de la bordure nord du golfe, donc de la marge nord.

Puis, à la suite de la phase de rifting, à partir de 20 millions d'années, la mise en place d'une dorsale qui va engendrer l'expansion du jeune océan. Pendant cette phase d'océanisation, des sédiments post-rift se déposent sur ses marges.

www.annabac.com

CHAPITRE

8 Nourrir l'humanité

Jusqu'à il y a environ 10 000 ans, les écosystèmes naturels étaient la seule source de nourriture pour les humains. Depuis l'invention de l'agriculture, l'Homme a transformé des écosystèmes en agrosystèmes, en orientant leur production vers un produit récolté, qu'il soit végétal ou animal. Cette agriculture, de plus en plus intensive, a nourri une population humaine croissante, mais s'est accompagnée de nuisances environnementales.

1 Le fonctionnement d'un écosystème

Un écosystème est un espace défini par les caractéristiques physiques et chimiques du milieu, le biotope, et par l'ensemble des espèces qui y vivent, la biocénose.

A Description fonctionnelle de la biocénose

Si l'on utilise le mode de nutrition comme critère, les espèces de tout écosystème peuvent être réparties en grands ensembles.

1. Les producteurs primaires

- Les producteurs primaires sont les organismes chlorophylliens capables d'élaborer leur matière organique à partir de nutriments minéraux : eau, dioxyde de carbone, ions minéraux (nitrates, phosphates, ions potassium, etc.). Ces organismes sont dits **autotrophes**.
- Dans les écosystèmes terrestres, ces organismes sont les plantes à fleurs, les fougères, les mousses. Seules les parties chlorophylliennes de la plante sont le siège de la **photosynthèse**. Le bilan global de la photosynthèse aboutissant à la synthèse d'un glucide, le glucose ($C_6H_{12}O_6$), est représenté par la réaction ci-dessous.

$$6\ CO_2 + 6\ H_2O \xrightarrow{+\text{ Énergie solaire}} C_6H_{12}O_6 + 6\ O_2$$

L'énergie lumineuse, captée par les pigments chlorophylliens, est la source d'énergie permettant cette synthèse. L'équation montre que l'**eau** est, au même titre que le **dioxyde de carbone,** un aliment pour la plante.

On utilise le glucose pour représenter le bilan photosynthétique. Néanmoins, il faut garder à l'esprit que toutes les **molécules organiques** de la plante sont synthétisées,
plus ou moins directement, à partir des premiers produits de la photosynthèse.

2. Les producteurs secondaires

- Les producteurs secondaires sont les organismes qui fabriquent leur matière organique à partir de la matière organique provenant d'autres êtres vivants. Ces organismes sont dits **hétérotrophes.** Ce sont les consommateurs et les décomposeurs.
- Il existe des consommateurs primaires, qui élaborent leur matière organique à partir des végétaux qu'ils consomment (exemple : les bovins) et des consommateurs secondaires, qui produisent leur matière organique à partir des animaux qu'ils consomment (exemple : les carnivores). Enfin, les consommateurs tertiaires se nourrissent de consommateurs secondaires.
- Les **décomposeurs** sont les organismes qui se nourrissent des matières organiques des animaux et des végétaux morts à partir desquels ils élaborent leur propre matière organique. Ce sont les lombrics, de nombreux arthropodes du sol et des populations considérables de microorganismes, champignons et bactéries du sol.
- Les relations alimentaires au sein de l'écosystème permettent d'identifier des **chaînes alimentaires** dont les premiers maillons sont les producteurs primaires. À vrai dire, beaucoup d'espèces sont à la fois des consommateurs primaires et secondaires voire tertiaires. Ce sont donc des **réseaux alimentaires** plus ou moins complexes qui sont à l'œuvre dans les écosystèmes.

B Flux d'énergie dans un écosystème

- La seule source d'énergie de la biocénose d'un écosystème est l'**énergie lumineuse**. Grâce à la photosynthèse réalisée par les organismes chlorophylliens, elle est convertie en énergie chimique dans les matières organiques synthétisées. Le rendement de la photosynthèse est estimé en moyenne à 1%.

Le **rendement** de la photosynthèse est le rapport entre l'énergie de la production primaire et l'énergie lumineuse reçue.

Les **matières organiques** résultant de la production primaire sont la **source d'énergie** utilisée par les organismes de la biocénose, producteurs primaires compris. La dégradation de ces matières organiques par la respiration, qui rend utilisable leur énergie, sert aux synthèses des cellules, à maintenir leurs structures, à permettre leurs mouvements, etc. Le rendement de la conversion énergétique résultant de la respiration est inférieur à 50 %, le reste de l'énergie étant libéré dans le milieu sous forme de chaleur.

$C_6H_{12}O_6 + 6\ O_2 \longrightarrow 6\ CO_2 + 6\ H_2O$ + Énergie utilisable + Chaleur
(glucose = substrat énergétique)

La biocénose d'un écosystème est ainsi globalement traversée par un **flux d'énergie** : l'énergie lumineuse, captée par les végétaux chlorophylliens, est totalement restituée au milieu sous forme de chaleur par la biocénose.

Ce flux d'énergie peut être précisé en considérant les divers niveaux trophiques (producteurs primaires, consommateurs primaires, etc.).

Par la respiration de leurs cellules (chlorophylliennes et non chlorophylliennes), les producteurs primaires dégradent une partie des matières organiques élaborées par la photosynthèse. La **production primaire nette** (qui se traduit par l'augmentation de la masse sèche des producteurs primaires) est égale à la production primaire brute (qui résulte de la photosynthèse) moins la production primaire utilisée par la respiration. Pour une forêt tempérée de chênes et de pins, la production primaire nette correspond à environ 45 % de la production primaire brute.

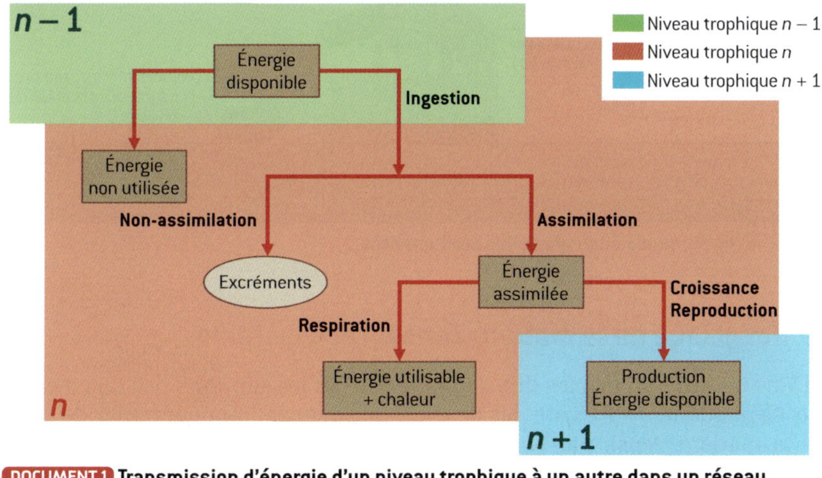

DOCUMENT 1 Transmission d'énergie d'un niveau trophique à un autre dans un réseau alimentaire de producteurs-consommateurs. L'énergie non utilisée (correspondant à la partie non mangée) et l'énergie des excréments seront utilisées par les décomposeurs.

Les matières organiques **ingérées** par les consommateurs primaires d'un écosystème ne sont pas entièrement digérées : une partie est rejetée dans le milieu sous la forme d'excréments, le reste étant assimilé (livré aux cellules). Une partie de la matière assimilée est dégradée par la respiration des cellules des consommateurs primaires, le reste servant à leur production secondaire. La production secondaire est donc nettement inférieure à la matière ingérée et ce d'autant plus que les dépenses énergétiques des consommateurs primaires sont grandes **(DOCUMENT 1)**.

Le même processus a lieu lorsque les consommateurs secondaires (les carnivores) mangent des animaux. Il en résulte que la production des consommateurs secondaires est nettement plus faible que celle des consommateurs primaires. Ainsi, la quantité d'énergie fixée par la production des organismes diminue de niveau trophique en niveau trophique comme l'illustre la pyramide des productivités **(DOCUMENT 2)**.

La **productivité** d'un niveau trophique par rapport à la biomasse ingérée est comprise entre 6 et 20 % ; elle est en moyenne de 10 %.

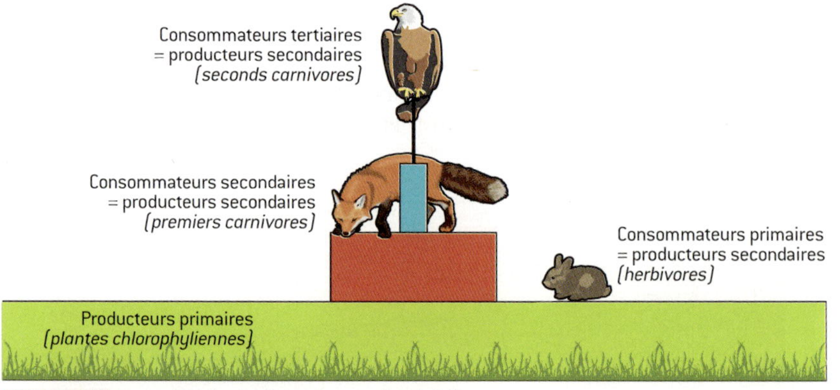

DOCUMENT 2 **Pyramide écologique des productivités.**

C Recyclage de la matière dans un écosystème

Dans un écosystème, les flux de matières sont les supports des flux d'énergie. Cependant, s'il n'existe pas de cycle de l'énergie, on peut parler de cycle de la matière. Ainsi, par la respiration des organismes de la biocénose, le carbone des matières organiques se retrouve dans le dioxyde de carbone et devient disponible pour la photosynthèse des producteurs primaires.

Dans ce processus de recyclage, les **décomposeurs** du sol, et en particulier les **microorganismes**, jouent un rôle fondamental. Leurs métabolismes sont très variés et complémentaires et font qu'ils sont capables de digérer des matières organiques comme la lignine, contrairement aux consommateurs primaires. Certains font que l'azote contenu dans les matières organiques azotées (acides aminés, nucléotides) se retrouve sous la forme d'ions minéraux (ammonium, nitrates) utilisables par les producteurs primaires.

La minéralisation des matières organiques découlant de l'activité des organismes de la biocénose correspond ainsi à un recyclage de la matière.

RÉCAPITULONS

Tout écosystème est parcouru par un flux d'énergie dont l'entrée est l'énergie solaire captée par les végétaux chlorophylliens et la sortie est la chaleur produite par les êtres vivants. Ce flux d'énergie entretient le cycle de la matière.

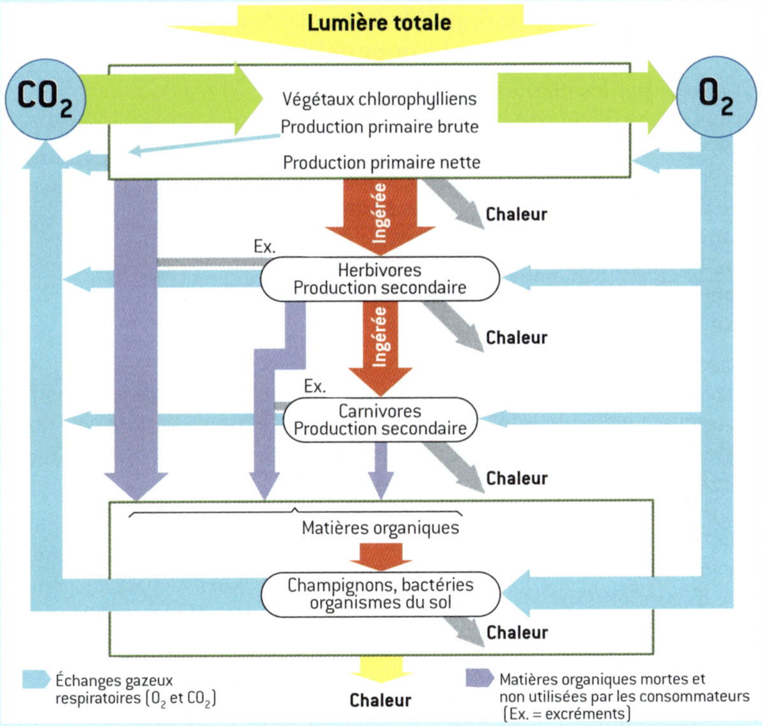

DOCUMENT 3 Flux d'énergie et cycle de la matière.

2 Les agrosystèmes

Un agrosystème, ou écosystème agricole, est un écosystème créé ou modifié, contrôlé et maîtrisé par l'Homme dans le but d'exploiter une partie de la matière organique végétale (cultures) ou animale (élevage) qu'il produit, dans un but alimentaire voire industriel ou énergétique. Nous nous limiterons dans cette partie à l'étude des agrosystèmes de grande culture (blé, maïs, riz...).

A Les caractères communs aux agrosystèmes et aux écosystèmes naturels

- Dans les deux types d'écosystème, **la production primaire repose sur la photosynthèse** : elle exige de l'eau, des ions minéraux, du dioxyde de carbone et de l'énergie solaire.
- **L'importance de l'eau** est primordiale. La plante puise l'eau par ses racines et en libère par ses feuilles sous la forme de vapeur (transpiration).

L'eau puisée par les plantes est en partie retenue sous forme d'eau constitutive et en partie utilisée comme aliment au cours de la photosynthèse ; mais la plus grande partie (99%) est rejetée dans l'atmosphère par la transpiration et ne revient pas au **sol, qui s'appauvrit donc en eau.** Ce flux d'eau qui traverse la plante est indispensable à l'entrée et au transport des ions minéraux.

> L'**évapotranspiration** est la quantit[é] totale d'eau transférée du sol vers l'atmosphère par l'évaporation du sol et par la transpiration des plantes.

La transpiration se produit au niveau de petites ouvertures à la surface de la feuille, les stomates, par lesquels **pénètre également le dioxyde de carbone.** L'évapotranspiration est régulée grâce aux stomates : en cas de manque d'eau, ils se ferment, d'où résulte une entrée plus faible de CO_2 et, par là, une diminution de la production de matières organiques (baisse de rendement).

> Un **stomate** est constitué par une ouverture délimitée par deux cellules spécialisées de l'épiderme de la feuille, les cellules stomatiques. Une feuille peut comprendre quelques centaines d[e] stomates par millimètre carré.

- Les **chaînes alimentaires trophiques** existent dans les deux systèmes. Dans les agrosystèmes, l'Homme est en compétition avec les animaux qui se nourrissent des plantes cultivées (insectes, larves, gastéropodes, champignons, oiseaux, petits mammifères...).

B Agrosystèmes et eau

- Dans l'agrosystème, **la diversité** caractéristique d'un écosystème est **limitée** : il faut cibler un seul producteur primaire, génétiquement sélectionné, afin d'obtenir de hauts rendements. Cela implique de limiter également la concurrence des plantes adventices ou « mauvaises herbes » vis-à-vis de l'eau et des nutriments du sol par l'utilisation d'herbicides.

- Une alimentation en eau la plus constante possible est nécessaire pour éviter les périodes de jeûne (provoquées par la fermeture des stomates en cas de manque d'eau) et assurer ainsi un rendement élevé (DOCUMENT 4). C'est ce qui justifie la pratique de l'**irrigation.**

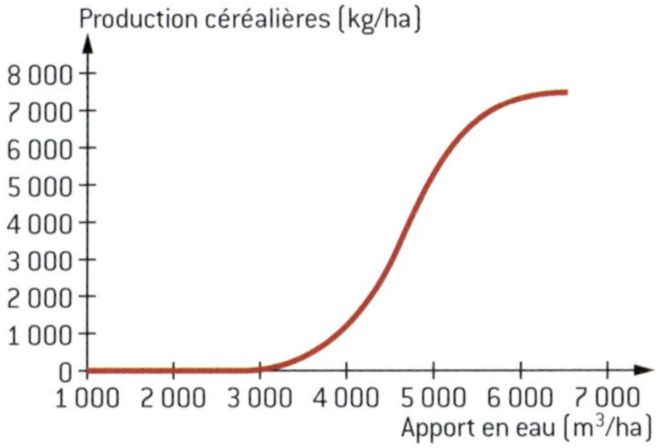

DOCUMENT 4 Importance de l'apport d'eau dans la production d'une variété de plante céréalière.

Pour assurer l'irrigation, certains pays effectuent des prélèvements d'eau très importants en comparaison des prélèvements nécessaires à d'autres usages de l'eau (eau potable, industrie…) (DOCUMENT 5). Certains pays en voie de développement utilisent 80 à 90 % de leurs réserves en eau pour l'irrigation des cultures.

Dans tous les cas, qu'il s'agisse de culture pluviale ou de culture irriguée, l'eau est indispensable : le rendement végétal est tributaire de l'eau.

Lors des usages collectifs et industriels, la majeure partie de l'**eau** est restituée au réservoir où elle a été prélevée. Dans les usages agricoles, au moins 50 % de l'eau s'évapore et n'est donc pas restituée au réservoir d'origine.

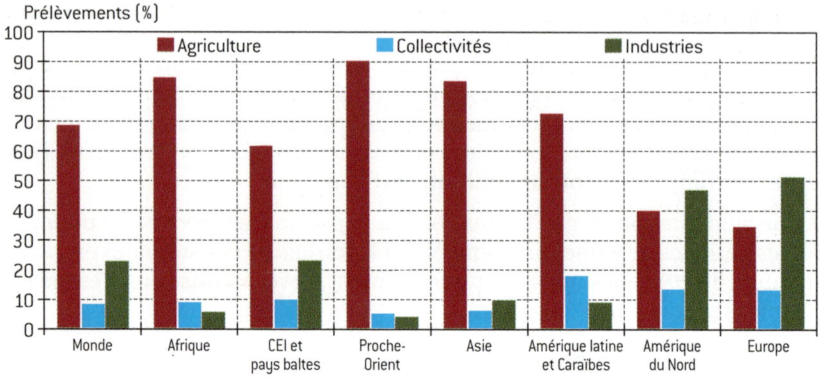

DOCUMENT 5 **Importance des prélèvements d'eau par région et par secteur d'activité.**

L'eau virtuelle d'un produit (alimentaire ou non) est la quantité d'eau qui a nécessité sa production. Par exemple, pour produire 1 kg de blé, 1300 litres d'eau sont en moyenne nécessaires (DOCUMENT 6). Le blé ne contient qu'une infime quantité de cette eau ; le reste, prélevé dans le sol et rejeté lors de l'évapotranspiration de la culture, a été cependant indispensable à la production de la céréale. Allan, à l'origine de cette notion d'eau virtuelle, écrit : « L'eau est dite virtuelle, car une fois que le blé pousse, l'eau réelle utilisée pour le cultiver n'est plus contenue dans le blé. »

Cette notion d'eau virtuelle permet de prendre en compte l'eau nécessaire pour produire les matières alimentaires. Un pays qui importe ces matières alimentaires économise l'eau qui a été nécessaire à leur fabrication : il importe de l'eau virtuelle.

Aliment	Blé (1 kg)	Maïs (1 kg)	Riz (1 kg)	Pomme (1 kg)	Orange (1 kg)	Tomate 1 kg)	Pomme de terre (1 kg)	Thé (1 L)	Bière (1 L)	Vin (1 L)	Café (1 L)
Eau virtuelle (en litre)	1 300	900	1400	700	500	185	250	140	300	960	1 120

DOCUMENT 6 **Eau nécessaire à la fabrication de quelques aliments d'origine végétale.**

C Les déséquilibres d'un agrosystème et la nécessité d'intrants

Contrairement à l'écosystème où le recyclage de la matière est complet, une grande partie de la production de l'agrosystème est **exportée**. Lors de la récolte de blé cultivé, seulement 16 % (racines, quelques feuilles) de la matière organique fabriquée reste sur le terrain. Sur 17 tonnes de blé qui poussent à l'hectare, 6,5 tonnes sont constituées par les grains et 7,5 tonnes par les tiges et les feuilles (paille) : 14 tonnes sont donc exportées. Le sol, lieu du recyclage de la matière, s'appauvrit... et il y a donc nécessité d'apporter des **engrais.**

- La maîtrise des chaînes alimentaires par l'Homme est nécessaire pour maintenir le **rendement** de l'agrosystème. Tout ce qui attaque la plante (feuilles, tronc, racines, fruits, grains…) doit être combattu par divers intrants (pesticides divers, insecticides, herbicides, fongicides…) sous peine d'une baisse du rendement.

Les **intrants** désignent tous les produits apportés aux cultures et élevages (engrais, amendements, herbicides, insecticides, semences) et, plus généralement, tout ce qui est nécessaire au fonctionnement de l'agrosystème : matériels, carburant, aliments pour animaux, frais vétérinaires, électricité... en plus des produits cités.

D L'agrosystème, un système gourmand en énergie

- **En plus de l'énergie solaire renouvelable**, l'agrosystème de grande culture utilise des énergies non renouvelables (entrées) (DOCUMENT 7). L'énergie sort de l'agrosystème (sorties) sous la forme du contenu énergétique des plantes cultivées. En tenant compte des entrées et des sorties, on peut établir un bilan énergétique de l'exploitation.

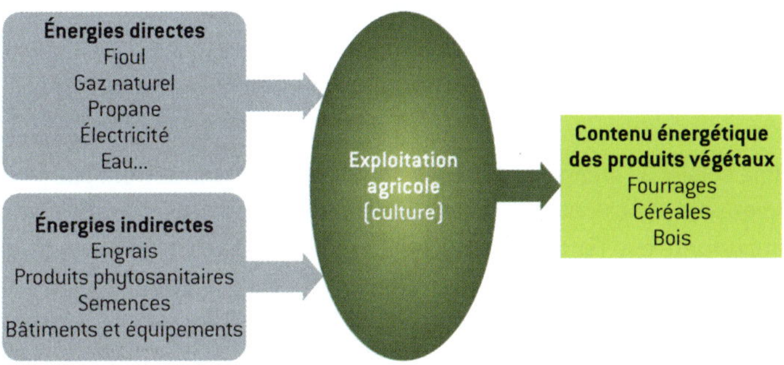

DOCUMENT 7 Entrées et sorties énergétiques dans une exploitation.

Le **coût énergétique** d'un kilogramme d'engrais comprend la dépense énergétique utilisée pour sa fabrication, son conditionnement, son transport, etc.

On définit l'**efficacité énergétique** d'un agrosystème par le rapport entre l'énergie produite (matière organique provenant de la culture) et l'énergie consommée (entrant dans l'agrosystème). Le **DOCUMENT 8** compare le rendement énergétique d'exploitations spécialisées dans la culture du maïs, l'une en culture intensive (rendement de 90 quintaux à l'hectare), l'autre de type économe (50 quintaux à l'hectare).

La production de l'exploitation agricole en grande culture intensive (apport d'intrants élevé) est plus importante que celle en grande culture économe (apport d'intrants limité). Si la production énergétique de la culture économe est inférieure à celle du système intensif, son efficacité énergétique est en revanche supérieure.

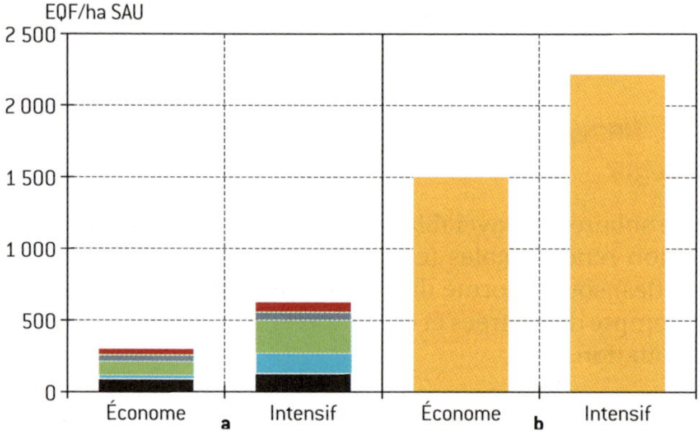

DOCUMENT 8 **Grandes cultures (GC). a.** Consommation d'énergie (entrées). **b.** Production d'énergie (sorties). EQF : équivalent litre de fioul, SAU : surface agricole utile.

L'énergie solaire à l'origine de l'énergie des produits végétaux n'est pas prise en compte dans le calcul de l'**efficacité énergétique**. La sortie d'énergie est plus importante que l'entrée en raison de l'énergie solaire « stockée » dans la matière organique des plantes.

Dans les deux cas, il y a une entrée d'énergie relativement importante par rapport à la sortie : 20% dans le système économe et 30% environ dans le système intensif. **L'apport d'énergie est relativement important par rapport à celle des produits obtenus.**

RÉCAPITULONS

- Un agrosystème de grande culture est un écosystème artificiel, déséquilibré et géré par l'Homme afin d'obtenir un produit à fort rendement.
- Les traitements pratiqués nécessitent un apport d'énergies non renouvelables (au moins en partie) en plus de l'énergie solaire : approvisionnement en eau, engrais et pesticides divers, travail du sol, carburants, électricité.
- L'agrosystème est un écosystème gourmand en énergie. C'est l'utilisation des divers intrants énergétiques qui permet une exploitation efficace de l'énergie solaire par les plantes cultivées.
- On peut discuter du bien-fondé de la recherche constante d'une plus grande productivité par l'apport d'intrants, coûteux en énergies fossiles, émetteurs de gaz à effet de serre et sources de pollution de l'environnement.

3 Les agrosystèmes d'élevage

Dans tous les pays industrialisés et dans beaucoup de pays en voie de développement, la consommation de produits animaux augmente. Quelles sont les caractéristiques des agrosystèmes orientés vers l'élevage ?

A Caractéristiques de la production animale

L'animal d'élevage est un **consommateur primaire** qui reçoit une alimentation végétale : pâturages, fourrages ou aliments fabriqués hors de l'exploitation. L'animal fournit du lait ou de la viande (production secondaire) mais comme pour tout écosystème, sa production secondaire (exprimée en énergie) est très nettement inférieure à sa consommation d'aliments (exprimée en énergie).

Dans un écosystème, la production secondaire des consommateurs primaires représente environ 10 % de la production primaire ingérée (DOCUMENT 2). Pour une surface donnée, la **production animale** est donc très inférieure à la production végétale. Nourrir l'humanité par des productions animales serait donc dix fois moins efficace que par des productions végétales.

Ce raisonnement ne fait appel qu'à des arguments quantitatifs. Les **productions animales** fournissent des apports qualitatifs indispensables (vitamines, acides aminés…) absents dans les produits végétaux.

Les intrants nécessaires au fonctionnement d'un agrosystème d'élevage (DOCUMENT 9) représentent une dépense énergétique importante. Ils sont tels que ce type d'agrosystème a une **efficacité énergétique très inférieure** (0,7 et 1,3 contre 3,5 et 5) à celle d'une exploitation de grande culture (DOCUMENT 8). L'agrosystème d'élevage est très gourmand en énergie non renouvelable.

Comme pour un agrosystème de culture, un agrosystème d'élevage intensif produit davantage qu'un élevage économe en énergie, mais son efficacité énergétique est plus faible.

Une **efficacité énergétique** inférieure à 1 ne signifie pas que l'exploitation n'est pas rentable. Tout dépend du prix de vente du lait ou de la viande.

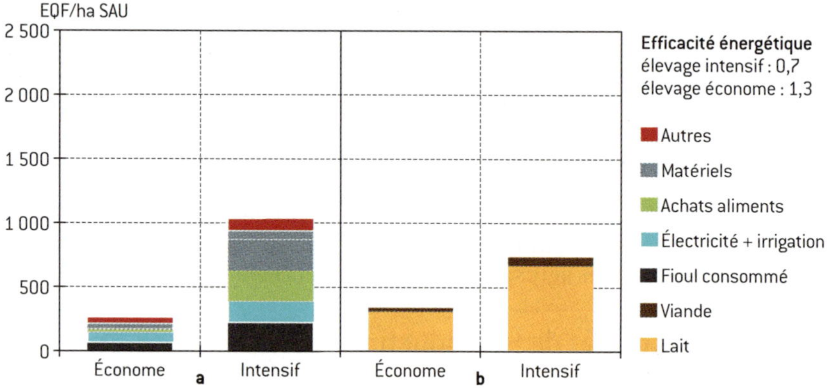

DOCUMENT 9 **Élevage bovin laitier. a.** Consommation d'énergie (entrées). **b.** Production d'énergie (sorties). Voir légende du document 8.

B Bilan en eau d'un élevage

La **perte en eau** d'un animal est très inférieure à la quantité transpirée (et donc perdue) par un végétal. On peut donc penser que la consommation d'eau par un animal est nettement inférieure à celle des végétaux.

En réalité, il faut utiliser le concept d'**eau virtuelle** et prendre en compte la quantité d'eau nécessaire pour produire l'aliment végétal dont se nourrit l'animal. La quantité d'eau utilisée pour produire 1 kg d'un produit animal est donc supérieure à celle nécessaire pour produire 1 kg d'un aliment végétal (DOCUMENT 10).

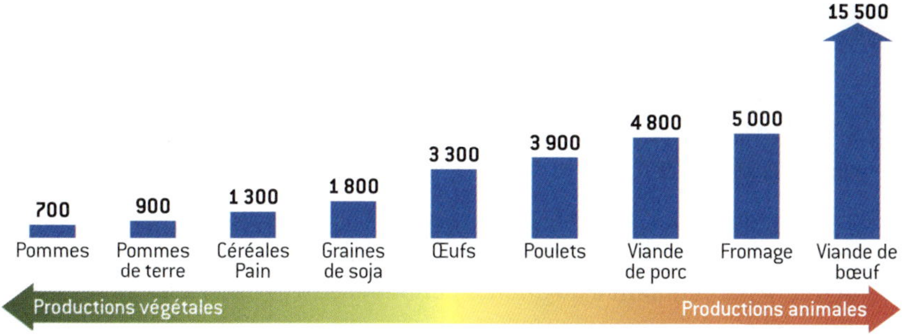

DOCUMENT 10 **Eau virtuelle de quelques aliments (en litres par kg).**

À l'aide du concept d'eau virtuelle, on peut calculer la quantité d'eau réelle nécessaire à différents régimes alimentaires. On établit ainsi que le régime alimentaire moyen aux États-Unis correspond à une consommation de 5,4 m^3 (5 400 litres) d'eau par personne et par jour. En comparaison, un régime végétarien nécessite 2,6 m^3 d'eau par personne et par jour et un régime minimal pour répondre aux besoins biologiques ne demande que 1 m^3 d'eau.

RÉCAPITULONS

- Les animaux sont des transformateurs d'énergie de rendement médiocre. La production animale est toujours très inférieure à la consommation d'aliments.
- La faible efficacité énergétique des agrosystèmes d'élevage conduit à réfléchir sur les choix de consommation. En France, et plus largement dans les pays occidentaux, notre alimentation privilégie de plus en plus les produits d'origine animale et particulièrement les produits carnés. D'un point de vue énergétique, cela peut passer pour une aberration ou un luxe.

4 Agriculture et perspectives alimentaires mondiales

A Une amélioration de l'alimentation des hommes de 1960 à 2000

■ Entre le début des années 1960 et 2000, la population mondiale a presque doublé (passant de 3 à 6 milliards d'individus). En outre, la consommation alimentaire par habitant a augmenté pendant cette période **(DOCUMENT 11)**.

■ L'évolution a été variable suivant les régions. On constate par exemple que la consommation alimentaire n'a pas progressé en Afrique subsaharienne. En reprenant la définition de la FAO (Organisation des Nations unies pour l'alimentation et l'agriculture), on dit qu'une personne est sous-alimentée lorsque l'apport énergétique alimentaire est en permanence inférieur au besoin énergétique minimal pour mener une vie saine et active. On estime ce seuil compris entre 2 500 et 2700 kcal/personne/jour.

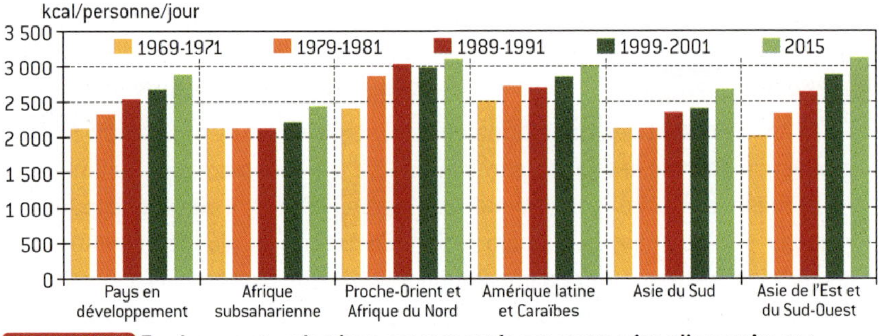

DOCUMENT 11 Tendances et projections concernant la consommation alimentaire par habitant.

Les évaluations globales ne mettent pas en évidence les disparités entre pays et au sein d'un même pays.

■ L'amélioration globale de la disponibilité alimentaire est essentiellement due à l'agriculture. Les céréales constituent de loin la ressource alimentaire la plus importante au monde, à la fois pour la consommation humaine directe et indirectement pour la production animale. Depuis le milieu des années 1960, le monde a accru sa production céréalière de près d'un milliard de tonnes.

- Les augmentations de la production végétale ont **trois raisons principales** :
– l'expansion des terres cultivées ;
– l'accroissement de l'intensité culturale (fréquence des récoltes sur une même superficie) ;
– l'augmentation des rendements.

- L'**augmentation des rendements** est de loin la plus importante cause de croissance de la production végétale mondiale : entre 1961 et 1999, elle en est responsable pour près de 80 %, non seulement dans les pays développés mais aussi dans ceux en voie de développement. Cependant, en Afrique subsaharienne et en Amérique latine, l'accroissement des superficies agricoles a compté pour 35 % et 46 % respectivement dans l'accroissement de la production.

- L'augmentation des rendements dans les années 1970 à 2000 est due à la sélection des semences, à l'extension de l'irrigation des cultures et à l'utilisation accrue d'engrais et de pesticides.

- Mais cette augmentation de la production agricole par l'accroissement des rendements a eu aussi un **impact énorme sur l'environnement**. La pollution de l'eau souterraine par les produits chimiques et les déchets agricoles est un problème grave dans les pays développés et le devient de plus en plus dans les pays en développement. Les engrais (nitrates, phosphates) sont source de **pollution** quand ils sont apportés en quantité supérieure à ce que les cultures peuvent absorber.

Leur excès dans les eaux douces souterraines et de surface provoque une prolifération d'algues et peut être dangereux pour la santé, de même que les apports en insecticides, herbicides et fongicides.

L'agriculture, par ses intrants énergétiques, émet des gaz à **effet de serre**, participant ainsi au réchauffement climatique global.

Enfin, en favorisant la monoculture, l'agriculture intensive contribue à un appauvrissement de la **biodiversité**.

B L'amélioration de l'alimentation des hommes va-t-elle se poursuivre?

- L'augmentation de la population humaine va se poursuivre mais à un rythme plus lent ; en 2050, on estime qu'environ **9 milliards** d'individus peupleront la Terre. La production alimentaire permettra-t-elle de répondre aux besoins ?

En 1996, au sommet mondial de l'alimentation, les chefs d'État et de gouvernement de plus de 180 pays ont déclaré leur intention d'éradiquer l'un des pires fléaux, la faim. Ils se sont engagés à réduire de moitié, d'ici 2015, le nombre de personnes sous-alimentées dans le monde en prenant pour base le niveau de 1990. Le **DOCUMENT 12** permet de faire le point en 2010.

L'analyse du **DOCUMENT 12** montre que le nombre de personnes sous-alimentées dans le monde a augmenté lentement mais constamment depuis dix ans. Aucun progrès n'a donc été fait concernant la réalisation de l'objectif de réduction de la faim déclaré au sommet mondial de l'alimentation. La situation s'est même sérieusement dégradée de 2005 à 2010 avec un « pic » de plus d'un milliard d'individus sous-alimentés en 2009. Cela est lié à une flambée des prix des productions agricoles en 2007-2008 et à la crise économique mondiale qui affecte durement les pays en développement. Nourrir l'humanité ne se résume pas uniquement au problème de produire davantage d'aliments, c'est aussi un problème économique et politique.

Malgré le constat pessimiste de la première décennie du siècle, la FAO estime que la production alimentaire peut encore augmenter et contribuer à diminuer la faim dans le monde.

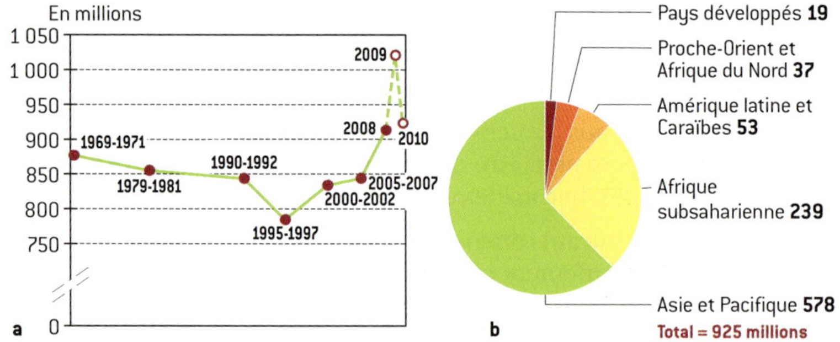

DOCUMENT 12 **a.** Nombre de personnes sous-alimentées dans le monde entre 1969-1971 et 2010. **b.** Nombre de personnes sous-alimentées en 2010 par région (en millions).

Pour augmenter cette production, l'**extension des terres** cultivées est possible, mais de façon très différente suivant les régions. En Asie du Sud, au Proche-Orient et en Afrique du Nord, toutes les terres cultivables sont déjà exploitées ; en revanche, en Afrique subsaharienne et en Amérique latine, les réserves de terres agricoles sont grandes. L'**amélioration des rendements** dans les pays développés est sans doute proche du maximum possible, mais des progrès importants sont envisageables dans de nombreux pays en développement grâce notamment à une extension de l'irrigation. Cela exigera une agriculture qui évite la dégradation des sols et qui **utilise l'eau** plus efficacement. Le problème de l'eau est crucial pour les pays du Proche-Orient et d'Afrique du Nord qui utilisent déjà au maximum leur quantité d'eau renouvelable.

L'agriculture durable, encore appelée agriculture de conservation, vise à promouvoir des pratiques agricoles qui assurent des rendements satisfaisants tout en préservant l'environnement.

Le principe général de l'agriculture durable est de rapprocher la gestion de l'agrosystème du fonctionnement naturel d'un écosystème et d'augmenter l'efficacité énergétique, de la fertilisation azotée et des herbicides. C'est une agriculture qui consomme moins d'engrais, moins de pesticides, moins d'aliments pour le bétail et moins d'énergie fossile.

Une agriculture de conservation des sols préconise un travail minimal du sol (afin de préserver sa structure, sa faune, sa matière organique et éviter ainsi son érosion) : elle nécessite une couverture permanente (laissant sur place les résidus de culture qui contribuent à enrichir le sol en matières organiques) et une rotation des cultures diversifiées.

Un des slogans de l'**agriculture durable** est : « Produire plus pour nourrir l'humanité et produire mieux afin de préserver la planète (eau, air, sol, climat). »

Le défi est d'aboutir à une augmentation de la production alimentaire mondiale avec une agriculture d'un nouveau type, applicable aux exploitations de faible superficie, qui sont très nombreuses dans les pays en développement.

RÉCAPITULONS

- Contrairement aux idées reçues, il y a bien eu une amélioration mondiale globale de la disponibilité alimentaire par individu. Elle est due essentiellement à l'agriculture, les céréales constituant la ressource alimentaire la plus importante au monde.
- Certaines régions comme l'Afrique subsaharienne ne progressent pas ou très lentement, les problèmes politiques et économiques pesant sur une répartition équitables des aliments disponibles : le nombre de personnes sous-alimentées reste très élevé.
- L'augmentation de la production agricole grâce à l'augmentation des rendements a un impact négatif important sur l'environnement.
- L'agriculture durable vise à obtenir des rendements satisfaisants tout en préservant l'environnement.

Exploiter un graphe à trois dimensions

ÉNONCÉ

Le **DOCUMENT 13** retrace l'influence de deux facteurs, l'eau et l'apport d'engrais azotés minéraux, sur le rendement de cultures de céréales ; l'expérimentation a été réalisée sur un sol pauvre en ions minéraux azotés. L'évapotranspiration (ET) reflète le flux hydrique au travers des plantes et traduit les capacités du sol à livrer de l'eau aux végétaux (1 mm = 10 m^3 d'eau/ha).

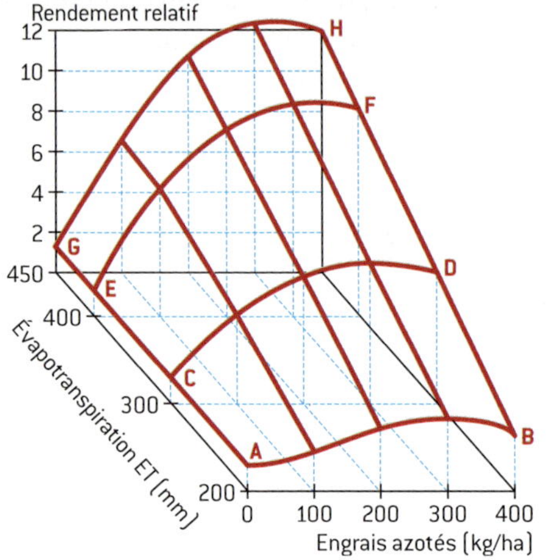

DOCUMENT 13 **Influence de deux facteurs sur le rendement des cultures.**

1 À partir des informations extraites du **DOCUMENT 13**, indiquer l'effet de l'apport d'engrais azotés sur le rendement des cultures en fonction de l'eau disponible pour les plantes.

2 L'intensité d'un phénomène biologique (par exemple, la production d'une culture) dépend de plusieurs facteurs, son intensité dépendant essentiellement du facteur le plus éloigné de son optimum. Ce facteur est dit **facteur limitant.**

À partir des informations extraites du **DOCUMENT 13**, illustrer cette notion de facteur limitant.

MÉTHODE

L'intensité du phénomène étudié (la production traduite par le rendement relatif) est indiquée **en ordonnée,** donc verticalement, et les variations des deux facteurs (ET et engrais) sont situées sur les **deux axes d'abscisses**.

Rendement relatif signifie rendement par rapport à une culture où les deux facteurs, eau et apport d'engrais azotés, sont au minimum.

Les courbes **AB, CD, EF** et **GH** indiquent l'influence d'apports azotés sur le rendement de la culture dans quatre conditions d'irrigation des plantes.

Pour la notion de facteur limitant, se placer dans les conditions où l'un des facteurs est au minimum et observer l'influence des variations de l'autre facteur sur le rendement.

CORRIGÉ

1 Le rendement minimal (donc rendement relatif égal à 1) est celui où l'évapotranspiration est de 200 mm et l'apport azoté nul.

La courbe AB indique que pour une ET = 200 mm, l'apport azoté entraîne une augmentation du rendement avec un maximum pour un apport de 300 kg/ha : le rendement est multiplié par 3 environ. **La courbe CD** (ET = 300 mm) indique que l'augmentation maximale du rendement est aussi obtenue avec un apport azoté de 300 kg/ha ; cette fois le rendement maximal est multiplié par 7 environ. **Les courbes EF et GH** (ET = 400 et 450 mm), indiquent que le rendement maximal est aussi obtenu pour des apports azotés de 300 kg/ha et qu'il est multiplié par 10 et 12 respectivement.

En conclusion, on remarque que l'apport azoté entraîne une augmentation du rendement de la culture et ce d'autant plus que l'approvisionnement en eau des plantes est important : l'augmentation du rendement est 4 fois plus forte avec une ET = 450 mm qu'avec une ET = 200 mm.

Dans toutes les conditions d'approvisionnement en eau, l'apport azoté au-delà de 300 kg/ha provoque une légère baisse du rendement. Cela traduit la nécessité de ne pas fertiliser les sols outre mesure, d'autant que les nitrates en excès polluent les eaux des nappes et des cours d'eau.

2 Considérons l'influence de l'apport d'eau lorsque le sol ne reçoit pas d'apport azoté. On constate que l'apport d'eau seul (ET de 200 à 450 mm) n'entraîne qu'une augmentation très faible du rendement. **La teneur en azote du sol est le facteur limitant** : le rendement reste faible même si l'apport d'eau est important (même raisonnement pour l'eau en tant que facteur limitant).

SE TESTER QUIZ

1 Notions clés

Associer à chaque élément du premier ensemble un ou plusieurs éléments du second.

1. L'eau virtuelle d'un produit végétal ou animal ☐
2. Les producteurs secondaires ☐
3. Les producteurs primaires ☐
4. Le flux d'énergie ☐
5. Le cycle de la matière ☐
6. Les stomates des feuilles ☐
7. Les transferts énergétiques ☐

- ☐ a. est perturbé dans un agrosystème par les exportations des produits cultivés
- ☐ b. sont les organismes autotrophes d'un écosystème et d'un agrosystème
- ☐ c. se procurent de l'énergie en dégradant des matières organiques par respiration
- ☐ d. contribuent à la transpiration des plantes et à leur nutrition
- ☐ e. est la quantité d'eau qui a été utilisée pour la production d'un produit
- ☐ f. sont assurés entre les divers niveaux trophiques par les matières organiques produites par un niveau et ingérées par le niveau suivant
- ☐ g. fait que les matières minérales puisées par les plantes dans le sol sont restituées à ce dernier
- ☐ h. peuvent être des consommateurs primaires, des consommateurs secondaires ou des décomposeurs
- ☐ i. a pour origine l'énergie solaire et se termine par la libération de chaleur par tous les organismes

2 Les décomposeurs

Parmi les affirmations suivantes, relever celles qui sont inexactes et les corriger.

Les décomposeurs :

- ☐ **a.** sont des organismes autotrophes
- ☐ **b.** jouent un grand rôle dans le fonctionnement des écosystèmes terrestres
- ☐ **c.** sont les seuls organismes de l'écosystème qui contribuent au passage du « carbone organique » au « carbone minéral »
- ☐ **d.** utilisent la même source d'énergie que les consommateurs primaires et secondaires
- ☐ **e.** assurent globalement le renouvellement des ions minéraux azotés du sol.

3 Agrosystème

Parmi les affirmations suivantes, relever celles qui sont inexactes et les corriger.

Un agrosystème est un écosystème :

- ☐ **a.** pour lequel la seule source d'énergie est l'énergie solaire
- ☐ **b.** dont la production primaire dépend de la quantité d'eau disponible pour les plantes
- ☐ **c.** dans lequel le recyclage de la matière est total
- ☐ **d.** dans lequel l'agriculteur introduit divers intrants pour améliorer le rendement.

S'ENTRAÎNER

4 Exercer son esprit critique

« Dans la province espagnole d'Almeria, entre la côte andalouse et les contreforts montagneux, s'étendait un paysage de lande rousse et de rocailles. Ce désert est aujourd'hui recouvert de serres sur 27 000 hectares. Elles produisent fruits, légumes et fleurs pour l'Europe tout entière. Mais ces produits étant composés à 80% d'eau, la région vit d'une forme d'exportation de ses ressources naturelles, l'eau virtuelle qui se cache dans les produits que les Européens consomment. Dans la région d'Almeria, il pleut seulement autour de 20 mm par an ; il faut donc prélever dans les nappes phréatiques qui n'ont pas le temps de se reconstituer. »

D'après *Le Monde,* janvier 2008

Indiquer l'erreur commise sur la notion d'eau virtuelle par l'auteur de ce texte. Expliquer pourquoi l'agriculture pratiquée dans la région d'Almeria n'est pas valable dans une perspective de développement durable.

5 Extraire des données et les exploiter de façon comparative

Le **DOCUMENT 14** illustre les réactions types des cultures céréalières à l'apport en eau.

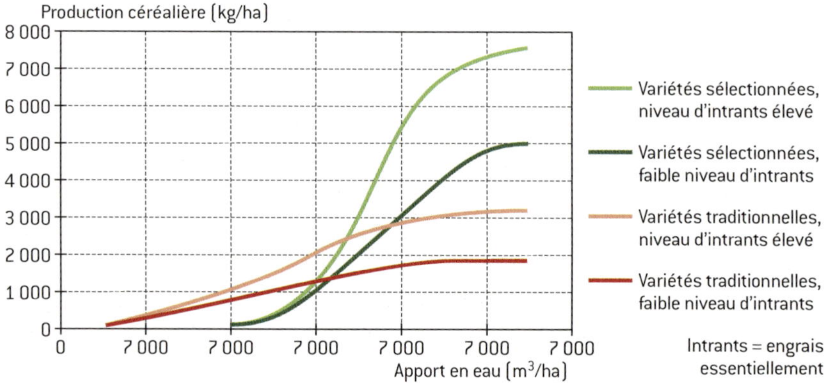

DOCUMENT 14

a. Comparer le comportement des variétés traditionnelles à celui des variétés sélectionnées vis-à-vis de l'eau.

b. À partir des informations extraites du document, montrer que plusieurs facteurs agissent sur le rendement des cultures céréalières.

> Utiliser la méthode comparative, les situations où les conditions expérimentales diffèrent par un seul facteur, les autres étant à l'optimum ; penser aussi à la notion de facteur limitant (voir la méthode).

6 Calculer des rendements énergétiques

Le DOCUMENT 15 présente un flux d'énergie dans une prairie pâturée en se limitant aux principaux consommateurs primaires, les bovins.

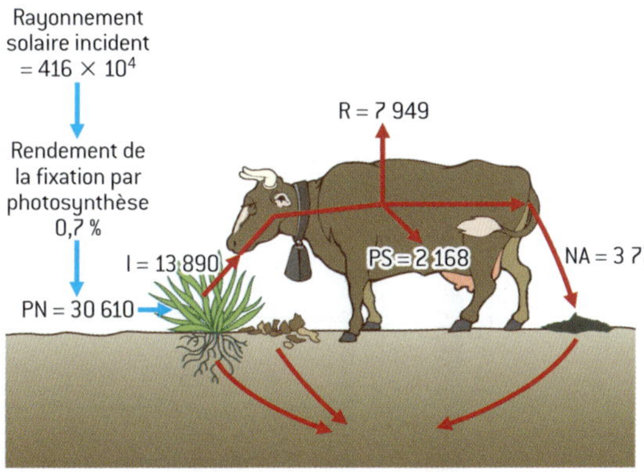

PN : production nette de matière végétale
I : aliments ingérés
A : aliments assimilés
NA : aliments non assimilés
R : respiration
PS : production des constituants de la vache, ou production secondaire

Les valeurs chiffrées correspondent aux flux d'énergie, exprimés en $kJ \cdot m^{-2} \cdot an^{-1}$

DOCUMENT 15

a. Indiquer ce qu'on entend par production nette des plantes de la prairie.

b. Calculer le rapport assimilation/ingestion des bovins.

c. Calculer les rapports production/assimilation et production/ingestion des bovins.

d. Que deviennent la partie de la production primaire non ingérée par les bovins ainsi que les matières organiques contenues dans leurs excréments ?

7 L'évolution de la production alimentaire mondiale

Récemment, la FAO a publié un rapport faisant état de l'évolution de la nutrition de l'humanité des années 1960 à la fin des années1990 et des prévisions à l'horizon 2015/2030. Quelques-uns des documents de ce rapport sont fournis ci-après.

À partir des informations extraites des documents, dégager l'évolution de la production alimentaire mondiale des années 1960 à 2000 par rapport aux besoins quantitatifs de l'humanité et proposer des explications à cette évolution.

Soulever, à partir de ce constat et de vos connaissances, certaines des questions qui se posent pour les décennies à venir.

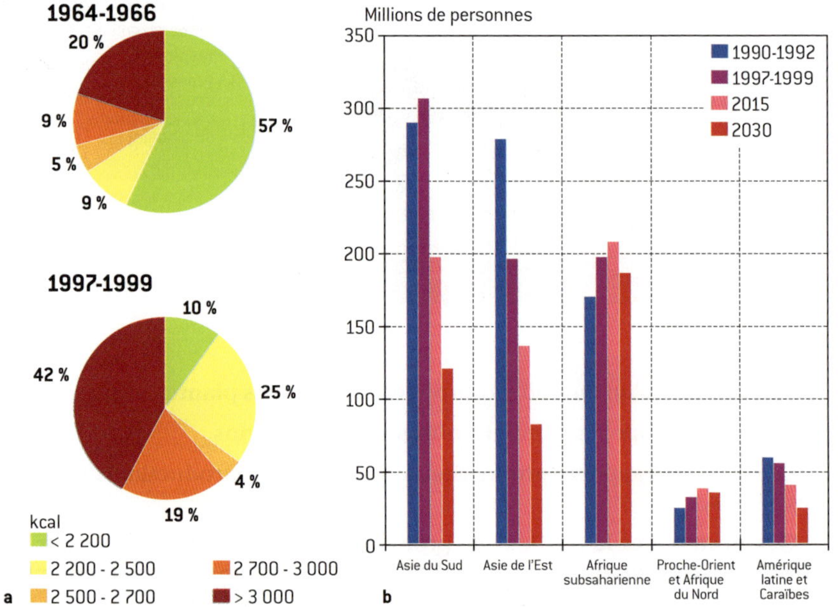

DOCUMENT A **a.** Pourcentage de la population mondiale pour différents apports énergétiques, en 1964-1966 et en 1997-1999. **b.** Nombre de personnes sous-alimentées par région de 1990-1992 à 2030 (prévisions).

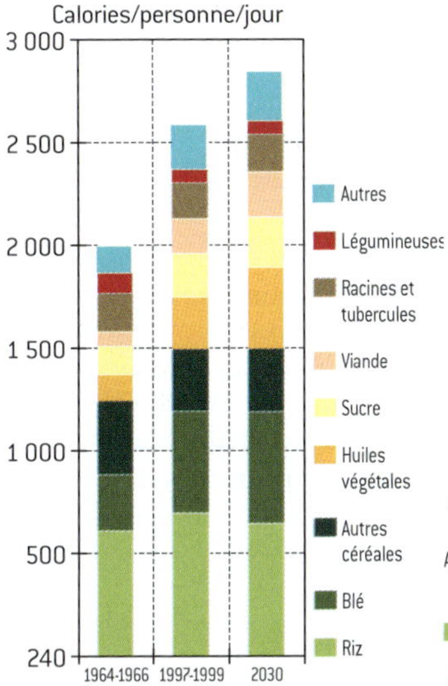

DOCUMENT B Régimes alimentaires dans les pays en développement de 1964-1966 à 2030 (prévision).

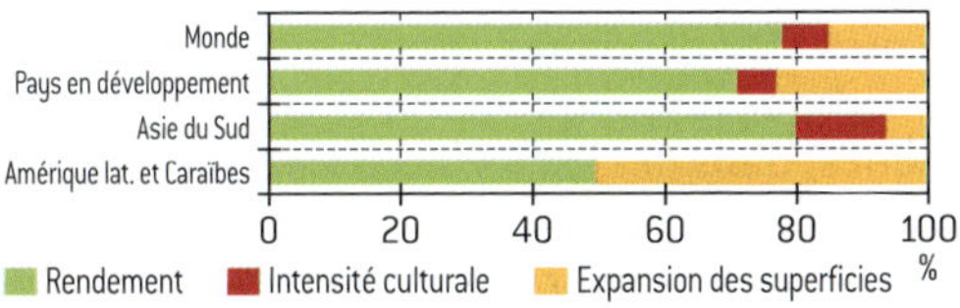

DOCUMENT C Sources de croissance de la production céréalière de 1961 à 1999. Depuis le milieu des années 1960, le monde a réussi à accroître sa production céréalière de près de 1 milliard de tonnes.

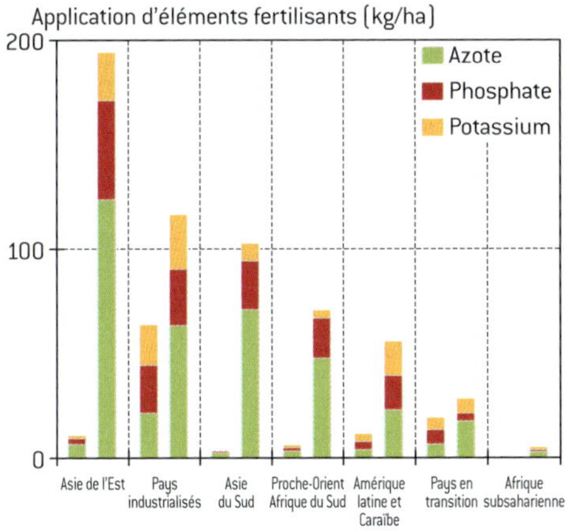

DOCUMENT D Utilisation d'engrais de 1961 à 1963 (colonne de gauche) et de 1997 à 1999 (colonne de droite).
Source FAO.

SE TESTER

1 Notions clés

Les associations correctes sont : **1** e – **2** c, h – **3** b, c – **4** i – **5** a, g – **6** d – **7** f.

2 Les décomposeurs

a. Faux. Les décomposeurs de l'écosystème se nourrissent des matières organiques des organismes morts et ne fabriquent pas leurs matières organiques à partir de matières minérales. Ils sont hétérotrophes.

b. Exact.

c. Faux. La respiration des producteurs primaires et des consommateurs primaires et secondaires, et non seulement celle des décomposeurs, fait passer le carbone organique (atomes de carbone contenu dans les molécules organiques) dans des molécules minérales (dioxyde de carbone).

d. e. Exact.

3 Agrosystème

a. Faux. L'énergie solaire est bien utilisée par la photosynthèse des plantes de l'agrosystème, mais l'agriculteur utilise aussi de l'énergie en grande partie non renouvelable (produits pétroliers, électricité, etc.) pour améliorer les rendements de ses cultures ou de ses élevages.

b. Exact.

c. Faux. Une partie importante de la production primaire de l'agrosystème est utilisée par l'homme, donc exportée, ce qui fait que le recyclage de la matière dans un agrosystème est limité.

d. Exact.

S'ENTRAÎNER

4 Exercer son esprit critique

La lecture de l'article laisse à penser que l'eau virtuelle désigne seulement l'eau contenue dans le produit consommé, ici les fruits et les légumes. En réalité, l'eau virtuelle désigne la quantité d'eau qui a été prélevée et consommée pour la production du produit et non uniquement celle contenue dans le produit. Du fait de l'importance de la transpiration végétale, la quantité d'eau virtuelle est très supérieure à celle contenue dans les fruits et légumes.

La région d'Almeria est donc exportatrice d'eau virtuelle : les pays européens qui consomment les fruits et légumes produits par la région d'Almeria sont des importateurs d'eau virtuelle. Or, la région d'Almeria est une région peu pluvieuse : la quantité d'eau renouvelable est insuffisante pour satisfaire les besoins en eau de ses cultures. En conséquence, la région utilise l'eau fossile de ses nappes souterraines. Celles-ci risquent de s'épuiser rapidement ; cette forme d'agriculture n'est donc pas durable.

5 Extraire des données et les exploiter de façon comparative

a. Les variétés traditionnelles commencent à produire à partir d'un apport en eau de 1500 m³/ha alors que les variétés sélectionnées ne sont productrices qu'à partir d'un apport d'eau de 3000 m³/ha. Les variétés traditionnelles sont donc plus économes en eau et plus résistantes à la sécheresse que les variétés sélectionnées.

b. Comparons les rendements de variétés sélectionnées lorsque l'apport d'eau est optimal, de l'ordre de 6 000 m³/ha en fonction de l'apport d'intrants (engrais, pesticides) : avec un **fort niveau** d'intrants, la production maximale est de **7 500 kg/ha** ; avec un **faible niveau** d'intrants, il est de 5 000 kg/ha. Cela indique que l'apport d'intrants, notamment d'**engrais**, augmente la production céréalière d'un tiers. Pour ces variétés sélectionnées qui sont bien approvisionnées en eau, le faible apport d'intrants est un facteur limitant de la production (mais il limite la dépense énergétique).

Comparons la production des variétés traditionnelles et des variétés cultivées dans les meilleures conditions nutritives : eau et apport d'intrants, 7 500 kg/ha contre 3 000 kg/ha. La production des variétés sélectionnées est plus du double de celles des variétés traditionnelles. La sélection génétique a donc pour effet d'augmenter les rendements à condition que les facteurs nutritifs soient assurés.

Considérons les variétés sélectionnées, dans des cultures à fort niveau d'intrants : la production est nulle lorsque l'apport d'eau est égal ou inférieur à 3 000 m³/ha et croît ensuite lorsqu'augmente l'apport d'eau avec un maximum de 7 500 kg/ha pour un apport d'eau de 6 500 m³/ha environ. Cela traduit **combien l'eau est un facteur important de la production de céréales.**

6 Calculer des rendements énergétiques

a. La production nette des plantes est la quantité de matière organique (ou son équivalent énergétique) résultant directement ou indirectement de la photosynthèse (production brute) diminuée de la quantité de matière organique (ou son équivalent énergétique) dégradée par la respiration des plantes.

b. La quantité d'énergie assimilée par les bovins est de 13 890 – 3 773 soit 10 117 kJ/m²/an. Le rapport assimilation/ingestion est donc de : 10 117/13 890 soit : 0,73 ou 73 %.

c. Le rapport production/assimilation est de 2 168/10 117, soit un peu moins de 22 %. Le rapport production/ingestion est de 73 % × 22 % = 16 %.

d. La partie de la production primaire non ingérée par les bovins et les excréments sont consommés par les décomposeurs de la prairie, ce qui assure un recyclage partiel de la matière.

OBJECTIF BAC

7 L'évolution de la production alimentaire mondiale

Exploitation du document A. a. Durant la période 1964-1966, la proportion de personnes dont l'apport énergétique quotidien était inférieur à 2 200 kcal/jour était de 57 %. Durant la période 1997-1999, elle était de 10 %. Cela témoigne d'une augmentation significative de l'apport alimentaire durant ces trente années. D'un autre coté, le pourcentage de personnes ayant un apport alimentaire supérieur à 3 000 kcal/jour est passé de 20 à 42 %, témoignant d'une amélioration générale du niveau de nutrition de l'humanité.

b. Ce document nuance la conclusion du document précédent en mettant en évidence les personnes sous-alimentées qui dépassaient les 700 millions de personnes à la fin des années 1990. Dans les années 1990, la situation (en nombre de personnes) a même empiré en Asie du Sud et en Afrique subsaharienne. Les perspectives de la FAO pour l'Afrique subsaharienne sont pessimistes car elles prévoient une stabilisation du nombre de personnes sous-alimentées à l'horizon 2030.

Exploitation du document B. Ce document confirme l'amélioration globale de l'apport alimentaire dans les pays en voie de développement durant les trois dernières décennies du XXe siècle : de 2 000 à un peu plus de 2 500 kcal/jour.

On constate aussi la prédominance de l'alimentation végétale dans ces pays : près de 90 % de l'apport alimentaire durant les années 1964-1966 et encore 80 % en 1997-1999. La consommation de viande a un peu plus que doublé en valeur absolue durant ces 30 années, mais elle ne représente à la fin des années 1990 qu'à peine 1/10e de l'apport alimentaire.

Les céréales, et en premier lieu le riz et le blé, jouent un rôle majeur dans l'alimentation de ces populations. Leur part a augmenté en valeur absolue au cours de ces trente années. Les céréales sont d'une importance cruciale pour les disponibilités alimentaires mondiales.

Exploitation du document C. Ce document indique que l'amélioration globale de l'alimentation de l'humanité résulte en premier lieu d'une amélioration sensible de la production de céréales durant les 30 dernières années. **L'augmentation des rendements** est de loin la plus importante source de croissance de la production céréalière mondiale (près des 4/5es lui sont dus). L'accroissement de l'intensité culturale, du nombre de récoltes par an, a contribué pour sa part à 7 % de cette production supplémentaire, alors que 15 % proviennent de l'expansion des terres cultivées.

Exploitation du document D. Le document montre l'augmentation considérable de l'utilisation d'engrais durant les trente dernières années du XXe siècle dans la plupart des régions du monde, en particulier en Asie de l'Est. Seule l'Afrique subsaharienne continue à utiliser très peu d'engrais.

Bilan

La nutrition de l'humanité s'est améliorée durant les trente dernières années du XXe siècle et ce malgré une nette augmentation de la population mondiale. L'accroissement de la production mondiale de céréales, en particulier du riz et du blé, a joué un grand rôle dans cette amélioration.

L'augmentation du rendement des cultures est le facteur majeur de cette augmentation de la production céréalière. Elle est due en partie à l'utilisation considérable d'engrais.

Le corps humain et la santé

www.annabac.com

CHAPITRE

9 Devenir femme ou homme

La différence phénotypique la plus évidente au sein de l'espèce humaine est liée au sexe. La réalisation des phénotypes masculin et féminin s'effectue progressivement au cours de la vie embryonnaire et fœtale pour s'achever à la puberté.

1 Les phénotypes masculin et féminin

A Les phénotypes cellulaires

■ Les cellules des hommes et des femmes possèdent toutes (mis à part les gamètes) 23 paires de chromosomes **(DOCUMENT 1)**.

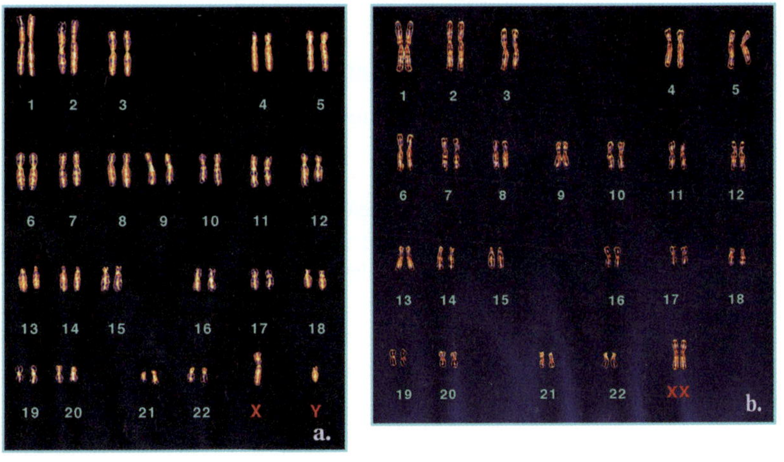

DOCUMENT 1 **Caryotypes humains. a.** Caryotype masculin. **b.** Caryotype féminin.

Vingt-deux de ces paires sont identiques dans les deux sexes (autosomes).

La vingt-troisième paire, qui constitue la paire de chromosomes sexuels, est différente : elle est formée, chez la femme, de deux chromosomes identiques (X et X) et chez l'homme, de deux chromosomes différents (X, semblable à un chromosome X féminin, et Y) **(DOCUMENT 2)**.

▮ La différence entre les phénotypes cellulaires de l'homme et de la femme apparaît dès le stade œuf. Elle est à l'origine des phénotypes morphologiques et physiologiques différents.

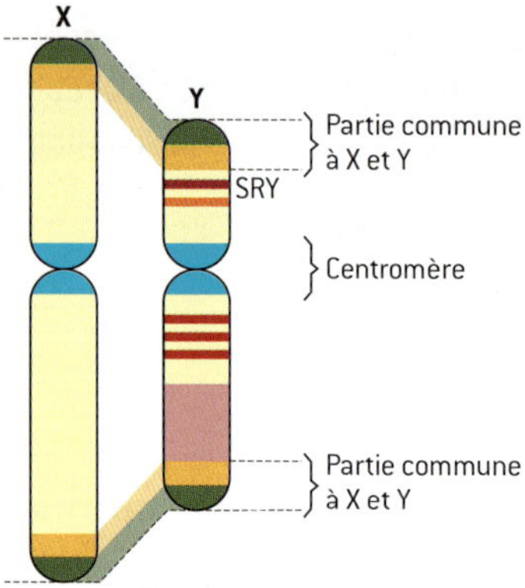

DOCUMENT 2 Représentation schématique des chromosomes sexuels.

B Les phénotypes macroscopiques

1. Les glandes génitales ou gonades (caractères sexuels primordiaux)

Les gonades (testicules ou ovaires) ont une double fonction : produire des **gamètes** et produire des **hormones**.

- Une **hormone** est un messager. C'est une molécule élaborée par des cellules spécialisées de l'organisme, déversée dans le sang (le milieu intérieur) et agissant sur d'autres cellules (ou cellules cibles) qui, en réponse, modifient leur métabolisme. Pour agir, les hormones doivent se fixer à des récepteurs cellulaires spécifiques que seules les cellules cibles possèdent.
- Un **message hormonal** est constitué par la concentration de l'hormone (messager) à un moment donné.

▮ Les gonades diffèrent par les gamètes produits : **spermatozoïdes** pour les testicules et **ovules** pour les ovaires. Elles diffèrent également par les hormones sécrétées : **testostérone et AMH** (hormone antimüllérienne) pour les testicules, **œstrogènes (œstradiol) et progestérone** pour les ovaires.

Les structures responsables de la double fonction sont différentes.

• *Structure du testicule* (DOCUMENT 3)

Le testicule est constitué de deux compartiments : les tubes séminifères et les cellules interstitielles de Leydig. Dans la paroi des **tubes séminifères** se déroule la **spermatogenèse** qui aboutit à la naissance des spermatozoïdes libérés dans la lumière du tube séminifère. Les **cellules interstitielles,** situées entre les tubes séminifères, sécrètent la **testostérone.**

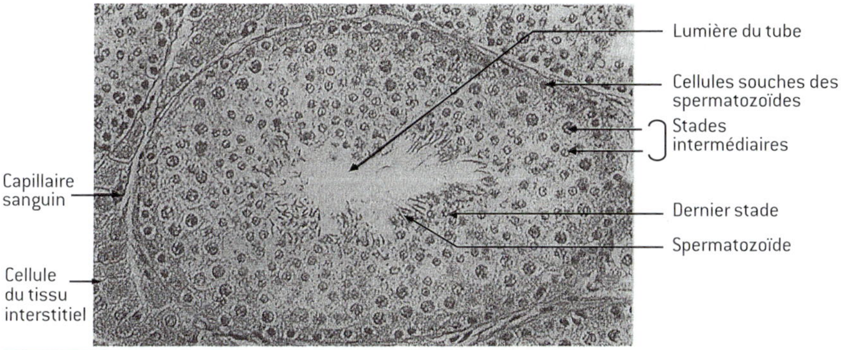

DOCUMENT 3 **Testicule humain : coupe transversale au niveau d'un tube séminifère.**

• *Structure de l'ovaire*

Les structures caractéristiques de l'ovaire sont les follicules ovariens (DOCUMENT 4). Chaque follicule ovarien comprend : un **ovocyte** (futur gamète) et des cellules ovariennes non sexuelles, les **cellules folliculaires**, qui sécrètent les hormones féminines. Les follicules présentent différents stades de développement.

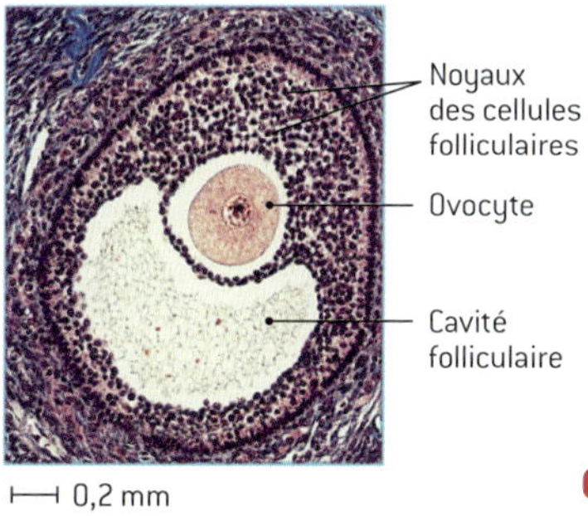

DOCUMENT 4 **Un follicule en voie de développement.**

2. Les voies génitales, les glandes annexes et les organes génitaux externes (caractères sexuels primaires)

Les voies génitales masculines (DOCUMENT 5) sont les canaux (épididymes et spermiductes) qui permettent le transport des spermatozoïdes et leur éjection lors des rapports sexuels, et le pénis, organe d'accouplement. **Les glandes annexes** sont les vésicules séminales et la prostate qui sécrètent le liquide séminal, nutritif pour les spermatozoïdes, avec lesquels il constitue le sperme.

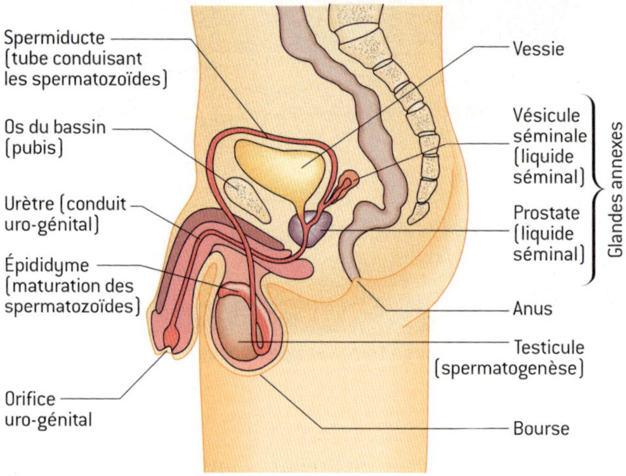

DOCUMENT 5 **Appareil génital masculin.**

Les voies génitales féminines comprennent les oviductes (trompes), l'utérus et le vagin. Le DOCUMENT 6 précise le rôle de chacune de ces régions en schématisant le résultat d'un rapport sexuel ayant abouti à une fécondation. Celle-ci a lieu dans les trompes ; le développement de l'embryon commence dans les trompes et se poursuit dans l'utérus qui est l'organe de la gestation.

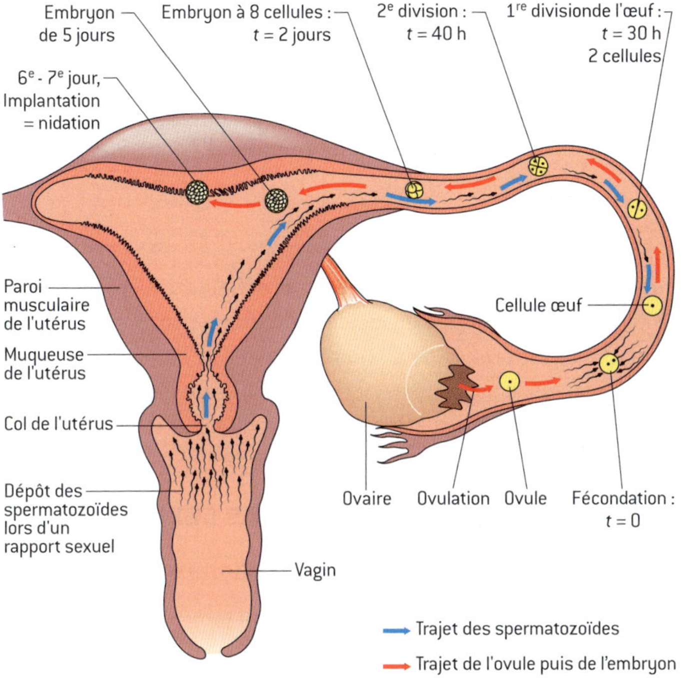

DOCUMENT 6 **Appareil génital féminin (fécondation et devenir de l'embryon).**

3. Les caractères sexuels secondaires

Les caractères sexuels secondaires apparaissent à la puberté.

Chez la femme

Par rapport à l'homme, la femme a une taille moyenne moins élevée, un bassin plus large que les épaules, une moindre pilosité faciale et corporelle, une peau à grain fin, une accumulation de tissu adipeux au niveau des fesses, des cuisses et des hanches, des seins développées, des glandes mammaires fonctionnelles...

Chez l'homme

Par rapport à la femme, l'homme a une taille moyenne plus élevée, des mains et des pieds plus grands, des os du squelette plus épais, une pilosité marquée sur le torse, l'abdomen et le visage, une peau plus épaisse et plus rude, du tissu adipeux s'accumulant essentiellement autour de l'abdomen et de la taille, une musculature développée, une pomme d'Adam marquée, une voix grave...

RÉCAPITULONS

Le phénotype sexuel d'un individu peut se définir au niveau cellulaire par son caryotype. Le phénotype masculin se caractérise par la présence du chromosome Y. La différence de phénotype cellulaire se traduit au niveau des phénotypes macroscopiques par la différence entre les glandes génitales (gonades), les voies génitales et les organes génitaux externes.

2 La réalisation des phénotypes sexuels

A Différenciation durant la vie embryonnaire et fœtale

1. Le stade indifférencié

L'embryon humain de sept semaines, masculin ou féminin, possède un appareil génital non différencié (DOCUMENT 7), comprenant :

- des gonades indifférenciées ;
- des organes génitaux externes non formés ;
- une ébauche des voies génitales masculines (les canaux de Wolff) et une ébauche des voies génitales féminines (les canaux de Müller) qui coexistent.

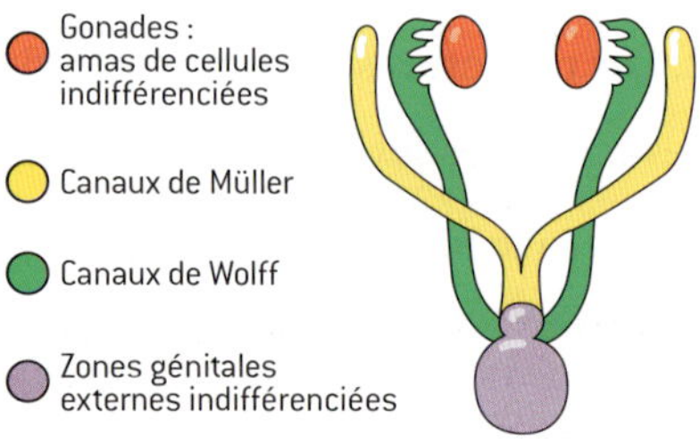

DOCUMENT 7 **Appareil génital indifférencié.**

2. La différenciation des gonades

Le caryotype est seul responsable de la première différenciation entre l'homme et la femme : c'est la différenciation gonadique.

Le chromosome Y **(DOCUMENT 2)** possède un **gène *Sry*** (ou *SRY*) dont l'expression conduit à la différenciation des gonades en **testicules**. En l'absence de ce gène *Sry* (donc chez la femme), les gonades évoluent spontanément en ovaire.

À partir du moment où le testicule est différencié, le rôle du gène *Sry* est terminé.

3. La différenciation des voies génitales masculines (DOCUMENT 8)

- Le testicule fœtal comprend deux compartiments :
– les cordons séminifères (futurs tubes séminifères) avec deux populations cellulaires, les spermatogonies (cellules mères des spermatozoïdes) et les cellules de Sertoli ;
– le tissu interstitiel avec les cellules interstitielles (cellules de Leydig).

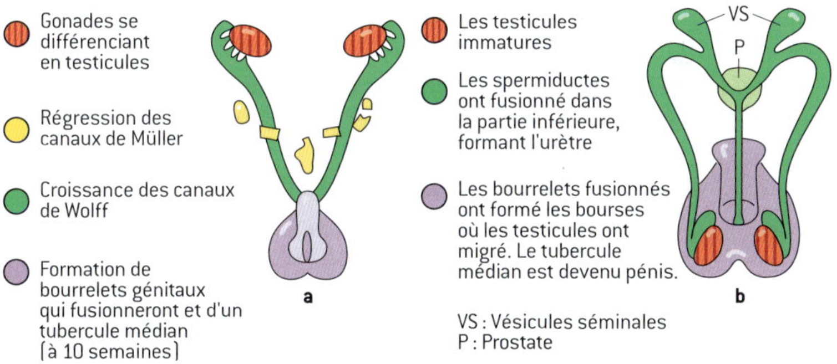

DOCUMENT 8 Différenciation de l'appareil génital masculin.
a. Vers la 8e semaine de la vie embryonnaire. **b.** À la naissance.

- **Les cellules de Leydig et de Sertoli**, dès la 8e-9e semaine, débutent une activité hormonale **(DOCUMENT 9)** : les cellules de Leydig sécrètent la testostérone et les cellules de Sertoli, l'AMH (hormone antimüllérienne).

L'AMH entraîne la dégénérescence des ébauches des canaux féminins (canaux de Müller). **La testostérone** entraîne le développement et la différenciation des voies génitales masculines (canaux de Wolff) en épididyme, spermiductes (canaux déférents) et glandes annexes (prostate et vésicules séminales) ; elle entraîne également la masculinisation des organes génitaux externes.

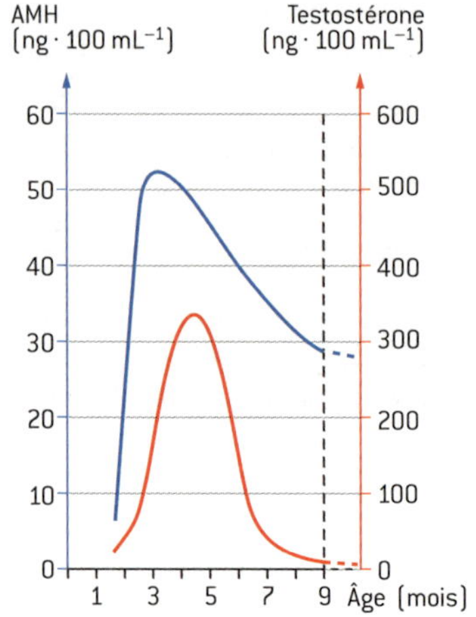

DOCUMENT 9 **Évolution des concentrations de testostérone et d'hormone antimüllérienne (AMH) durant la vie embryonnaire et fœtale.**

4. La différenciation des voies génitales féminines (DOCUMENT 10)

Les ovaires fœtaux ne sont pas indispensables à la différenciation de l'appareil génital féminin.

- **En l'absence de testostérone**, les voies génitales masculines (canaux de Wolff) s'atrophient et disparaissent ; les organes génitaux se développent en organes féminins.
- **En l'absence d'AMH,** les canaux de Müller se développent en voies génitales féminines : oviductes (trompes), utérus et partie supérieure du vagin.

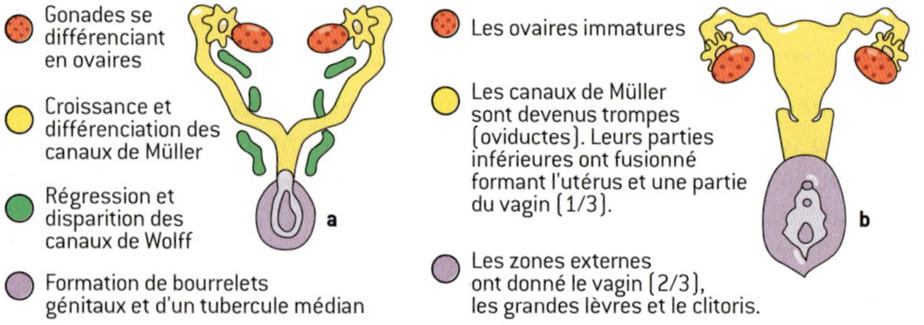

DOCUMENT 10 **Différenciation de l'appareil génital féminin.**
a. À la 12e semaine de la vie fœtale. **b.** À la naissance.

B La puberté et la réalisation des phénotypes adultes

À la puberté, les gonades deviennent fonctionnelles, produisant gamètes et hormones **(DOCUMENT 11)**. Sous l'action de ces hormones, testostérone chez l'homme et œstrogènes chez la femme, les caractères sexuels primaires deviennent fonctionnels et les caractères sexuels secondaires apparaissent et se développent.

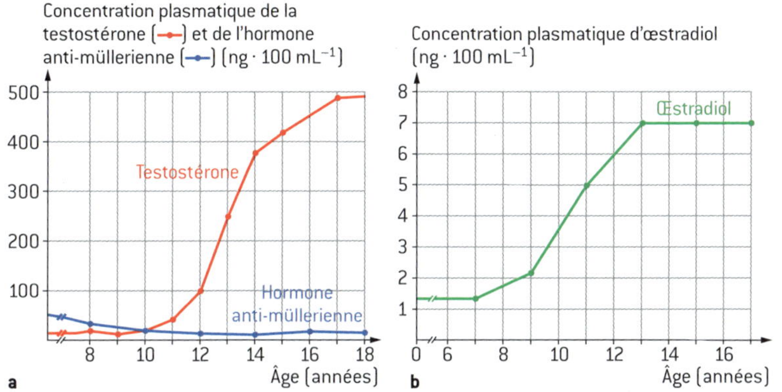

DOCUMENT 11 **a. Hormones testiculaires durant la période prépubertaire et pubertaire.**
b. Hormone ovarienne (œstradiol) durant la période prépubertaire et pubertaire.

RÉCAPITULONS

- Le gène *Sry* porté par le chromosome Y détermine la différenciation des gonades en testicules. En l'absence de ce gène, les gonades se développent en ovaires.
- La différenciation des voies génitales et des organes génitaux externes masculins est liée à l'action des hormones (testostérone et AMH) sécrétées par les testicules.
- En l'absence de ces hormones, les voies génitales et les organes génitaux externes deviennent féminins.
- L'achèvement de la réalisation du phénotype adulte a lieu durant la puberté lorsque débute l'activité des gonades (production de gamètes et d'hormones).

3 Les phénotypes sexuels adultes fonctionnels

A Chez l'homme

- Le **phénotype masculin** persiste toute la vie. En particulier, la concentration plasmatique de testostérone reste relativement constante (entre 300 et 1 200 ng/mL) ; le maintien de cette concentration est indispensable à la fonctionnalité de l'appareil génital et donc à la procréation. La castration, par exemple, est suivie d'une régression des vésicules séminales et de la prostate qui cessent de produire le liquide séminal.

La testostérone est nécessaire à la réalisation d'une spermatogenèse complète : elle agit sur les cellules de Sertoli des tubes séminifères dont la fonction principale est de régler les étapes de la différenciation des cellules germinales en gamètes.

- **Par son action sur les centres nerveux,** la testostérone est aussi indispensable au comportement reproducteur. La castration est suivie d'une disparition plus ou moins nette des composantes du comportement sexuel.

B Chez la femme

- La différenciation de l'ovaire durant la vie fœtale est caractérisée par la formation d'un stock définitif (environ 400 000) de follicules ovariens dits primordiaux (30 µm de diamètre) formés d'un ovocyte entouré de quelques cellules folliculaires.

Jusqu'à la puberté, certains de ces follicules entament un développement jusqu'au stade follicule cavitaire jeune (1 à 3 mm de diamètre ; voir DOCUMENT 4 mais ils finissent par dégénérer : le nombre de follicules diminue donc constamment à partir de la naissance.

1. Le cycle des structures ovariennes

- Dans l'espèce humaine, **l'activité ovarienne est cyclique (cycle ovarien)**, contrairement à celle du testicule. On parle de **cycle menstruel :** le début des règles marque la fin d'un cycle et le début du suivant.

• **Menstruel** (du latin *menstrualis,* « mensuel »).
Le cycle ovarien a une durée moyenne de 28 jours chez la femme occidentale mais peut être plus court (moins de 25 jours) ou plus long (plus de 35 jours).
• **Règles** (menstruation)
Événement le plus visible du cycle menstruel qui se traduit périodiquement par un écoulement vaginal de sang chez la femme non enceinte. Ce cycle a lieu de la puberté à la ménopause.

Chaque cycle ovarien comprend deux phases, la phase folliculaire (préovulatoire) et la phase lutéale (post-ovulatoire) séparées par l'ovulation **(DOCUMENT 12)** :
– **au début d'un cycle**, une cohorte de follicules cavitaires de 3 à 5 mm de diamètre croissent ;
– **vers le 7e ou le 8e jour**, tous les follicules dégénèrent sauf un, le follicule dominant, qui poursuit sa croissance (20 à 25 mm de diamètre) et atteint sa maturité vers le 14e jour ;
– **au 14e jour**, l'ovocyte (ovule) est expulsé du follicule et de l'ovaire : c'est la **ponte ovulaire** ;
– **après l'expulsion de l'ovocyte**, les cellules de la paroi du follicule se multiplient et celui-ci devient un organe plein, richement vascularisé, le **corps jaune**.
– **huit à dix jours après la ponte ovulaire**, le corps jaune commence sa dégénérescence, qui est complète 4 à 6 jours plus tard et est associée au début des règles. Durant cette phase post-ovulatoire, aucun follicule cavitaire ne se développe dans les ovaires.

2. Le cycle des hormones ovariennes

Le cycle des structures ovariennes s'accompagne d'un cycle des hormones ovariennes **(DOCUMENT 12C)** avec trois caractéristiques essentielles :
– **l'œstradiol** est seul présent durant la phase folliculaire ; sa concentration plasmatique augmente (1) avec le nombre de cellules folliculaires qui le sécrètent durant la croissance des follicules, puis celle du follicule dominant seul ;
– **le pic d'œstradiol** (2), 48 heures avant la ponte ovulaire ;
– **la progestérone** est présente uniquement durant la phase lutéale (3) ; elle est sécrétée par le corps jaune qui continue également à produire de l'œstradiol.

La dégénérescence du corps jaune entraîne la chute des concentrations d'œstradiol et surtout de celle de progestérone qui devient nulle (4). Cette chute marque la fin du cycle menstruel.

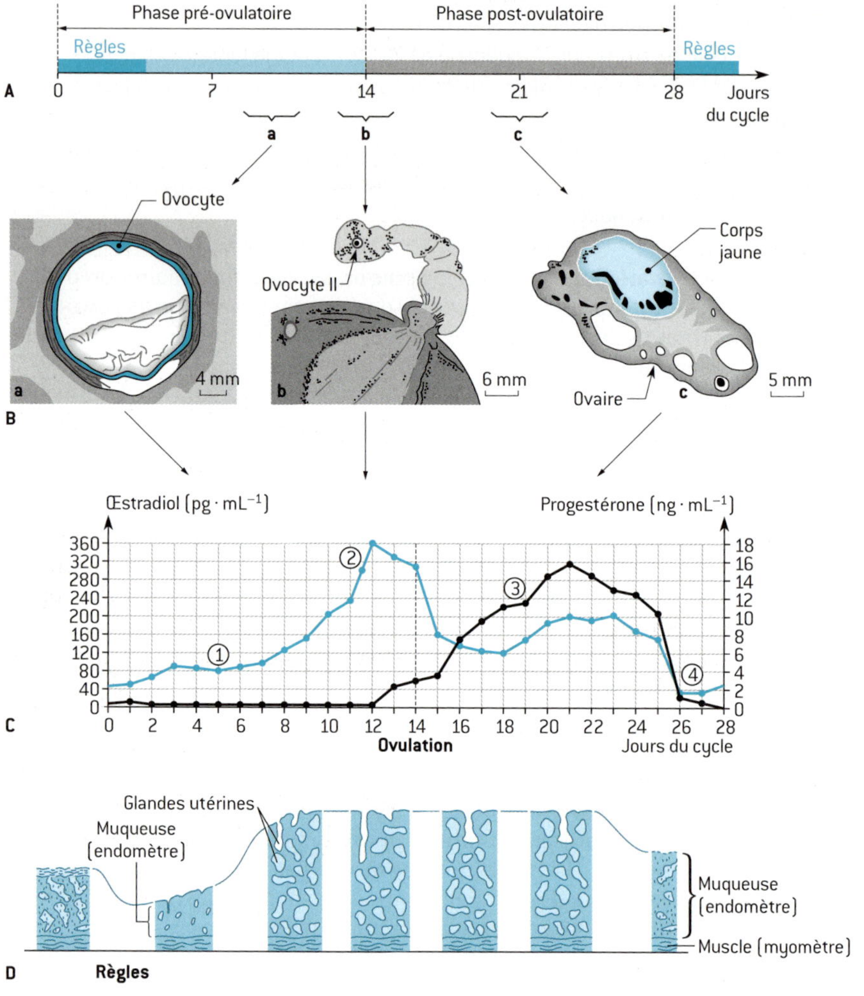

DOCUMENT 12 **Les différents événements du cycle menstruel.**

3. Le cycle des voies génitales

Le cycle des hormones ovariennes détermine un cycle de leurs organes cibles : l'utérus et le col de l'utérus (DOCUMENT 12D).

Durant la phase folliculaire

À la fin des règles, la muqueuse utérine, en grande partie détruite, est réduite à sa partie basale (épaisseur 0,5 mm). Durant la phase folliculaire, la sécrétion d'**œstradiol** entraîne sa **cicatrisation** qui se traduit par un épaississement de 3 à 4 mm au moment de l'ovulation. Sous l'action de l'œstradiol, les cellules de la muqueuse acquièrent également des **récepteurs à la progestérone.**

Le pic d'œstradiol conduit à la production par les cellules du col de l'utérus d'un mucus abondant, à mailles larges, autorisant le passage des spermatozoïdes (DOCUMENT 13). En dehors de cette période, le mucus est imperméable aux gamètes mâles. L'œstradiol stimule la contractilité du muscle utérin (myomètre), contribuant ainsi à la progression des spermatozoïdes vers le lieu de la fécondation (DOCUMENT 5). Le pic d'œstradiol prépare ainsi à la **fécondation**.

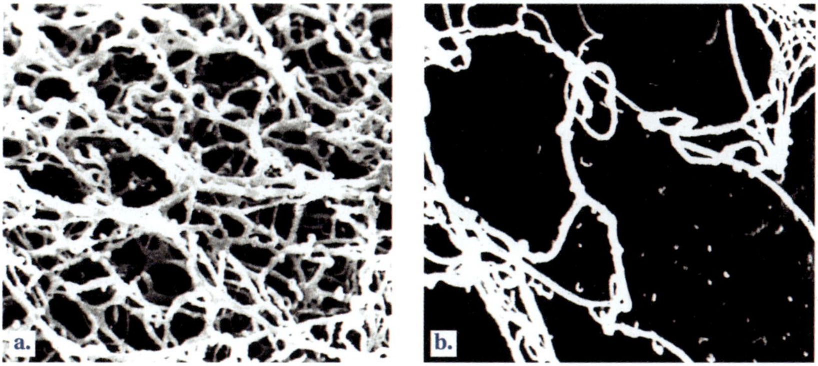

DOCUMENT 13 Mucus cervical.
a. Vers le 6e jour du cycle. **b.** Au 14e jour du cycle, il permet le passage des spermatozoïdes.

Durant la phase lutéale

La progestérone inhibe la contractilité du myomètre et agit sur la muqueuse utérine en la préparant à héberger un embryon : les glandes utérines deviennent fonctionnelles, se ramifient, s'allongent, donnant à la muqueuse, très développée et abondamment irriguée, un aspect en dentelle. Par ces deux actions, **la progestérone est indispensable à la gestation.** Elle agit en outre sur les glandes du col de l'utérus qui sécrètent alors à nouveau un mucus peu abondant à mailles serrées, imperméable aux gamètes mâles.

En l'absence de gestation, l'arrêt des sécrétions hormonales, en particulier celle de la progestérone par le corps jaune, a pour conséquence la désintégration d'une partie de la muqueuse utérine et des capillaires sanguins qui l'irriguent, processus à l'origine des **règles**.

4. Conséquences comportementales

Chez la plupart des femelles de mammifères, la manifestation la plus notable du cycle sexuel est le comportement d'œstrus (rut, chaleurs) contemporain de l'ovulation : c'est la seule période durant laquelle la femelle est attractive pour le mâle et accepte l'accouplement. On parle de **cycle œstrien**, le terme de **cycle menstruel** étant réservé aux primates.

Seuls les **primates catarrhiniens** (babouin, macaque, gibbon, orang-outan, gorille, chimpanzé et Homme) ont des règles.

Chez les Hominidés (gorille, chimpanzé, Homme), la période des rapports sexuels occupe une grande partie du cycle sexuel. L'**espèce humaine** est cependant la seule où la sexualité ne paraît pas corrélée au cycle menstruel.

RÉCAPITULONS

- À partir de la puberté, les testicules produisent de façon continue des spermatozoïdes et de la testostérone.
- Le fonctionnement de l'appareil génital féminin est cyclique : émission d'un ovocyte (ovule) par mois et sécrétion cyclique d'hormones ovariennes qui, en agissant sur les voies génitales, les préparent à la fécondation (durant la phase folliculaire, pré-ovulatoire), puis à la gestation (durant la phase lutéale, post-ovulatoire).

SCHÉMA BILAN

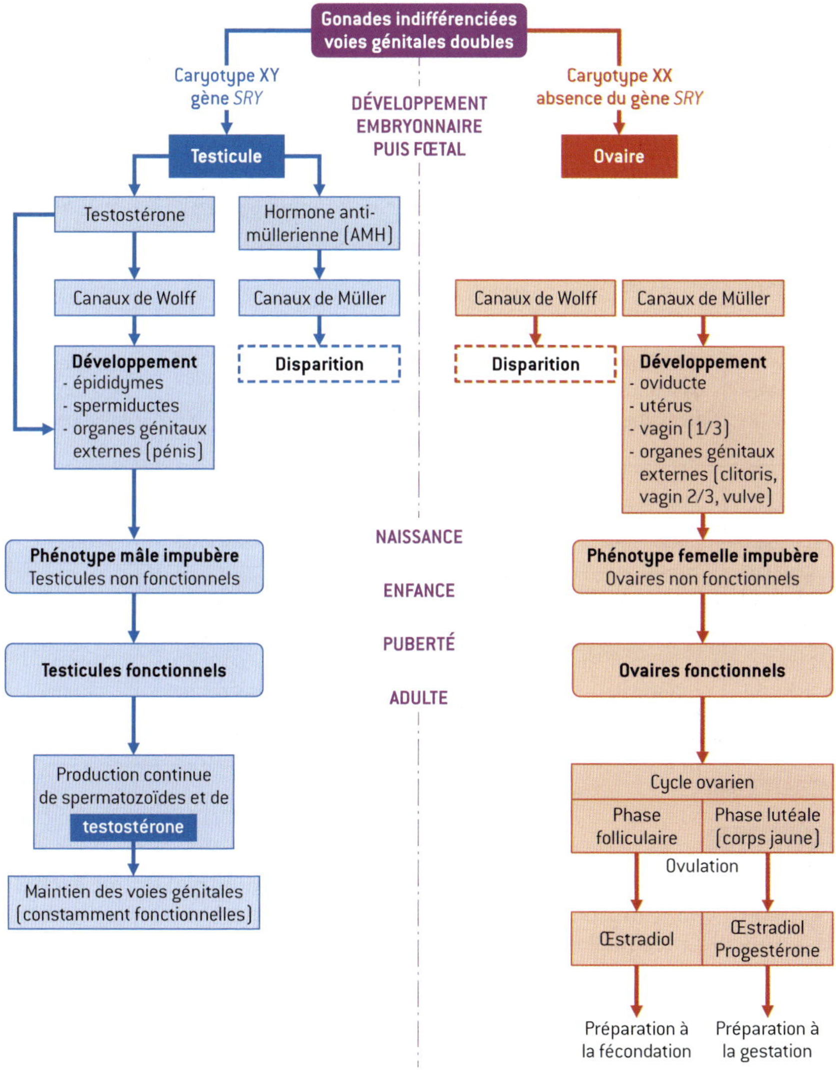

DOCUMENT 14 **Canyotype, différenciation des gonades et réalisation du phénotype sexuel.**

Appliquer la méthode comparative

ÉNONCÉ

À partir des seules informations extraites du **DOCUMENT 15** précisez quelques aspects des rôles respectifs des chromosomes X et Y dans la détermination du phénotype sexuel.

	Homme normal	Femme normale	Individu atteint du syndrome de Turner	Individu atteint du syndrome de Klinefelter	Individu triploïde X
Caryotype	44 + XY (46,XY)	44 + XX (46,XX)	44 + X0 (45,X0)	44 + XXY (47,XXY)	44 + XXX (47,XXX)
Gonades	Testicules fonctionnels Spermatogenèse	Ovaires fonctionnels Divers types de follicules	Ovaires atrophiés Pas de follicules primordiaux	Testicules infantiles Spermatogenèse en général nulle	Ovaires le plus souvent fonctionnels
Voies génitales et organes génitaux externes	Masculins	Féminins	Féminins	Masculins	Féminins
Puberté	Normale	Normale	Aucun signe de caractères sexuels secondaires	Caractères sexuels secondaires masculins peu marqués	Normale (le plus souvent)

DOCUMENT 15

MÉTHODE

Lorsque vous avez à exploiter plusieurs données d'observation ou expérimentales, il faut utiliser la méthode comparative, c'est-à-dire comparer les données pour lesquelles les conditions d'observation ou expérimentales ne diffèrent que par **un seul facteur** (ou paramètre). Les différences peuvent alors être attribuées à ce facteur. Il ne faut donc pas exploiter les données une à une.

De plus, les conclusions tirées des comparaisons deux à deux peuvent parfois se compléter.

La comparaison des personnes XX et XY est sans grand intérêt, car elles diffèrent par deux éléments de leur caryotype : dans un cas, le deuxième chromosome sexuel est un chromosome X ; dans l'autre cas, c'est un chromosome Y. On ne peut donc savoir si la différence phénotypique est due au chromosome X, au chromosome Y ou aux deux.

CORRIGÉ

Comparaison 46, XY et 45, XO

Les personnes de caryotype 46XY ont un phénotype masculin fonctionnel, alors que celles de caryotype 45XO ont un phénotype féminin non fonctionnel. La présence du chromosome Y permet donc la réalisation d'un phénotype masculin fonctionnel.

Comparaison 46, XX et 47, XXY

Par rapport aux personnes de caryotype 46XX, les personnes 47XXY ont un chromosome Y en plus. Cela entraîne une différence phénotypique considérable, puisque les personnes XXY ont un phénotype masculin contrairement aux personnes XX qui sont des femmes. Malgré la présence de deux chromosomes X, le chromosome Y a orienté la différenciation sexuelle vers la voie mâle. Ceci renforce la conclusion précédente sur le rôle primordial joué par le chromosome Y dans la masculinisation de l'organisme. Toutefois, les personnes XXY sont souvent stériles, ce qui indique que la présence de deux chromosomes X, même si elle n'empêche pas la réalisation du phénotype masculin, rend les testicules non ou peu fonctionnels.

Comparaison 46, XX et 46, XO

La différence porte sur la présence ou non d'un deuxième chromosome X. Dans les deux cas, le phénotype est féminin, mais les personnes XO ont des ovaires atrophiés non fonctionnels car sans follicules ; cela est associé à l'absence de puberté. La présence de deux chromosomes X est donc indispensable à la réalisation complète du phénotype féminin (en l'absence du chromosome Y).

Comparaison 46, XX et 47, XXX

Les personnes XXX sont des femmes fertiles. La présence d'un chromosome X supplémentaire par rapport au caryotype habituel des femmes n'a pas d'effet sur la réalisation du phénotype sexuel.

Bilan

Le chromosome Y joue un rôle majeur dans la différenciation vers le phénotype masculin mais la présence de deux chromosomes X est indispensable à la réalisation d'un phénotype féminin fertile.

SE TESTER QUIZ

1 La testostérone

Parmi les affirmations suivantes, relever celles qui sont inexactes et les corriger.

La testostérone :

☐ **a.** est sécrétée de façon constante de la vie fœtale à l'âge adulte

☐ **b.** provoque la disparition des canaux de Müller chez l'embryon mâle

☐ **c.** est indispensable à la spermatogenèse chez l'adulte

☐ **d.** n'agit, en ce qui concerne la production de sperme, que sur la production de spermatozoïdes

☐ **e.** est sécrétée par les cellules de Sertoli des tubes séminifères.

2 L'AMH

Parmi les affirmations suivantes, relever celles qui sont inexactes et les corriger.

L'AMH (hormone antimüllérienne) :

☐ **a.** est sécrétée par les cellules interstitielles (cellules de Leydig) du testicule fœtal

☐ **b.** ne joue pas un rôle important après la puberté chez le mâle

☐ **c.** provoque le développement des canaux mâles chez le fœtus mâle

☐ **d.** entraîne chez le fœtus femelle la différenciation des voies génitales en trompes, utérus et vagin.

3 L'œstradiol

Parmi les affirmations suivantes, relever celles qui sont inexactes et les corriger.

L'œstradiol :

☐ **a.** est une hormone sécrétée par les cellules folliculaires

☐ **b.** joue un rôle important dans la différenciation de l'appareil génital féminin au cours du développement fœtal

☐ **c.** atteint son maximum de concentration au moment des règles

☐ **d.** facilite la fécondation par son action sur l'appareil génital féminin.

4 La progestérone

Parmi les affirmations suivantes, relever celles qui sont inexactes et les corriger.

La progestérone :

- ☐ **a.** atteint sa concentration maximale au moment de l'ovulation
- ☐ **b.** exerce une action sur le col de l'utérus et par là sur les caractéristiques du mucus cervical
- ☐ **c.** est indispensable à l'implantation de l'embryon dans la paroi utérine
- ☐ **d.** est produite par le corps jaune.

5 Notions clés

La liste ci-dessous indique un certain nombre de structures, de phénomènes et des données sur les hormones ovariennes intervenant au cours du cycle menstruel.

Rassembler celles qui peuvent coexister durant les phases folliculaires, ovulatoires (péri-ovulatoire), lutéale et à la fin d'un cycle – début du suivant.

- ☐ **a.** Fort taux de progestérone dans le sang
- ☐ **b.** Follicule ovarien près d'ovuler
- ☐ **c.** Mucus cervical abondant, fluide, à mailles larges, perméable aux gamètes mâles
- ☐ **d.** Présence à la fois d'œstradiol et de progestérone dans le sang
- ☐ **e.** Écoulement sanguin par le vagin
- ☐ **f.** Muscle utérin (myomètre) très peu contractile
- ☐ **g.** Cohorte de follicules en développement
- ☐ **h.** Quasi-absence de progestérone dans le sang
- ☐ **i.** Présence d'un corps jaune fonctionnel
- ☐ **j.** Moment où la concentration d'œstradiol est maximale
- ☐ **k.** Muqueuse utérine peu épaisse en partie détruite
- ☐ **l.** Moment où les concentrations d'œstradiol et de progestérone chutent.

S'ENTRAÎNER

6 Un follicule ovarien

En exploitant les informations extraites du DOCUMENT 16, relever les affirmations inexactes et les corriger.

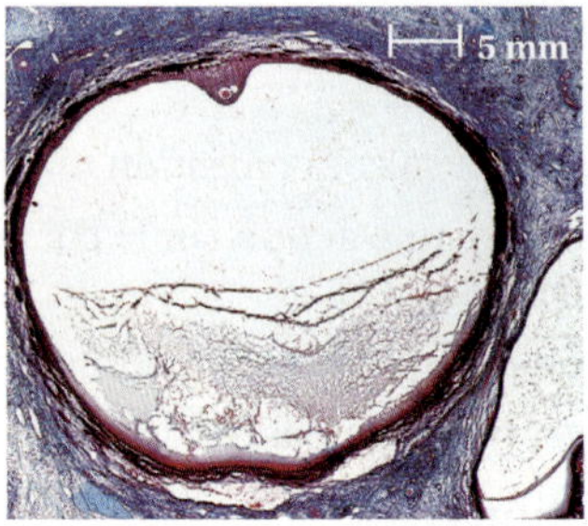

DOCUMENT 16 Un follicule dans un ovaire.

Une telle structure dans un ovaire :

☐ **a.** est possible chez une fille impubère

☐ **b.** est caractéristique de la phase post-ovulatoire du cycle ovarien

☐ **c.** est associée à l'arrivée des règles dans les deux jours qui suivent

☐ **d.** est associée à un pic d'œstradiol.

7 Le garçon à utérus

Chez un garçon de 10 ans ayant un appareil génital externe normal, une intervention chirurgicale a révélé la présence d'un utérus dans l'abdomen.

À partir des informations extraites des DOCUMENTS A ET B, proposer une hypothèse quant à l'origine de l'anomalie observée.

DOCUMENT A Différents examens ont été réalisés pour déterminer l'origine de l'anomalie :
– une étude du caryotype a révélé la présence de 46 chromosomes dont les deux chromosomes sexuels X et Y ;
– des dosages hormonaux ont été effectués.

Hormones dosées	Valeurs chez le garçon à utérus	Valeurs normales
Testostérone (nmol.L^{-1})	30	10 à 38
AMH (pmol.L^{-1})	350	300 à 400 (jusqu'à la puberté)

DOCUMENT B Pour tester la possibilité de liaison de l'hormone AMH avec son récepteur membranaire, de nature protéique, on réalise l'expérience suivante :
- on introduit le gène humain du récepteur à l'AMH dans des cellules animales ;
- on réalise une culture *in vitro* de ces cellules ;
- ces cellules sont ensuite mises en présence d'AMH radioactive ;
- après rinçage, on pratique une autoradiographie pour révéler la présence éventuelle de l'AMH dans les cellules en culture.

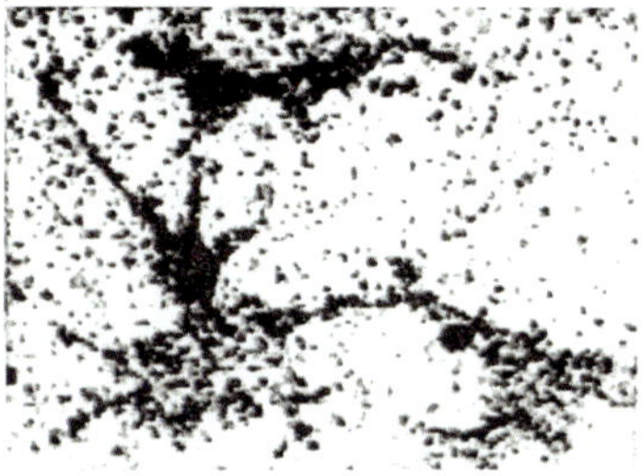
Autoradiographie de cellules exprimant le récepteur de l'AMH d'un sujet témoin

Croquis de ces cellules en culture

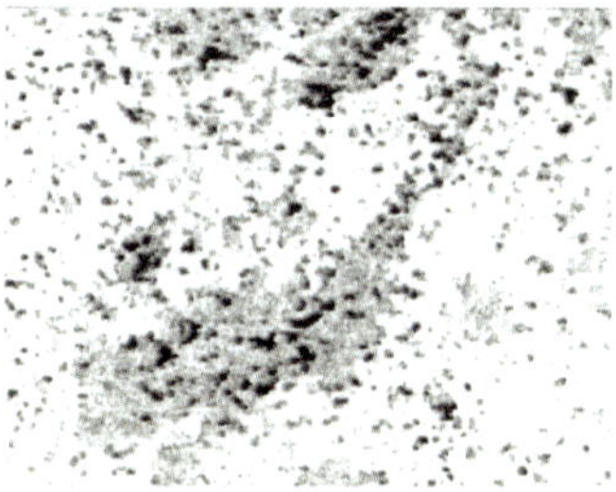
Autoradiographie de cellules exprimant le récepteur de l'AMH du garçon avec utérus

Croquis de ces cellules en culture

L'expérience a été réalisée avec le gène du garçon à utérus et avec le gène d'un sujet témoin.

Repérer tout d'abord l'anomalie à expliquer. Revoir les caractéristiques des cellules cibles d'une hormone.
Sans réciter ce que vous savez sur l'AMH, il faut commencer par le rôle attendu de l'AMH pour bien préciser le problème à résoudre.

8 La différenciation de l'appareil génital

À partir des seules informations extraites de l'exploitation du DOCUMENT C, dégager certains des mécanismes qui interviennent dans la différenciation de l'appareil génital masculin.

	Caryotype	Organes génitaux externes	Organes génitaux internes	Gonades
Sujet A	44 + XY	Féminins	Féminins	Fibreuses sans cellules germinales
Sujet B	44 + XY	Féminins	Pas de voie génitale féminine sauf partie inférieure du vagin Pas de voies génitales masculines	Testicules
Sujet C	44 + XY	Masculins	Masculins	Testicules

DOCUMENT C **Caryotypes et phénotypes de trois sujets A, B et C.**

L'analyse de l'ADN des sujets A, B et C a révélé :
– que l'allèle du gène *SRY* porté par le chromosome Y du sujet A est un allèle muté qui code pour une protéine tronquée non fonctionnelle ;
– que le sujet B possède sur son chromosome X un allèle muté d'un gène qui code le récepteur à la testostérone ;
– que le sujet C ne présente aucune mutation, ni sur le gène *SRY*, ni sur le gène du récepteur à la testostérone.

N'oubliez pas d'utiliser la méthode comparative en repérant bien le sujet témoin de référence.

OBJECTIF BAC

9 Perturbation du développement de l'appareil génital

Des études montrent que les fils de femmes traitées au cours des années 1950-1970 pendant leur grossesse par le distilbène, un agoniste fort des œstrogènes, présentent une augmentation des malformations génitales, d'altération de la descente testiculaire ainsi qu'une altération de la qualité du sperme... Cela a laissé penser que les œstrogènes perturbent le développement de l'appareil génital masculin.

Une molécule agoniste des œstrogènes est une molécule interagissant avec un récepteur membranaire des œstrogènes et activant celui-ci.

À partir de l'exploitation des documents et à l'aide de vos connaissances, montrer comment les molécules agonistes des œstrogènes peuvent altérer le développement de l'appareil génital mâle.

Rappelez-vous les conventions d'écriture du génotype ; – signifie que c'est un allèle muté codant pour un récepteur non fonctionnel.

On sait que des récepteurs des œstrogènes, notés ERa, sont présents dans le testicule dès les premiers stades de différenciation. ERa a ainsi été détecté dès 10 jours de gestation dans la gonade indifférenciée de la souris. Ce récepteur est localisé dans les cellules interstitielles de Leydig des testicules fœtaux de rongeurs.

Des testicules de souris prélevés à 13 jours et demi de gestation sont placés en culture pendant 72 heures dans un milieu contenant du distilbène. Le milieu de culture est renouvelé chaque 24 heures et la concentration en testostérone contenue dans le milieu est mesurée.

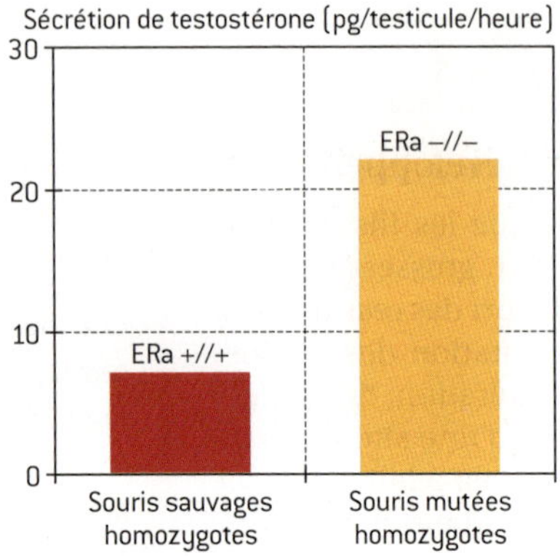

DOCUMENT A Sécrétion *in vitro* de testostérone par des testicules fœtaux.

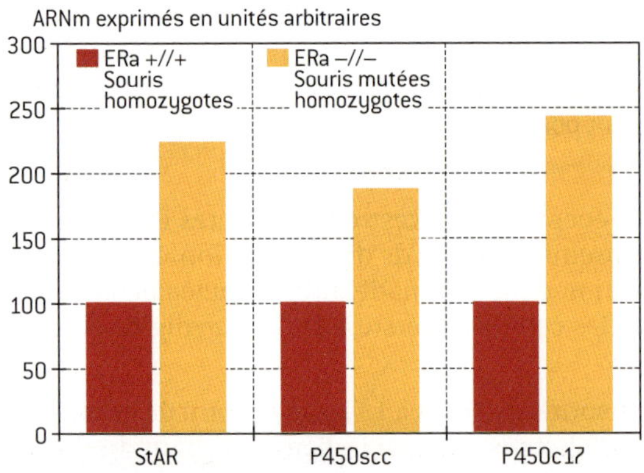

DOCUMENT B Synthèse des ARNm correspondant aux protéines StAR, P450scc et P450c17 dans le cytoplasme des cellules interstitielles de Leydig des testicules fœtaux de souris sauvages et de souris homozygotes mutées.

On évalue la quantité d'ARN messager exprimée dans les cellules interstitielles des testicules fœtaux placés en culture pendant 72 heures dans un milieu contenant du distilbène. StAR, P450scc, P450c17 sont trois protéines enzymatiques impliquées dans la synthèse de la testostérone.

SE TESTER

1 La testostérone

a. Faux. La testostérone est très peu sécrétée de la naissance à la puberté.

b. Faux. La testostérone n'agit pas sur les canaux de Müller ; c'est l'hormone AMH, aussi produite par les testicules fœtaux, qui entraîne la disparition des canaux de Müller.

c. Exact.

d. Faux. La testostérone, par son action sur les vésicules séminales et la prostate, est indispensable à la production du liquide séminal.

e. Faux. La testostérone est sécrétée par les cellules interstitielles des testicules.

2 L'AM

a. Faux. L'AMH est sécrété par les cellules de Sertoli des tubes séminifères.

b. Exact.

c. Faux. C'est la testostérone et non l'AMH qui provoque le développement et la différenciation des canaux mâles (de Wolff) chez le fœtus mâle.

d. Faux. L'AMH, au contraire, entraîne la disparition des canaux de Müller et n'est pas produite chez le fœtus femelle.

3 L'œstradiol

a. Exact.

b. Faux. Contrairement aux hormones produites par les testicules fœtaux, l'œstradiol n'a pas d'action sur le développement des voies génitales femelles.

c. Faux. C'est peu avant l'ovulation que la concentration d'œstradiol atteint son maximum (pic d'œstradiol) ; ce taux est bas au moment des règles.

d. Exact.

4 La progestérone

a. Faux. La progestérone sécrétée par le corps jaune atteint sa concentration maximale au milieu de la phase lutéale (phase post-ovulatoire) du cycle menstruel.

b, c, d. Exact.

5 Notions clés

Structures, phénomènes et données sur les hormones pouvant coexister :
– Pendant la phase folliculaire : **g**, **h**
– Pendant la phase ovulatoire (péri-ovulatoire) : **b**, **c**, **j**
– Pendant la phase lutéale : **a**, **d**, **f**, **i**
– Fin d'un cycle – début du suivant : **e**, **k**, **l**.

S'ENTRAÎNER

6 Un follicule ovarien

Grâce à l'échelle, on voit que le diamètre du follicule est de 25 mm environ, ce qui, associé à la présence d'une grande cavité folliculaire, indique un follicule mature sur le point d'ovuler. La présence de l'ovocyte dans le follicule indique que l'ovulation n'a pas encore eu lieu. En conséquence, les affirmations **a**, **b** et **c** sont inexactes. En revanche l'affirmation **d** est correcte.

7 Le garçon à utérus

L'organisation normale de l'appareil génital mâle est en accord avec le caryotype aux chromosomes sexuels X et Y. L'anomalie chez ce garçon réside dans la présence d'un utérus. Les concentrations de testostérone et d'AMH du garçon sont normales. On peut estimer qu'elles l'ont aussi été pendant sa vie fœtale. Autrement dit, pendant la vie fœtale, les testicules de ce garçon ont sécrété normalement de la testostérone et de l'AMH. Il faut donc trouver pourquoi l'AMH, qui entraîne normalement la suppression des canaux de Müller à l'origine des voies génitales féminines, n'a pas agi.

Deux explications sont à priori possibles :
– l'AMH est inefficace par suite d'une mutation du gène qui la code ;
– l'AMH est normale, mais n'a pas agi sur les canaux de Müller durant la vie fœtale, car ces derniers ne possédaient pas de récepteurs à l'AMH fonctionnels.

Les données expérimentales fournies permettent de tester cette seconde hypothèse. En effet, les cellules animales transgéniques dans lesquelles on a introduit le gène du récepteur à l'AMH **d'un témoin** (homme sans utérus) sont couvertes de grains d'argent, ce qui signifie qu'elles ont fixé de l'AMH radioactive. Cela indique la présence de récepteurs fonctionnels à l'AMH : le gène du récepteur à l'AMH s'est donc exprimé dans les cellules où on l'a introduit.

En revanche, les cellules transgéniques dans lesquelles on a introduit le gène du récepteur à l'AMH du garçon ne sont pratiquement pas recouvertes de grains d'argent, ce qui signifie qu'elles n'ont pas fixé d'AMH. Le gène du récepteur à l'AMH du garçon n'a pas permis la synthèse de ces récepteurs ou a codé des récepteurs défectueux ne fixant que très mal l'AMH.

Conclusion. Le garçon possède deux allèles mutés du gène qui code pour les récepteurs à l'AMH. En conséquence, au cours de la vie fœtale, les cellules des canaux de Müller ne possédaient pas de récepteurs fixant efficacement l'AMH. L'AMH n'a donc pas eu d'action sur les canaux de Müller qui ont continué leur différenciation et formé notamment un utérus.

8 La différenciation de l'appareil génital

Le sujet C dont les gonades, les organes génitaux internes et externes sont conformes au caryotype masculin, est le **sujet témoin**.

Les sujets A et C ont le même caryotype avec notamment une paire de chromosomes sexuels X et Y. La différence réside dans le fait que le sujet A possède un gène muté *SRY* codant pour une protéine non fonctionnelle. Les différences phénotypiques entre les sujets A et C sont donc dues à cette différence génétique. Le sujet A a des gonades fibreuses, sans cellules germinales, la différenciation des gonades en testicules n'a pas eu lieu durant la vie fœtale. On peut en conclure que le gène *SRY* est indispensable à la différenciation des gonades en testicules.

En outre, la différenciation des organes génitaux externes et internes ne s'est pas faite conformément au caryotype XY. Deux interprétations sont à priori possibles. Suivant la première, l'évolution vers un phénotype féminin (et non masculin) a eu lieu à cause de l'absence de testicules. Suivant la seconde, le gène *SRY*, en s'exprimant dans les voies génitales indifférenciées, est à l'origine de leur différenciation vers un type masculin. S'il est muté, ces voies évoluent vers le type féminin.

Les sujets B et C ont un caryotype masculin avec un gène *SRY* fonctionnel. Le fait que le sujet B possède des testicules conforte la conclusion sur le rôle du gène *SRY* dans la différenciation des gonades en testicules.

Contrairement au sujet C, le sujet B possède un gène qui code pour un récepteur à la testostérone non fonctionnel. En conséquence, la testostérone, hormone produite par les testicules, n'agit pas sur ses cellules cibles chez le sujet B contrairement à ce qui se passe pour le témoin C.

Le sujet B a des organes génitaux externes de type féminin : on peut en conclure que **la testostérone** provoque la masculinisation des organes génitaux externes au cours de la vie fœtale.

Le sujet B n'a pas de voies génitales masculines : **la testostérone** est donc indispensable au développement des voies génitales mâles au cours de la vie fœtale.

Les sujets B et C n'ont pas de voies génitales féminines. L'absence de récepteurs à la testostérone chez le sujet B n'a pas eu d'effet sur les voies génitales féminines. La testostérone n'agit donc pas sur les voies génitales féminines (canaux de Müller).

Conclusion. Le gène *SRY* entraîne uniquement la différenciation des gonades en testicules. La testostérone produite par les testicules fœtaux est indispensable au développement des voies génitales mâles et à la masculinisation des organes génitaux externes. Mais la testostérone n'a pas d'action sur les voies génitales femelles qui, chez le fœtus mâle, disparaissent que la testostérone soit active ou non.

OBJECTIF BAC

9 Perturbation du développement de l'appareil génital

Exploitation du document A. Les cellules interstitielles des testicules fœtaux des souris sauvages homozygotes $ERa^+//ERa^+$ possèdent des récepteurs aux œstrogènes. Les cellules interstitielles des souris homozygotes $ERa^-//ERa^-$ ne possèdent pas de récepteurs aux œstrogènes, car elles possèdent des allèles non fonctionnels du gène. En conséquence, les cellules homozygotes $ERa^-//ERa^-$ **sont insensibles aux œstrogènes** contrairement aux cellules $ERa^+//ERa^+$.

Les cellules interstitielles de génotype $ERa^+//ERa^+$ mises en culture en présence de distilbène, agoniste des œstrogènes, sécrètent environ trois fois moins de testostérone que les cellules insensibles aux œstrogènes. Cela indique que le distilbène a une **action inhibitrice** sur la **production de testostérone** par les testicules.

Exploitation du document B. Par rapport aux cellules insensibles aux œstrogènes, les cellules interstitielles sensibles ont environ deux fois moins d'ARN messagers pour les trois gènes considérés en présence de distilbène. On en conclut que le distilbène inhibe l'expression (plus précisément la transcription) de ces trois gènes impliqués dans la chaîne de biosynthèse de la testostérone.

Bilan

Le distilbène pris par les femmes enceintes et passé dans le sang du fœtus mâle a pu agir sur les cellules de Leydig du testicule fœtal (qui possède des récepteurs aux œstrogènes) et inhiber partiellement la transcription de gènes impliqués dans la synthèse de la testostérone. En conséquence, les testicules fœtaux ont sécrété moins de testostérone que la normale. Comme la testostérone sécrétée par les testicules fœtaux permet le développement, la différenciation des voies génitales et la masculinisation des organes génitaux externes, le distilbène a perturbé le développement de l'appareil génital des enfants mâles des femmes ayant pris ce produit.

CHAPITRE

10 Sexualité et procréation

À partir de la puberté, le fonctionnement de l'appareil génital est sous la dépendance du système nerveux et plus précisément du complexe hypothalamo-hypophysaire. D'autres structures cérébrales, qui constituent le circuit de récompense, interviennent également dans le comportement sexuel.

Les connaissances acquises sur le contrôle de l'appareil génital par le cerveau ont permis à l'espèce humaine de dissocier procréation et sexualité : c'est la maîtrise de la procréation.

1 Régulation du fonctionnement des appareils génitaux masculin et féminin

A Action du complexe hypothalamo-hypophysaire sur les gonades

1. Hypophyse et gonades

- Le fonctionnement des testicules et des ovaires, aussi bien en ce qui concerne la production de gamètes que celle d'hormones, est **totalement dépendant** de messages hormonaux émis par l'**hypophyse**. Ces messages sont déterminés par la concentration plasmatique de deux hormones, les gonadostimulines **FSH** et **LH**.

L'**hypophyse** est une glande endocrine (hormonale) de la taille d'un petit pois et située sous le cerveau. Elle est rattachée à l'hypothalamus qui contrôle son fonctionnement et forme avec lui le complexe hypothalamo-hypophysaire (CHH). L'hypophyse est formée de deux parties : la partie antérieure contient les cellules sécrétrices de FSH (*Follicle Stimulating Hormone*) et de LH (*Luteinizing Hormone*).

2. Action de l'hypothalamus sur l'hypophyse

- Les relations fonctionnelles entre hypothalamus et hypophyse (DOCUMENT 1) sont assurées par un système vasculaire appelé **système porte hypophysaire**. Des axones de neurones hypothalamiques se terminent au contact d'un premier réseau de capillaires situé dans la tige hypophysaire. Lorsque ces neurones émettent des messages, leurs axones libèrent une substance, une neurohormone, la GnRH *(Gonado Releazing Hormone)*.

La GnRH est emportée par la circulation sanguine jusqu'à un deuxième réseau de capillaires situé dans l'hypophyse antérieure. Quittant les capillaires, elle est captée par des récepteurs membranaires des cellules hypophysaires. Celles-ci répondent par une sécrétion de FSH et de LH.

- **L'association hypothalamus-hypophyse est une unité fonctionnelle qui régit le fonctionnement des gonades.**

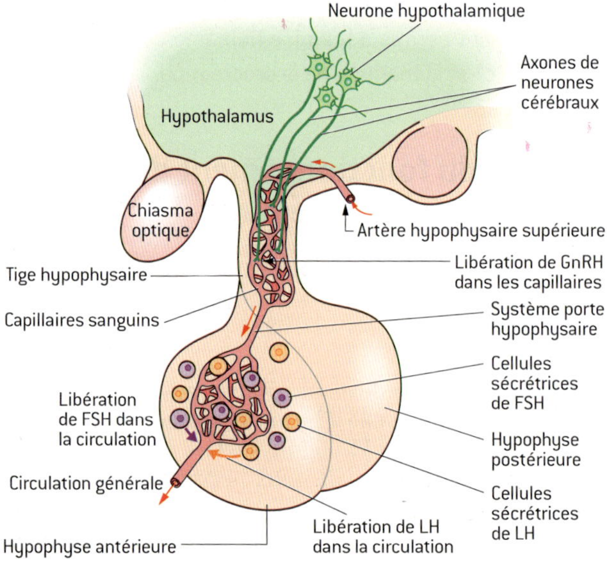

DOCUMENT 1 **Relations fonctionnelles entre l'hypothalamus et l'hypophyse.**

B Les gonadostimulines et le fonctionnement des gonades

1. Gonadostimulines et testicules

- La LH agit sur les cellules interstitielles des testicules en stimulant la sécrétion de testostérone. Comme pour toutes les hormones, les molécules de testostérone sont constamment dégradées. Le maintien de la concentration de testostérone dans le sang implique donc une sécrétion permanente par les cellules interstitielles et, pour cela, la LH est indispensable.

- La FSH agit sur les cellules de Sertoli des tubes séminifères et, par leur intermédiaire, sur la spermatogenèse.

- La testostérone agit aussi sur les cellules de Sertoli et, par leur intermédiaire, est aussi nécessaire à la spermatogenèse.

- Les deux gonadostimulines sont donc indispensables à la production de spermatozoïdes par les tubes séminifères, l'une (FSH) agissant directement sur les tubes séminifères, l'autre (LH), indirectement, par l'intermédiaire de la testostérone dont elle stimule la sécrétion.

2. Gonadostimulines et ovaires

- La FSH stimule la croissance folliculaire. Associée à la LH, elle est indispensable à la production d'œstradiol par les follicules ovariens.

- La LH est également indispensable à la sécrétion de progestérone par le corps jaune. À forte concentration, la LH déclenche l'ovulation d'un follicule arrivé à maturité.

3. Le cycle des gonadostimulines et le cycle ovarien (DOCUMENT 2)

- **Pendant les premiers jours du cycle ovarien,** la concentration plasmatique de FSH augmente. Bien que modérée, cette augmentation suffit pour déclencher la croissance d'une cohorte de follicules ovariens.

- **Au milieu de la phase folliculaire**, la concentration de FSH diminue. Elle devient alors insuffisante pour assurer la croissance de plusieurs follicules ; seul le follicule dit dominant (parfois deux) continue à se développer (les autres follicules dégénèrent). Il devient alors extrêmement sensible à la FSH.

Les concentrations de FSH et de LH pendant la phase folliculaire sont toujours suffisantes pour déclencher la sécrétion d'œstradiol par le follicule ovarien.

- **La fin de la phase folliculaire** est caractérisée par un pic de FSH et surtout de LH ; c'est ce pic de LH qui déclenche **l'ovulation du follicule dominant arrivé à maturité.**

- **Durant la phase lutéale,** les concentrations de FSH et de LH sont faibles. La LH régit l'activité du corps jaune en lui faisant sécréter de la progestérone et de l'œstradiol. La concentration de FSH est insuffisante durant cette phase pour déclencher la croissance d'une nouvelle cohorte de follicules.

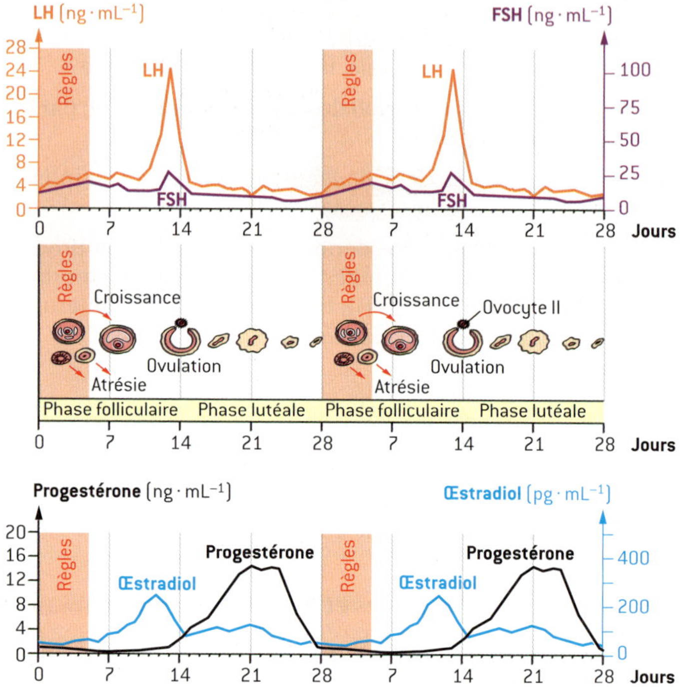

DOCUMENT 2 **Synchronisme des cycles sexuels chez la femme.**

Cependant, chez les primates, et donc chez la femme, l'arrêt du fonctionnement du corps jaune n'est pas dû à une chute de la sécrétion de LH mais à une propriété intrinsèque de ce corps jaune qui cesse de répondre à la LH.

C Action des hormones gonadiques sur le CHH

1. Le CHH, capteur de la concentration de testostérone dans le sang

- À partir de la puberté, le CHH fonctionne et il y a une sécrétion permanente des deux gonadostimulines FSH et LH (qui compense leur dégradation).

Mais la sécrétion des gonadostimulines, en particulier de LH, est influencée par la testostérone. Celle-ci diminue la production de LH par l'hypophyse. On dit que **la testostérone exerce une rétroaction négative sur le CHH responsable de sa sécrétion**. C'est cette rétroaction négative qui intervient dans le maintien d'une concentration constante de testostérone, laquelle est indispensable au bon fonctionnement de l'appareil génital **(DOCUMENT 3)**.

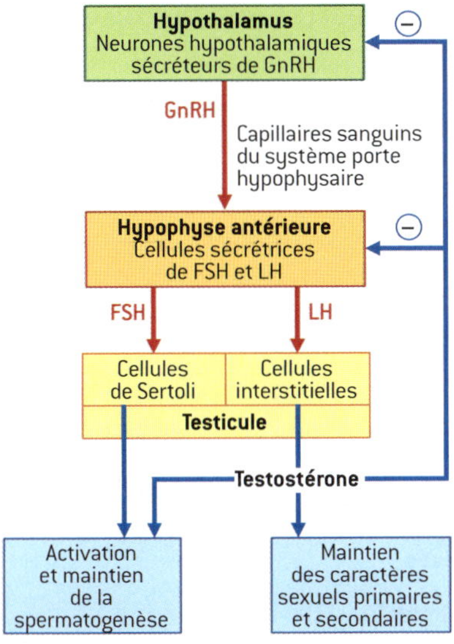

DOCUMENT 3 Régulation de la testostéronémie.

Par exemple, si la concentration de testostérone dans le sang diminue, la rétroaction négative sur le CHH est plus faible. Cela entraîne une augmentation de la sécrétion de LH qui stimule les testicules à produire davantage de testostérone.

2. Le CHH, capteur de la concentration d'hormones ovariennes

- En l'absence d'hormones ovariennes (femme ménopausée ou ovariectomisée) **(DOCUMENT 4)**, la concentration des gonado-stimulines reste **constamment élevée** et il n'y a plus de pic de concentration de LH et FSH.

Cela indique que les hormones ovariennes agissent de deux façons : en freinant la sécrétion de gonadostimulines d'une part et en déclenchant des pics de sécrétion, d'autre part.

- Le complexe hypothalamo-hypophysaire est aussi un capteur d'informations sur l'activité ovarienne. Ces informations sont fournies par la concentration plasmatique des hormones ovariennes.

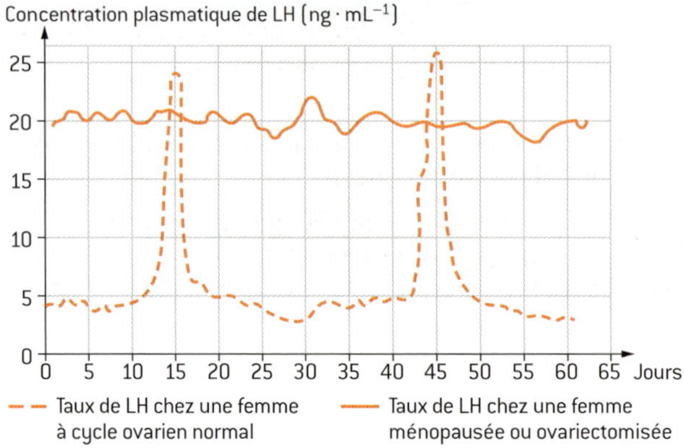

DOCUMENT 4 Évolution de la concentration plasmatique de LH chez une femme à cycle ovarien normal et chez une femme ménopausée ou ovariectomisée.

Action de l'œstradiol sur le CHH

À faible concentration (inférieure à 200 pg/mL), l'œstradiol exerce une rétroaction négative sur le CHH, en particulier sur la sécrétion de FSH.

À forte concentration (supérieure à 200 pg/mL), l'œstradiol exerce une rétroaction positive sur le CHH. Il déclenche un pic de sécrétion de gonadostimulines, en particulier de LH, par l'hypophyse.

Action de la progestérone sur le CHH

Secrétée uniquement durant la phase lutéale, la progestérone exerce constamment une rétroaction négative sur le complexe hypothalamo-hypophysaire.

Chez la femme ménopausée où il n'y a plus de cycles ovariens du fait de l'absence de follicules dans l'ovaire, la concentration des hormones ovariennes est très faible. Il en résulte une rétroaction négative nulle, d'où la concentration élevée de gonadostimulines. Puisque la concentration en œstradiol est toujours très faible, il ne peut y avoir de rétroaction positive et donc de pic de LH.

3. Communication CHH-ovaires et réalisation du cycle ovarien

À la fin d'un cycle et au début du suivant, la concentration d'œstradiol est faible, ainsi que sa rétroaction négative sur l'hypophyse ; en conséquence, la sécrétion de FSH est relativement élevée, ce qui déclenche la croissance d'une cohorte de follicules ovariens.

À la fin de la phase folliculaire (48 heures environ avant l'ovulation), un follicule arrive à maturité et sécrète beaucoup d'œstradiol. Les autres follicules ont dégénéré.

Le pic d'œstradiol exerce une rétroaction positive sur l'hypophyse et produit un pic de FSH et de LH ; ce dernier déclenche l'ovulation.

Durant la phase post-ovulatoire, la LH agit sur le corps jaune qui sécrète de l'œstradiol et de la progestérone. La rétroaction négative de ces hormones maintient la FSH à un niveau faible (absence de croissance folliculaire).

RÉCAPITULONS

- Chez l'homme comme chez la femme, le fonctionnement de l'appareil génital est sous la dépendance des gonadostimulines (FSH et LH), dont la sécrétion est elle-même commandée par la GnRH, une neurohormone produite par l'hypothalamus.
- Inversement, les hormones gonadiques (testostérone, œstradiol, progestérone…) exercent un rétrocontrôle sur la sécrétion des gonadostimulines : rétrocontrôle négatif pour la testostérone, l'œstradiol en faible concentration et la progestérone ; rétrocontrôle positif pour l'œstradiol à forte concentration.
- De cette interaction hormones gonadiques-CHH découle un fonctionnement continu de l'appareil génital masculin et cyclique de l'appareil génital féminin.

2 Sexualité et bases biologiques du plaisir

A Le circuit de récompense

Dans le cerveau existent des structures interconnectées qui constituent le **circuit de récompense** impliqué dans le comportement sexuel, mais également dans la satisfaction des besoins vitaux comme se nourrir, boire… Les principales zones concernées (DOCUMENT 5) sont l'aire tegmentale (ou tegmentaire) ventrale (ATV), le noyau accumbens, ainsi que diverses autres régions du cerveau avec en particulier le cortex préfrontal.

L'**ATV** située en plein centre du cerveau joue un rôle fondamental : elle centralise les informations sensorielles venues de différentes parties du cerveau.

L'**activation** des neurones de l'ATV provoque celle d'autres régions impliquées dans le circuit de récompense et en particulier le noyau accumbens et le cortex préfrontal. Cette activation s'effectue par l'intermédiaire d'un neuromédiateur, la **dopamine**, secrétée par les neurones de l'ATV au contact avec les neurones des autres régions du cerveau.

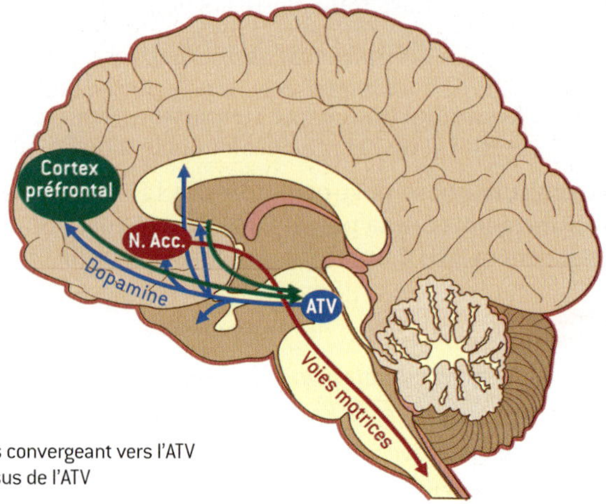

DOCUMENT 5 **Le circuit de récompense.**

Un **neuromédiateur** (ou neurotransmetteur) est une substance chimique qui est libérée à l'extrémité de l'axone d'un neurone en réponse à l'arrivée d'un message nerveux. Les molécules libérées dans l'espace entre les deux neurones se fixent sur des récepteurs situés sur le corps cellulaire ou sur les dendrites du neurone voisin, provoquant sa stimulation.

- L'activation de ces régions du circuit de récompense entraîne la sensation de **désir** ou de **besoin** qui motive un comportement permettant de les satisfaire. Le noyau accumbens est à l'origine des actions motrices, alors que le cortex préfrontal intervient dans la focalisation de l'attention, la motivation, les émotions et la sensation de plaisir.
- Ce comportement stimule en retour le circuit de récompense, **déclenchant le plaisir** lorsque le besoin est satisfait par une sécrétion abondante de dopamine. C'est cette sécrétion qui entraîne la sensation de **satisfaction**.

B Circuit de récompense et sexualité humaine

La naissance du désir et du besoin est déclenchée par l'activation de l'ATV par des stimuli sensoriels multiples : vue, odorat, souvenirs, psychisme en général…

En réponse à cette activation, le comportement sexuel déclenche ce que l'on appelle les préliminaires (rapprochements, baisers, caresses…), qui augmentent la stimulation du circuit de récompense, renforçant le désir, à travers le plaisir, jusqu'à l'accomplissement de l'acte sexuel.

Cet accomplissement s'accompagne de l'activation maximale du circuit de récompense d'où le plaisir maximal et la sensation de satisfaction, de plénitude et de calme qui fait suite à une décharge importante de dopamine. Le système de récompense devient alors, plus ou moins longuement, peu ou pas réceptif.

RÉCAPITULONS

- Le désir sexuel, qui entraîne le comportement et l'acte sexuel, sources de plaisir, est sous la dépendance de structures cérébrales dont l'ensemble constitue le circuit (ou système) de récompense.
- La dopamine est le neuromédiateur le plus impliqué dans le fonctionnement de ce système de récompense.

3 Maîtrise de la procréation

La sexualité humaine présente un double aspect : d'une part, elle permet la procréation, donc la survie de l'espèce ; d'autre part, elle procure du plaisir par le comportement et l'acte sexuel. La maîtrise de la procréation sépare ces deux aspects : soit elle favorise la procréation, soit elle l'évite pour ne conserver que l'aspect plaisir.

A La contraception féminine

1. La contraception hormonale : la pilule combinée

- **Les pilules combinées** associent un œstrogène et un progestatif de synthèse. L'œstrogène a une action similaire à celle de l'œstradiol sécrété par le follicule en croissance et le corps jaune. Le progestatif a une action comparable à celle de la progestérone sécrétée par le corps jaune. Ces hormones de synthèse, contrairement aux hormones naturelles, peuvent être prises par voie orale et ont une durée de vie plus longue.
- Au cours d'un cycle sous pilules, celles-ci sont prises pendant 21 jours ; un arrêt de 7 jours intervient avant le début d'un nouveau cycle sous pilules. Cet arrêt entraîne des règles, ce qui simule un cycle naturel.

Les hormones de synthèse exercent un rétrocontrôle négatif sur le complexe hypothalamo-hypophysaire, freinant la sécrétion des gonadostimulines (DOCUMENT 6). La FSH reste ainsi sous le seuil nécessaire à la croissance folliculaire et à la sécrétion d'œstradiol : la croissance folliculaire étant stoppée, il ne peut y avoir ovulation.

Si, exceptionnellement un follicule arrive à maturité, la présence du progestatif de synthèse empêche le CHH de réagir à la concentration élevée d'œstradiol en produisant un pic de LH : il y a **blocage de l'ovulation**. Sans émission d'ovule, la fécondation est évidemment impossible.

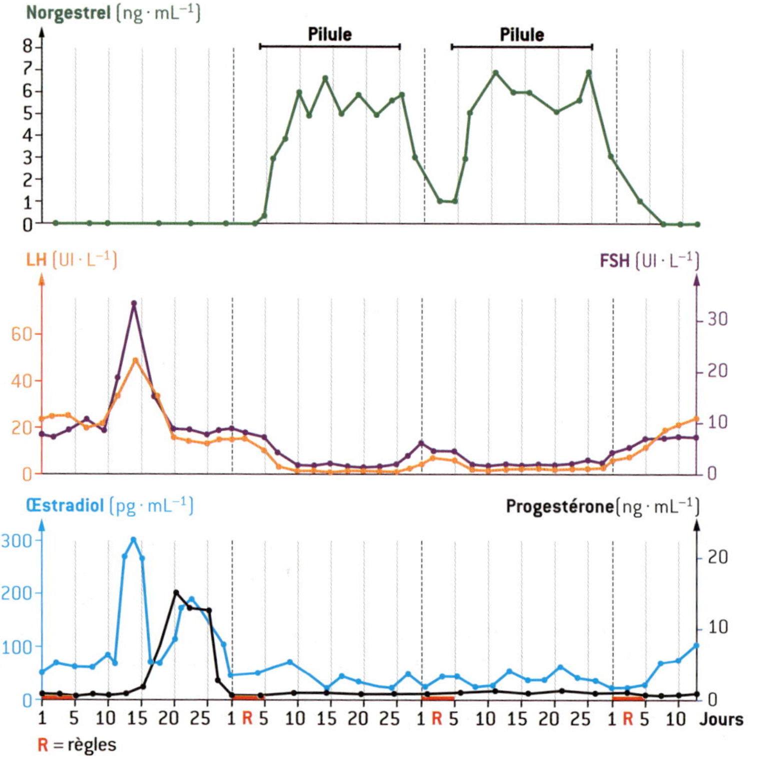

DOCUMENT 6 Évolution des concentrations plasmatiques des gonadostimulines LH et FSH et des hormones ovariennes naturelles chez une femme, au cours d'un cycle normal, puis de deux cycles sous pilules (Norgestrel).

Les voies génitales sont également sensibles à l'action de la **pilule**. Dans les conditions naturelles, en présence de progestérone (phase lutéale), le mucus cervical sécrété par le col de l'utérus est à mailles serrées, imperméable aux spermatozoïdes. Le progestatif de synthèse a le même effet que la progestérone et rend ainsi impossible la rencontre des gamètes.

De même, après les règles, sous l'action des hormones artificielles, la muqueuse utérine cicatrice et se développe. Cependant, le développement de la muqueuse utérine est moindre qu'au cours d'un cycle normal ; il est donc peu favorable à la nidation d'un éventuel embryon. L'arrêt de la prise de pilules à partir du 21e jour entraîne de nouvelles règles.

> La **minipilule** ou micropilule contient seulement un progestatif de synthèse à faible dose (pas d'œstrogène). Elle agit essentiellement en rendant le mucus cervical imperméable aux spermatozoïdes. Elle doit être prise sans interruption, 365 jours par an et ne supprime pas, ou rarement, les règles. Par contre, elle s'accompagne souvent de saignements imprévisibles.

2. La contraception hormonale d'urgence

La **pilule du lendemain** contient de la progestérone à forte dose qui, par un rétrocontrôle négatif, interdit le pic de LH et donc la ponte ovulaire si celle-ci n'avait pas eu lieu au moment du rapport sexuel : elle retarde l'ovulation ou la perturbe si elle est sur le point de se produire. Les spermatozoïdes ayant une durée de vie de l'ordre de 4 à 5 jours dans les voies génitales féminines, la fécondation peut être évitée. Cette pilule doit être prise le plus tôt possible : si possible dans les 12 heures après les rapports, au plus tard jusqu'à 3 jours. Elle est en vente libre.

La **pilule dite du surlendemain** contient une substance qui se lie avec une forte affinité aux récepteurs de la progestérone humaine. Le mécanisme d'action fondamental est de bloquer ou de retarder l'ovulation, même si celle-ci est sur le point de se produire. Elle entraîne également des modifications de l'endomètre utérin, le rendant impropre à la nidation. Elle doit être prise le plus tôt possible (dans les 12 heures après les rapports) et au plus tard dans les cinq jours. Elle n'est délivrée que sur prescription médicale.

D'AUTRES FORMES DE CONTRACEPTION HORMONALE

• Le **patch** délivre une association œstro-progestative comme la pilule (un patch par semaine pendant 3 semaines, puis une semaine d'arrêt).
• L'**implant sous-cutané** (4 cm sur 2 mm) délivre en continu de faibles doses d'un progestatif de synthèse ; mis en place pour trois ans, il entraîne souvent une irrégularité des règles.
• Le **stérilet hormonal** délivre un progestatif de synthèse ; mis en place pour cinq ans dans l'utérus, il agit comme l'implant et entraîne également des irrégularités des règles.
• L'**anneau vaginal** (diamètre : 54 mm, épaisseur : 4 mm) délivre une association œstro-progestative comme la pilule combinée. On utilise un anneau par cycle : trois semaines, puis une semaine sans anneau. Son insertion et son retrait ne nécessitent pas d'intervention médicale.

3. La contraception non hormonale

Elle met en place un certain nombre de « barrières » qui, globalement, empêchent les spermatozoïdes de franchir le col de l'utérus :
– le **préservatif féminin** couvre la paroi interne du vagin et protège des **IST** (infections sexuellement transmissibles ; l'appellation MST, pour maladies sexuellement transmissibles, a été abandonnée) ;
– le **diaphragme**, disque en latex placée au fond du vagin afin de couvrir le col de l'utérus ;
– la **cape cervicale**, capuchon en latex placée au fond du vagin, plus facile à mettre en place que le diaphragme, mais moins efficace. Elle peut rester en place 72 heures contre 24 heures pour le diaphragme. Diaphragme et cape cervicale ne protègent pas des IST.

B La contraception masculine

1. La contraception hormonale

Le but de ce type de contraception est d'aboutir à la production d'un sperme très pauvre en spermatozoïdes de façon à ce que les risques de fécondation soient faibles ou nuls, sans que les caractères sexuels secondaires, la libido ou le comportement sexuel ne soient affectés.

Pour bloquer la production de spermatozoïdes, on limite la production de testostérone et de FSH indispensables à la spermatogenèse. On agit ainsi sur le CHH en utilisant le rétrocontrôle négatif des hormones sexuelles sur ce CHH.

À ce jour, il n'existe pas de contraceptif oral masculin. De nombreuses tentatives ont essayé d'associer des traitements à base d'ingestions de testostérone et de progestérone pour bloquer le fonctionnement hypophysaire par un double rétrocontrôle négatif. Toutes les méthodes encore expérimentales sont extrêmement astreignantes et lourdes. Par exemple : mise en place d'un implant diffusant en continu de fortes doses de testostérone et injection d'un progestatif de synthèse tous les trimestres.

2. La contraception non hormonale

La **méthode indienne**, dite du Risug, consiste à injecter dans le spermiducte, par une intervention bénigne, un gel qui tapisse les parois des canaux déférents. Ce gel tue les spermatozoïdes ou les rend incapables de se déplacer. Les effets peuvent durer pendant une dizaine d'années et cette stérilisation temporaire peut être interrompue à tout moment par une injection dans les canaux de bicarbonate de soude qui neutralise le gel.

Les **méthodes classiques** de contraception non hormonales restent l'utilisation du préservatif masculin et la stérilisation par ligature (ou section) des canaux déférents dont la réversibilité n'est assurée, par microchirurgie, que dans 25 % des cas.

C Contraception et IST

Les IST (infections sexuellement transmissibles), principalement transmises par voies sexuelles, peuvent être communiquées par le sang et, plus rarement, par la salive.

Les principales IST sont dues à :
– des virus : sida (VIH), hépatite B (VHB), herpès génital (VHS), condylomes (papillomavirus ou VPH, pouvant dégénérer en cancer du col de l'utérus)... ;
– des bactéries : syphilis (tréponème pâle), blennorragie (gonocoque)... ;
– des champignons : candidoses (*Candida albicans*)...

Seul le préservatif masculin est une barrière efficace contre les IST. Les autres modes de contraception, qu'ils soient hormonaux ou mécaniques, sont inefficaces.

La **vaccination** permet de prévenir l'apparition de deux IST : la vaccination du nourrisson contre l'**hépatite B** qui tue environ 60 000 personnes par an en France et est à l'origine de cirrhoses et de cancers du foie ; la vaccination contre le **papillomavirus** responsable de l'apparition de cancers du col de l'utérus 20 à 30 ans après une infection survenue en général entre 14 et 23 ans (elle doit avoir eu lieu à la fin de l'enfance ou au début de l'adolescence, et avant le début de l'activité sexuelle).

RÉCAPITULONS

- Les méthodes contraceptives féminines s'appuient sur le rétrocontrôle négatif exercé, comme les hormones naturelles, par les hormones de synthèse (œstrogène et progestatif de synthèse) contenues dans les pilules.
- Sur le même principe, des recherches sur la contraception hormonale masculine se poursuivent, mais elles n'ont toujours pas abouti à la mise au point d'un contraceptif oral.

4 L'infertilité et ses traitements

L'infertilité (stérilité) se définit par l'incapacité, pour un couple, d'obtenir une grossesse après deux ans de relations sexuelles non protégées. Cette infertilité peut être d'origine masculine (1/3 des cas), féminine (1/3 des cas) ou due à une association de facteurs masculins et féminins.

A Stérilité d'origine hypothalamique

La stérilité d'origine hypothalamique est liée à l'absence ou au non-fonctionnement des neurones sécrétant la GnRH. Des **injections de GnRH** suivant un mode pulsatile grâce à la mise en place d'une pompe à GnRH (une injection toutes les une à deux heures) peut remédier transitoirement à la stérilité en provoquant la reprise des cycles chez la femme ou de la spermatogenèse chez l'homme.

Dans les conditions naturelles, les neurones à GnRH ont une **activité pulsatile** : il en résulte que la sécrétion de GnRH est elle-même pulsatile. Une injection en continu de GnRH est sans effet sur l'hypophyse : seule une injection pulsatile est efficace.

B Stérilité d'origine hypophysaire

- Dans le cas de la stérilité d'origine hypophysaire, chez la femme, la patiente ne présente pas de cycles complets avec ovulation. L'hypophyse, bien que stimulée par la GnRH, ne sécrète pas assez de gonadostimulines, et en particulier de FSH, ce qui peut être dû à une trop grande sensibilité au rétrocontrôle négatif exercé par l'œstradiol.

- Le rétrocontrôle négatif excessif peut être diminué par l'utilisation d'un **anti-œstrogène** comme le citrate de clomifène. Libérée d'une partie du rétrocontrôle, l'hypophyse sécrète alors davantage de FSH, ce qui peut suffire pour stimuler la croissance folliculaire.
- Si le clomifène s'avère inefficace, on peut procéder à des injections de **gonadostimulines**. La difficulté est d'obtenir des effets proches de la stimulation physiologique naturelle : stimulation d'une cohorte de follicules, **puis uniquement du follicule dominant**. Cela implique une surveillance de la réponse des ovaires par échographie (repérage du nombre de follicules qui se développent) et par des dosages de l'œstradiol plasmatique.

C Stérilité traitée par les PMA (procréations médicalement assistées)

Les PMA regroupent l'ensemble des procédés par lesquels la fécondation résulte non de relations sexuelles mais d'une intervention médicale.

1. L'insémination artificielle

L'insémination artificielle consiste à introduire des spermatozoïdes dans la cavité utérine de l'appareil génital féminin. L'insémination intra-utérine est pratiquée dans les cas d'incompatibilité de la glaire cervicale vis-à-vis des spermatozoïdes du conjoint ou en cas de trouble de l'éjaculation ou de l'érection. Cette insémination doit se faire au plus près du moment de l'ovulation.

2. La fivete (fécondation *in vitro* et transfert d'embryon)

- La fivete s'adresse en premier lieu aux cas de stérilité dus à des trompes obstruées ou absentes, ou lorsqu'il existe une insuffisance spermatique (nombre, mobilité, anomalies diverses). Elle consiste à effectuer la fécondation et les toutes premières étapes du développement embryonnaire en laboratoire, puis de transférer les embryons dans l'utérus de la femme.
- **La maîtrise du fonctionnement ovarien** est obtenue en libérant celui-ci du contrôle du CHH. On utilise un analogue de la GnRH qui, par son action sur l'hypophyse, annule quasiment la sécrétion de FSH et de LH, ainsi que les réactions de l'hypophyse au rétrocontrôle de l'œstradiol. Le CHH est mis au repos.

Un analogue est un médicament qui imite une hormone naturelle (ici la GnRH). Ce peut être soit un agoniste qui a les mêmes effets que la GnRH et stimule l'hypophyse jusqu'à l'épuiser, soit un antagoniste qui se fixe sur les récepteurs hypophysaires à GnRH et empêche son action.

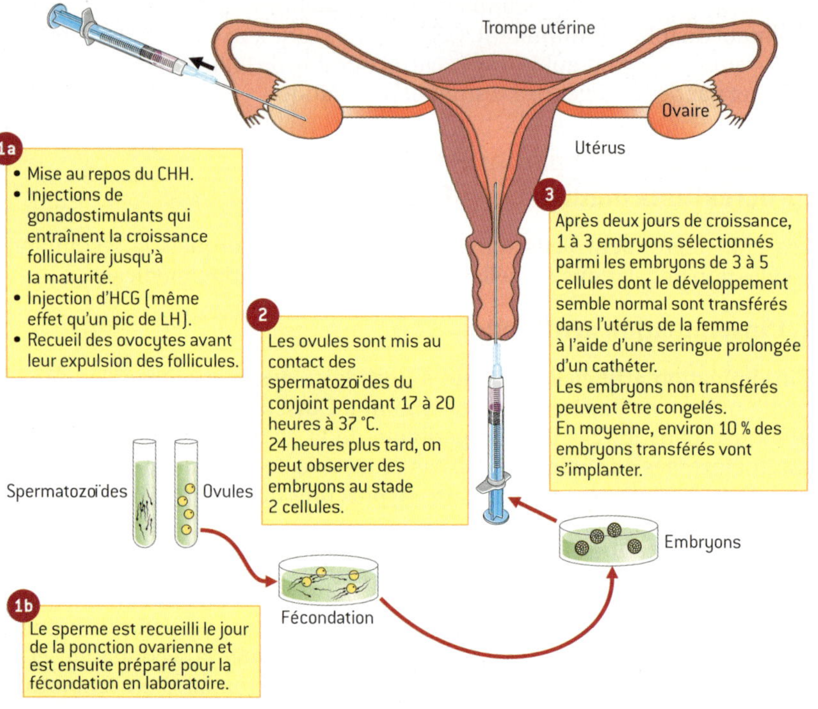

DOCUMENT 7 Les étapes de la fivete.

L'hyperstimulation de l'ovaire par injection de gonadostimulines à fortes doses provoque le développement synchrone d'un nombre important de follicules de façon à obtenir la maturation de plusieurs follicules et non d'un seul.

Le suivi des résultats du traitement se fait grâce à l'échographie (qui permet de déterminer la taille et le nombre de follicules) et des dosages d'œstradiol. La mise en sommeil du CHH évite toute ovulation spontanée.

On déclenche l'ovulation en mimant le pic de LH (injection de HCG) par une injection importante d'une substance qui a les mêmes effets que la LH. Le prélèvement des ovocytes par ponction folliculaire dans l'ovaire s'effectue environ 36 heures après l'injection, quelques heures avant le moment où les follicules auraient ovulé. Plusieurs ovocytes (ovules) sont recueillis.

La fécondation *in vitro* s'effectue le jour du prélèvement des ovocytes. Environ 5000 spermatozoïdes sont placés dans le milieu de culture avec les ovocytes. La fécondation est constatée quand on observe la présence de deux noyaux dans certains ovocytes (devenus œufs) au bout d'environ 17 heures.

Le transfert d'embryons (deux, exceptionnellement trois) dans la cavité utérine de la femme a lieu 48 à 72 heures après le prélèvement des ovocytes. Les embryons non transférés sont conservés par congélation. Après le transfert, un traitement d'une quinzaine de jours, avec de la progestérone administrée par voie vaginale, est pratiqué afin de favoriser l'implantation et le début de la grossesse.

3. L'ICSI (injection intra-cytoplasmique de spermatozoïdes)

L'ICSI est utilisée lorsque le sperme est très pauvre en spermatozoïdes mobiles et normaux. Le protocole est le même que celui de la fivete. Seul change le processus de la fécondation : on injecte un spermatozoïde directement dans l'ovocyte à l'aide d'une micropipette.

RÉCAPITULONS

- Des traitements hormonaux permettent de rétablir le fonctionnement de l'appareil génital lorsque le CHH est défaillant.
- Si le dysfonctionnement provient d'une impossibilité de rencontre des gamètes dans les voies génitales féminines, on peut utiliser des techniques de PMA (insémination, fécondation *in vitro*...).

Utiliser ses connaissances pour proposer des hypothèses et les tester

ÉNONCÉ

Un garçon de 18 ans présente un retard de puberté : ses caractères sexuels secondaires sont peu apparents et ses testicules sont restés de petite taille.

1 À partir de vos connaissances, proposer des hypothèses explicatives de ce retard pubertaire.

À cet adolescent on propose un certain nombre de tests et d'examens : dosage de la testostérone, dosage de la LH, injections de LH, injections de GnRH.

2 Indiquer en quoi les résultats de ces examens permettront de valider ou d'infirmer chacune des hypothèses émises.

MÉTHODE

Identifier les connaissances en relation avec le problème à résoudre :
– déterminisme des caractères sexuels secondaires ;
– contrôle de l'activité des gonades par le complexe hypothalamo-hypophysaire ;
– caractéristique des cellules cibles d'une hormone.

Imaginer les résultats possibles des examens pratiqués et les confronter aux hypothèses proposées.

CORRIGÉ

1 C'est l'augmentation de la concentration de la testostérone à la puberté qui déclenche l'apparition des caractères sexuels secondaires. On peut donc faire l'hypothèse d'une déficience de **la sécrétion de testostérone**.

Cette déficience ne peut pas résulter d'une **anomalie dans la synthèse de la testostérone** par les cellules interstitielles des testicules : il y a bien eu synthèse de testostérone normale durant la vie fœtale, puisque le garçon a un phénotype masculin.

Puisque la sécrétion de testostérone à la puberté dépend d'une stimulation par la LH, on peut émettre **l'hypothèse d'une déficience de l'action de la LH chez ce garçon :** soit la LH n'est pas sécrétée par l'hypophyse, soit les cellules cibles de la LH (cellules de Leydig) ne possèdent pas de **récepteurs** à la LH ou ils sont non fonctionnels (pour agir sur ses cellules cibles, une hormone doit se fixer sur des récepteurs présents sur ces cellules), soit la LH n'est pas fonctionnelle (anomalie de la molécule).

La sécrétion de LH par l'hypophyse dépend de la GnRH, produite par les neurones hypothalamiques. L'incapacité à sécréter de la testostérone peut donc aussi s'expliquer par une **déficience de la sécrétion de GnRH** ou par l'impossibilité de la GnRH à activer les cellules hypophysaires.

2 Dosage de la testostérone. S'il est nettement inférieur à la normale, il **confirme l'hypothèse** d'une déficience dans le système complexe qui conduit à la sécrétion de cette hormone à la puberté. S'il est normal, cela signifierait que la testostérone est défaillante, or cela peut être exclu, car elle a agi normalement durant la vie fœtale.

Dosage de la LH. Si ce dosage révèle une concentration élevée, cela signifie :
– que la stimulation de l'hypophyse par la GnRH se fait normalement, réfutant les hypothèses d'une déficience dans la communication entre l'hypothalamus et l'hypophyse ;
– que les cellules interstitielles des testicules ne répondent pas à la LH. C'est conforme à l'hypothèse d'une déficience des récepteurs à la LH ou à celle d'une LH non active.

Si ce dosage révèle une concentration très faible de LH, cela signifie que c'est la communication hypothalamus-hypophyse qui est défaillante (hypothèses : pas de GnRH ou pas de récepteurs fonctionnels à la GnRH dans les cellules hypophysaires).

Injections de LH. Si elles entraînent une élévation de la concentration de testostérone, cela signifie que les cellules de Leydig répondent à la LH. On peut réfuter l'hypothèse d'une déficience des récepteurs à la testostérone. Si la concentration de LH naturelle était élevée chez ce garçon, cela indique que la LH est défaillante.

S'il n'y a pas d'augmentation de la concentration de testostérone, l'hypothèse de la déficience en récepteurs à la LH est validée.

Injections de GnRH. Elles apportent des informations lorsque la concentration de LH est faible. Si elles entraînent une augmentation de la concentration de LH, cela valide l'hypothèse d'une déficience de sécrétion de la GnRH. Si elles ne provoquent pas d'augmentation de la LH, cela valide l'hypothèse d'une déficience des récepteurs à la GnRH des cellules hypophysaires.

SE TESTER QUIZ

1 Les cellules hypophysaires

Parmi les affirmations suivantes, relever celles qui sont inexactes et les corriger.

Les cellules hypophysaires d'un homme adulte sécrétrices de gonadostimulines :

- ☐ **a.** sont constamment stimulées par la neurohormone GnRH
- ☐ **b.** sécrètent d'autant plus d'hormones que les testicules produisent de testostérone
- ☐ **c.** n'ont pas d'action sur la spermatogenèse
- ☐ **d.** émettent leurs hormones dans le système porte hypophysaire.

2 Le rétrocontrôle négatif des hormones ovariennes

Parmi les affirmations suivantes, relever celles qui sont inexactes et les corriger.

Le rétrocontrôle négatif des hormones ovariennes sur le complexe hypothalamo-hypophysaire :

- ☐ **a.** explique que la concentration de gonadostimulines est élevée chez une femme ménopausée
- ☐ **b.** n'a rien à voir avec l'augmentation de la concentration en FSH au début d'un cycle menstruel
- ☐ **c.** est le mécanisme déclencheur de l'ovulation
- ☐ **d.** est à l'œuvre dans l'action des pilules contraceptives combinées.

S'ENTRAÎNER

3 L'implant contraceptif

On étudie une modalité de la contraception hormonale chez la femme : la mise en place d'un implant sous-cutané. L'implant est inséré à environ 6 à 8 cm au-dessus du pli du coude. Il déverse un contraceptif composé uniquement d'un progestatif.

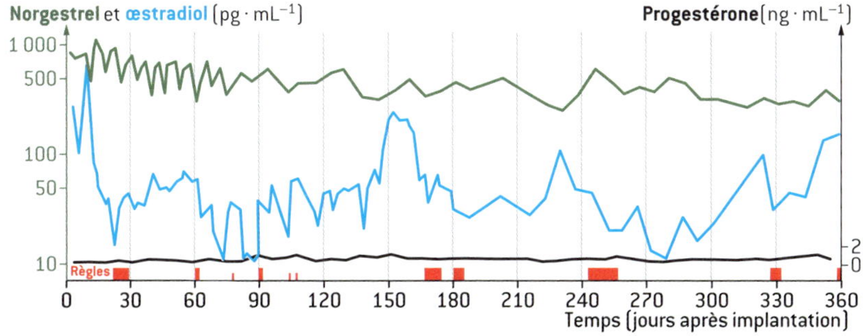

DOCUMENT 8 Évolution des concentrations plasmatiques d'œstradiol, progestérone et norgestrel chez une femme, après insertion au jour 0 d'un implant contraceptif.

Extraire du DOCUMENT 8 les informations qui montrent que :

a. **le progestatif est libéré en continu dans le milieu intérieur**

b. **une croissance folliculaire a eu lieu à certains moments**

c. **la femme n'a pas ovulé pendant l'année.**

4 Un autre exemple de rétrocontrôle négatif

La thyroxine, hormone produite par la glande thyroïde, joue un rôle important dans l'organisme : elle est indispensable à la croissance, maintient le métabolisme à un niveau élevé et intervient dans la thermorégulation du corps. La constance de la concentration en thyroxine dans le sang est donc nécessaire.

La sécrétion de thyroxine par la thyroïde dépend de l'hormone hypophysaire TSH. En l'absence de TSH, la thyroïde ne sécrète pas de thyroxine.

Des injections de thyroxine provoquent une baisse de la concentration sanguine en TSH.

À partir de ces données, expliquer ce qu'on entend par rétrocontrôle négatif. En cas de baisse de la concentration sanguine en thyroxine, expliquer comment sa concentration est rétablie.

5 Le rétrocontrôle négatif et positif

Chez une guenon ovariectomisée, on met en place une capsule libérant en continu de faibles doses d'œstradiol. Au 17ᵉ jour, on injecte une forte dose d'œstradiol. Pendant toute l'expérimentation, on a suivi l'évolution des concentrations sanguines d'œstradiol et de LH.

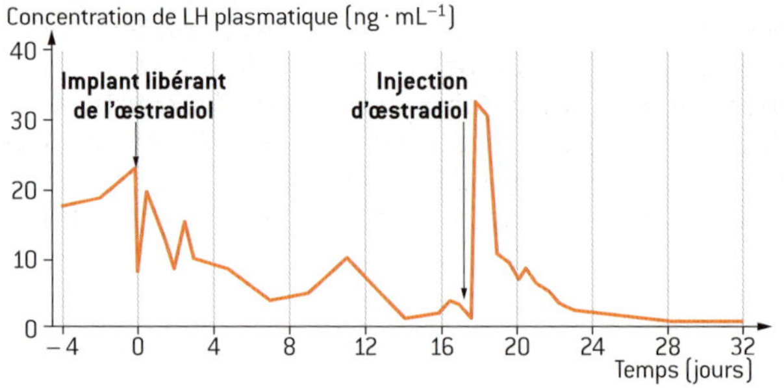

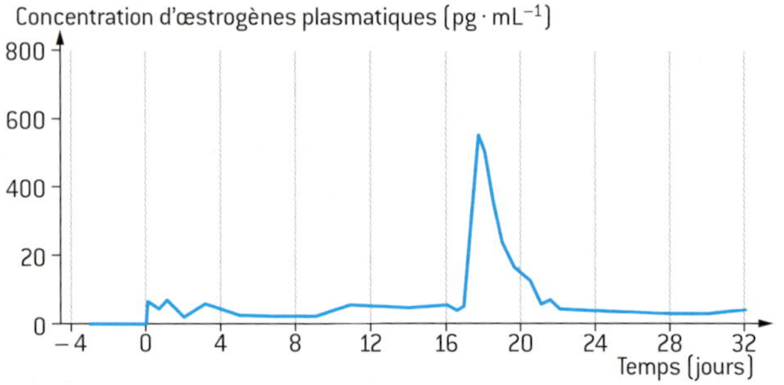

DOCUMENT 9 Effet de l'œstradiol sur la sécrétion de LH chez une guenon ovariectomisée.

À partir de données quantitatives précises extraites du DOCUMENT 10, expliquer ce qu'on entend par rétrocontrôle négatif et rétrocontrôle positif de l'œstradiol sur l'hypophyse.

6 Dosages hormonaux au cours d'une fivete

Le DOCUMENT 10 traduit l'évolution de la concentration en œstradiol chez une femme au cours d'un traitement avec des gonadostimulines dans le cadre d'une fivete. Avant les injections de gonadostimulines, on a injecté pendant plusieurs jours un analogue de la GnRH afin de mettre au repos le complexe hypothalamo-hypophysaire de la personne.

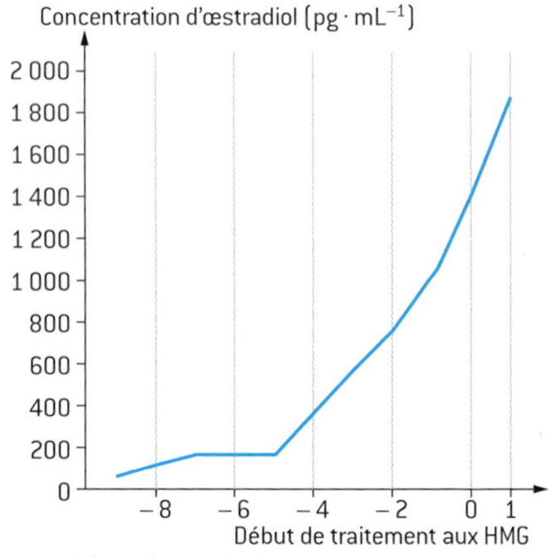

DOCUMENT 10

À partir des informations extraites du DOCUMENT 10 et en utilisant les concentrations hormonales d'un cycle normal comme témoin, indiquer :
– si la stérilité de cette femme est due à l'absence de follicules ovariens ;
– ce qu'il doit y avoir dans les ovaires de cette femme une dizaine de jours après le début du traitement avec les gonadostimulines ;
– si une ou plusieurs ovulations spontanées peuvent avoir lieu avec le protocole suivi.

OBJECTIF BAC

7 Étude d'un cas de stérilité

Mme X consulte un gynécologue pour cause de stérilité. Son mari a un spermogramme normal ; tous les examens effectués ont montré qu'il était fertile. Le médecin prescrit des examens sanguins **(DOCUMENT A)** à Mme X.

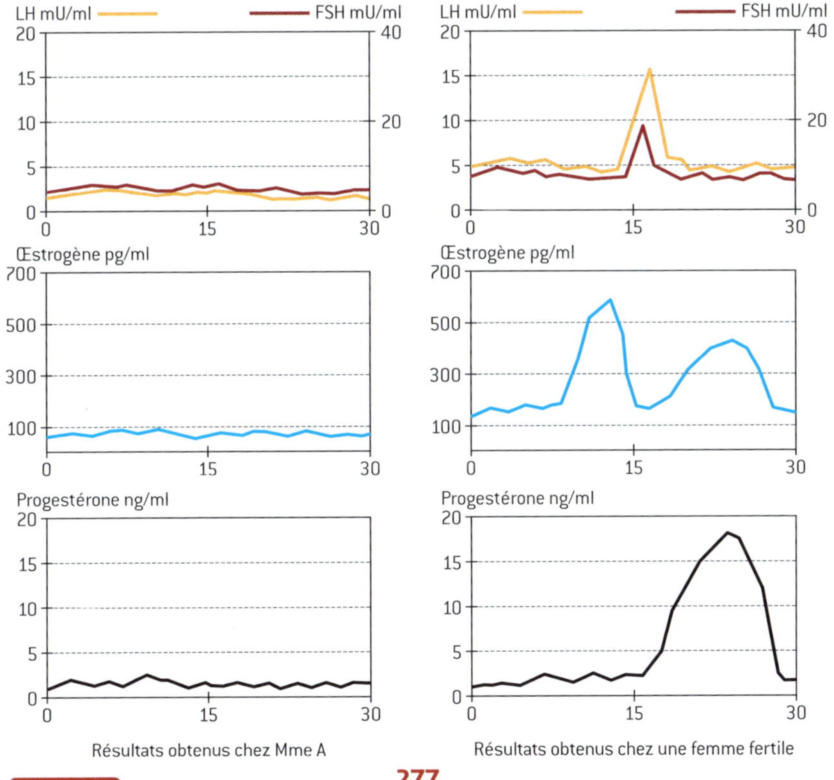

DOCUMENT A

Le gynécologue prescrit un traitement au citrate de clomifène pendant 4 jours. Le clomifène est un analogue structural de l'œstradiol et inhibe l'action de cette hormone sur le complexe hypothalamo-hypophysaire. Le **DOCUMENT B** illustre les résultats des dosages effectués au cours et à la suite de ce traitement.

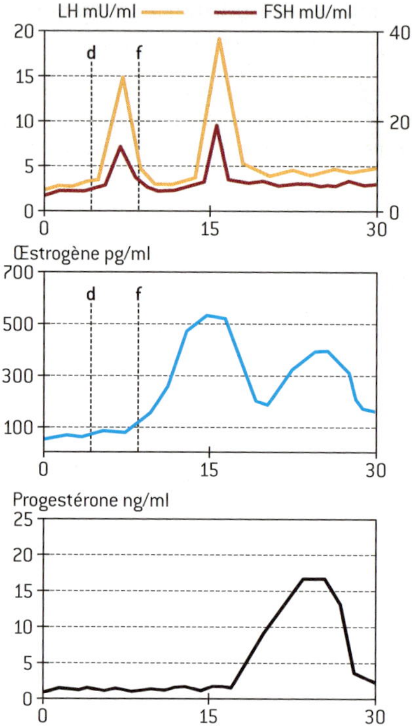

Conséquences d'un traitement au clomifène (d, début ; f, fin)

DOCUMENT B

À partir des informations extraites des DOCUMENTS A ET B, mises en relation avec vos connaissances, indiquer si le traitement proposé à Mme X pour soigner sa stérilité est efficace et proposer une explication à sa stérilité initiale.

SE TESTER

1 Les cellules hypophysaires

a. Exact.

b. Faux. La testostérone produite par les testicules exerce un rétrocontrôle négatif sur le complexe hypothalamo-hypophysaire ; en conséquence, plus la concentration de testostérone est élevée, moins les cellules hypophysaires sécrètent de gonadostimulines.

c. Faux. L'hormone FSH est indispensable à la spermatogenèse par son action sur les tubes séminifères (cellules de Sertoli). L'hormone LH est aussi indispensable à la production de spermatozoïdes, mais indirectement, en stimulant la sécrétion de testostérone par les cellules interstitielles des testicules.

d. Faux. Contrairement à la GnRH, les hormones hypophysaires sont libérées dans la circulation générale.

2 Le recontrôle négatif des hormones ovariennes

a. Exact.

b. Faux. Au début d'un cycle menstruel, la concentration des hormones ovariennes est très basse ; en conséquence, le rétrocontrôle négatif qu'elles exercent sur le CHH est faible, nettement plus faible que durant la phase du corps jaune du cycle précédent. C'est pourquoi la sécrétion des gonadostimulines et notamment de la FSH augmente.

c. Faux. C'est le rétrocontrôle positif provoqué par un pic d'œstradiol qui initie l'ovulation en déclenchant un pic de LH.

d. Exact.

S'ENTRAÎNER

3 L'implant contraceptif

a. Pendant toute l'année, la concentration sanguine du progestatif est restée à peu près constante, ce qui est en accord avec l'idée qu'il est libéré de façon continue par l'implant (cette libération compense son élimination par l'organisme notamment par voie urinaire).

b. À certains moments, par exemple vers le 15e et le 150e jour, on constate un pic d'œstradiol. Comme l'œstradiol est produit par les follicules en croissance, cela traduit une croissance folliculaire.

c. Durant toute l'année, la concentration de progestérone naturelle est restée nulle, ce qui indique qu'il n'y a jamais eu de corps jaune actif. Comme le corps jaune provient de la transformation du follicule après ovulation, on peut penser qu'il n'y a pas eu d'ovulation.

4 Un autre exemple de rétrocontrôle négatif

La sécrétion de thyroxine par la thyroïde est déclenchée par la TSH : **le fonctionnement de la thyroïde dépend donc de l'hypophyse**. Puisque la thyroxine freine la sécrétion de TSH par l'hypophyse, on peut parler de **rétrocontrôle négatif** de la thyroxine sur l'hypophyse, car la thyroxine exerce une action inhibitrice sur la sécrétion de TSH.

En cas de baisse de sa concentration, le rétrocontrôle de la thyroxine sur l'hypophyse diminue ; en conséquence, la sécrétion de TSH par l'hypophyse augmente. La thyroïde est davantage stimulée, elle sécrète plus de thyroxine, ce qui a pour effet de rétablir la concentration de cette hormone.

5 Le rétrocontrôle négatif et positif

Chez cette femelle castrée, la concentration d'œstradiol est nulle puisque ce sont les follicules ovariens qui sécrètent l'œstradiol. La concentration de LH est alors comprise entre 17 et 20 ng/ml. Après la mise en place de l'implant, la concentration en œstradiol demeure au voisinage de 60 pg/ml ; **celle de LH diminue** et devient inférieure à 10 ng/ml. Comme la seule chose qui a changé par rapport à la situation initiale est la présence d'œstradiol, on peut dire que cette hormone a exercé un **rétrocontrôle négatif sur la sécrétion de LH par l'hypophyse.**

Au 17e jour, l'injection d'une forte dose d'œstradiol provoque un pic de concentration d'œstradiol, qui est suivi, au 18e jour, par un pic de LH. Le pic d'œstradiol a **stimulé la sécrétion de LH** par l'hypophyse : on parle de rétrocontrôle positif.

6 Dosages hormonaux au cours d'une fivete

a. À la suite du traitement par les gonadostimulines, on constate que la concentration d'œstradiol augmente beaucoup. Comme l'œstradiol est produit par les follicules en croissance, cela signifie que la stérilité de cette femme n'était pas due à l'absence de follicules ovariens.

b. À la suite du traitement, la concentration d'œstradiol augmente jusqu'à atteindre la valeur de 1 800 ng/ml. Au cours d'un cycle menstruel normal, la valeur du pic d'œstradiol est comprise entre 200 et 300 ng/ml. La concentration d'œstradiol à la suite du traitement est très nettement supérieure à celle d'un cycle normal. Comme ce sont les follicules arrivant à maturité qui sécrètent beaucoup d'œstradiol, on peut dire que plusieurs follicules et non un seul sont arrivés à maturité sous l'action du traitement. Dans les ovaires de cette femme, 9 à 10 jours après le traitement avec les gonadostimulines, plusieurs follicules doivent être sur le point d'ovuler.

c. Pour qu'il y ait ovulation, il faut qu'il y ait un pic de LH. Puisque le complexe hypothalamo-hypophysaire **est mis au repos**, il ne peut y avoir de pic de LH suite à la forte concentration d'œstradiol. L'ovulation spontanée ne peut avoir lieu.

OBJECTIF BAC

7 Étude d'un cas de stérilité

Exploitation du document A. La concentration d'œstradiol demeure constante au voisinage de 60 à 70 pg/ml. Celle de la progestérone reste quasiment nulle. Cela indique **l'absence de cycles ovariens chez Mme X d'où sa stérilité.**

Les concentrations de gonadostimulines de Mme X sont inférieures à celles trouvées chez une femme ayant des cycles menstruels normaux et elles ne montrent pas de variations. On peut donc penser que **c'est la faible sécrétion de gonadostimulines** et notamment de FSH qui est à l'origine de l'absence de cycle ovarien.

Exploitation du document B. L'injection du clomifène durant 4 jours environ a pour **premier effet** de provoquer une **augmentation** transitoire des concentrations de **FSH et de LH.**

Il a eu pour **deuxième effet** de provoquer un cycle des hormones ovariennes après l'interruption du traitement. L'évolution de la concentration de progestérone indique un corps jaune actif et qu'il y a eu ovulation. Celle-ci a été provoquée par le pic de LH visible au 14e jour, consécutif au pic d'œstradiol révélant un follicule arrivé à maturité.

Bilan

En stimulant la sécrétion de LH et surtout de FSH, le traitement au clomifène a permis de déclencher un cycle ovarien normal. L'augmentation de la concentration en FSH a provoqué la croissance d'une cohorte de follicules jusqu'à l'arrivée à maturité de l'un d'entre eux, puis l'ovulation et le fonctionnement normal d'un corps jaune.

Mme X ne produisait pas assez de FSH pour initier un cycle ovarien. Le clomifène en provoquant une augmentation de la concentration de FSH a permis le démarrage d'un cycle.

Il reste à expliquer le mode d'action du clomifène. On dit qu'il s'oppose à l'action de l'œstradiol sur le complexe hypothalamo-hypophysaire. Comme l'œstradiol exerce un rétrocontrôle négatif sur ce complexe, il supprime ce rétrocontrôle, ce qui provoque une augmentation de la concentration des gonadostimulines, permettant le démarrage d'un cycle.

On en déduit aussi que la sensibilité du CHH de Mme X au rétrocontrôle de l'œstradiol devait être suffisamment forte (même aux faibles concentrations d'œstradiol) pour maintenir la concentration de FSH sous le seuil nécessaire à la croissance folliculaire. C'est l'origine de sa stérilité.

www.annabac.com

CHAPITRE

11 De l'œil au cerveau

La vision débute par la formation d'une image sur la rétine grâce au système optique de l'œil (étudié en physique). La rétine n'est pas une simple plaque photographique : elle convertit une image en messages nerveux envoyés vers le cerveau. C'est de l'activité cérébrale que naît la perception visuelle : nous voyons avec notre cerveau.

1 Le cristallin dans le système optique de l'œil

A Rappel de l'organisation de l'œil

- En physique, le modèle de l'œil réduit a été étudié et mis en correspondance avec l'organisation de l'œil réel dont le DOCUMENT 1 résume l'organisation. L'ensemble des milieux transparents de l'œil — conjonctive, cornée, humeur aqueuse, cristallin, humeur vitrée — est équivalent à une lentille convergente projetant l'image d'un objet sur la rétine.
- Le système optique de l'œil est tel que les images d'objets situés à des distances différentes sont nettes sur la rétine. Cela implique que sa vergence se modifie en fonction de la distance de l'objet : c'est l'accomodation.

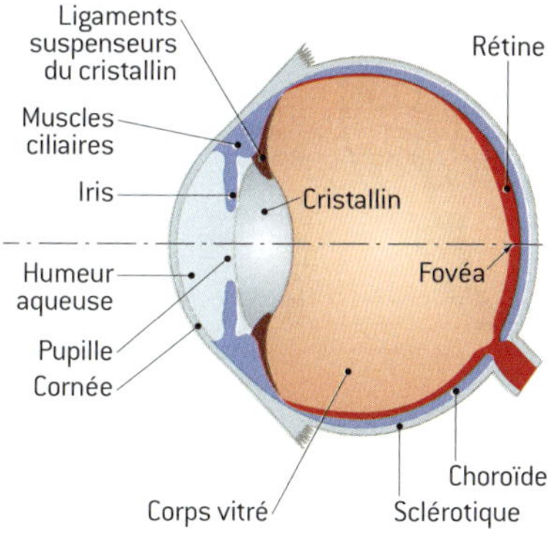

DOCUMENT 1 **L'organisation de l'œil.**

Attention, malgré sa forme de lentille, le cristallin n'est pas la seule structure de l'œil qui contribue à la formation d'une image sur la rétine. La **cornée** est même la structure la plus importante. Mais le cristallin est seul capable de faire varier la vergence.

Le cristallin est le seul milieu transparent de l'œil qui intervienne dans l'accommodation.

■ **La rétine**, sur laquelle se forme l'image, est une couche sensible aux stimuli lumineux, qui émet un message nerveux véhiculé par les fibres du nerf optique jusqu'au cerveau.

B Propriétés du cristallin et accommodation

1. Place dans l'œil et propriétés du cristallin

Le cristallin est situé derrière l'iris (DOCUMENTS 1 ET 2). C'est une lentille biconvexe de 10 mm de diamètre et de 4 mm d'épaisseur. Le cristallin est déformable : au repos, lorsqu'il n'accommode pas, son rayon de courbure antérieure est de 10 mm et son rayon de courbure postérieure de 6 mm. Au cours de l'accommodation maximale, le rayon de courbure antérieure passe à 6 mm et le postérieur à 5,5 mm.

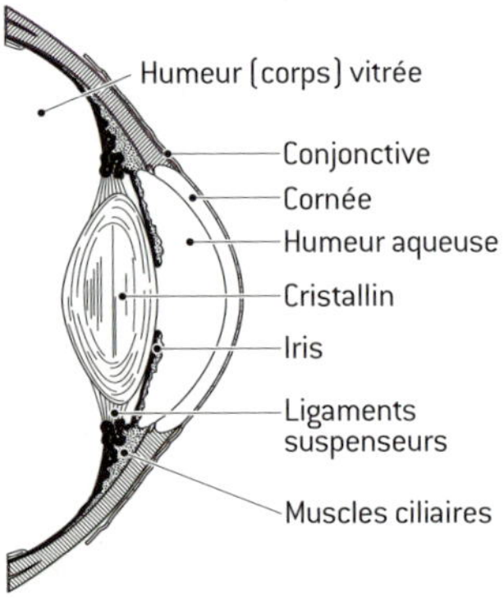

DOCUMENT 2 **Le cristallin.**

- Le ***punctum proximum*** (PP) est le point le plus proche qui peut être vu distinctement en accommodant au maximum.
- Le ***punctum remotum*** (PR) est le point le plus éloigné que puisse voir l'œil sans accommoder. Chez un individu jeune et emmétrope (qui a un œil sans défaut), PR est situé à l'infini et PP à environ 25 cm de l'œil.

2. Structure du cristallin

■ Le cristallin est entouré d'une capsule non cellulaire (de quelques micromètres d'épaisseur), reliée à des muscles ciliaires par des ligaments suspenseurs. Il est ni innervé ni vascularisé.

■ Le reste du cristallin, **totalement cellulaire**, est formé d'un millier de couches de **cellules empilées** sur 4 millimètres. Ces cellules sont des fibres allongées dépourvues d'organites cellulaires (absence de noyau, de système de synthèse des protéines). Cependant elles **demeurent vivantes,** ne sont pas supprimées au cours de la vie. Leur cytoplasme est très riche en protéines appelées cristallines qui, elles non plus, ne sont jamais renouvelées. C'est cette solution aqueuse de cristallines, l'absence d'organites cellulaires et l'absence de vascularisation qui confèrent cette transparence au cristallin.

- Les **fibres cristalliniennes** formées au cours de la vie fœtale se localisent au centre du cristallin. Après la naissance et durant la vie adulte, de nouvelles fibres se forment, s'ajoutant aux plus anciennes. Elles sont issues des divisions d'une couche mince de cellules cubiques situées sur la face antérieure du cristallin. Les cellules nouvellement créées s'enfoncent dans la zone équatoriale, s'allongent et s'ajoutent aux fibres existantes : l'épaisseur du cristallin augmente au cours de la vie.

> Les **cellules cristalliniennes** ont une longévité exceptionnelle. Jamais supprimées ni remplacées, elles peuvent rester fonctionnelles pendant une centaine d'années.

3. Le mécanisme de l'accommodation

Hors de l'organisme, le cristallin a une forme **sphérique**. Lorsqu'on l'étire, il s'aplatit grâce à l'élasticité de ses fibres **(DOCUMENT 3)**.

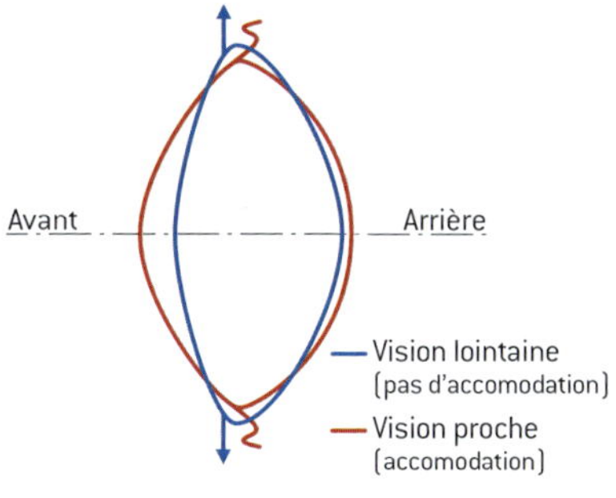

DOCUMENT 3 Le cristallin et l'accommodation.

- **Lors de la vision d'un objet éloigné,** les muscles ciliaires sont relâchés (leur volume diminue), ce qui s'accompagne d'une tension des ligaments suspenseurs. Ceux-ci tirent sur le cristallin qui s'aplatit. Les rayons de courbure des faces antérieure (10 mm) et postérieure (6 mm) sont maximaux.

- **Lors de la vision d'un objet proche,** par un mécanisme réflexe, les muscles ciliaires se contractent (leur volume augmente), ce qui entraîne un relâchement de la tension qu'exercent les ligaments suspenseurs sur le cristallin. Celui-ci, par suite de son élasticité, tend à reprendre une forme sphérique. Les rayons de courbure sont alors de 6 mm (face antérieure) et de 5,5 mm (face postérieure).

C Les dysfonctionnements du cristallin

1. La presbytie

- La presbytie se traduit par des difficultés à lire ou à effectuer un travail de près tout en gardant une bonne vision de loin. Le *punctum proximum* passe progressivement de 25 à environ 35 cm de l'œil. La presbytie est due à une perte d'élasticité du cristallin qui, avec l'âge, a de plus en plus de difficultés à reprendre sa forme sphérique initiale, ce qui entraîne une perte d'amplitude de l'accommodation.
- Cette perte d'élasticité est liée au vieillissement des fibres cristalliniennes. Elle est sans doute également due à une augmentation de l'épaisseur du cristallin en raison de l'ajout incessant de nouvelles cellules cristalliniennes.

La presbytie est corrigée par le port de lunettes ou, en cas de déficience grave, par la mise en place d'un cristallin artificiel.

2. La cataracte

- La cataracte est une opacification progressive de tout ou partie du cristallin qui peut conduire à terme à la cécité. Elle se traduit par une perte d'acuité visuelle affectant essentiellement, du moins au début, la vision de loin.
- La perte de transparence serait due à une précipitation des protéines contenues dans les cellules cristalliniennes. Ces protéines ne se renouvelant pas, elles finissent par cristalliser et entraîner une opacification.
- La cataracte ne peut être corrigée que par la chirurgie : on met en place un implant au sein de la capsule après avoir enlevé le cristallin devenu opaque.

3. D'autres dysfonctionnements dus au cristallin ou à la longueur de l'œil

- La **myopie** est due soit à un cristallin trop convergent, soit à un œil trop long. L'image d'un objet situé au-delà du *punctum remotum* se forme en avant de la rétine : l'image formée sur la rétine est donc floue.
- L'**hypermétropie** est due soit à un cristallin pas assez convergent, soit à un œil trop court. L'image d'un objet situé au-delà du *punctum remotum* se forme en arrière de la rétine. L'hypermétropie est souvent plus difficile à détecter car elle est corrigée par le réflexe d'accommodation. Elle entraîne cependant, lorsqu'elle est forte, des difficultés dans la vision de près.

RÉCAPITULONS

Le cristallin est une structure vivante dont les cellules, très spécialisées, persistent durant toute la vie. Leur vieillissement entraîne la presbytie et assez souvent la cataracte. Le cristallin est le milieu transparent responsable de l'accommodation.

2 La rétine

A Généralités

En faible éclairement, on ne distingue pas la couleur des objets qui, de plus, sont perçus de manière imprécise. **En fort éclairement**, on distingue les couleurs des objets et on perçoit beaucoup plus de détails qu'en faible éclairement. Cela laisse supposer qu'il existe dans la rétine deux systèmes : l'un fonctionnant en faible éclairement et l'autre en fort éclairement.

Depuis le XIXe siècle, on sait qu'en mélangeant trois couleurs (bleu, vert et rouge) en proportions variables, on peut obtenir toutes les autres couleurs. Cette observation est à l'origine de la **théorie trichromatique** qui suppose l'existence de trois types de détecteurs rétiniens des couleurs.

B La structure de la rétine

Que sait-on aujourd'hui de la rétine qui puisse expliquer ces généralités ?

La rétine est une membrane constituée de cellules nerveuses (ou neurones) connectées les unes aux autres et formant un réseau complexe.

Un neurone type comprend un corps cellulaire et des prolongements cytoplasmiques : dendrites et axone. Il comprend une zone réceptrice (dendrites et corps cellulaire) qui reçoit les messages issus d'autres neurones et une région émettrice où le message est élaboré (à la base de l'axone), puis conduit vers d'autres neurones (extrémité de l'axone).

La rétine est constituée de trois couches de cellules nerveuses (DOCUMENT 4b, c) :
– la couche la plus éloignée du cristallin (la plus externe) est celle des cellules photoréceptrices : ce sont les **seuls neurones de la rétine** excitables par la lumière. C'est dans ces neurones sensoriels que naît le message nerveux. Leurs axones sont en contact avec les cellules nerveuses bipolaires ;

– la couche moyenne est constituée de cellules nerveuses bipolaires dont les axones sont en rapport avec les dendrites et les corps cellulaires des cellules nerveuses multipolaires ;
– la couche la plus interne est celle des cellules nerveuses multipolaires dont les axones constituent les fibres du nerf optique.

À noter que la lumière doit traverser deux couches avant d'atteindre les cellules réceptrices et les stimuler. Le **message nerveux** qui naît de cette stimulation se propage alors en sens inverse, de la couche des cellules photoréceptrices vers les neurones multipolaires.

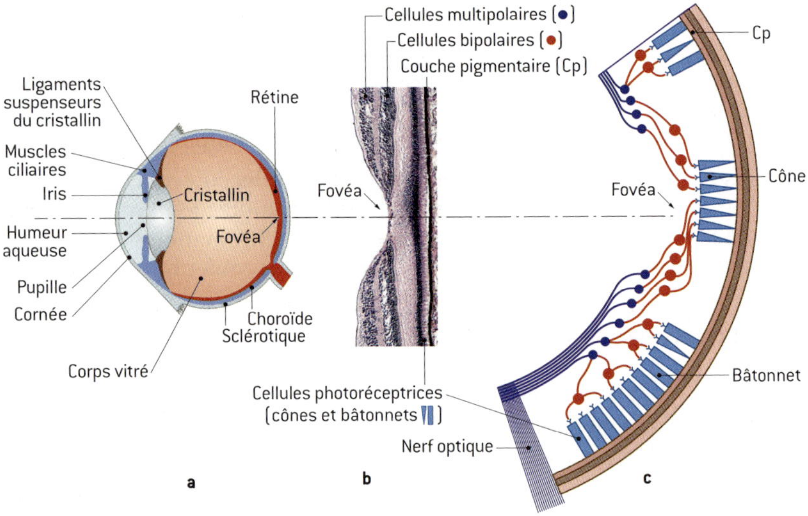

DOCUMENT 4

C Les cellules photoréceptrices

1. Organisation

Il existe **deux types** de cellules photoréceptrices (DOCUMENT 5) qui diffèrent par leur segment externe : elles sont soit en forme de cône, soit en forme de bâtonnet d'où la distinction des deux types de cellules photoréceptrices, les cônes et les bâtonnets.

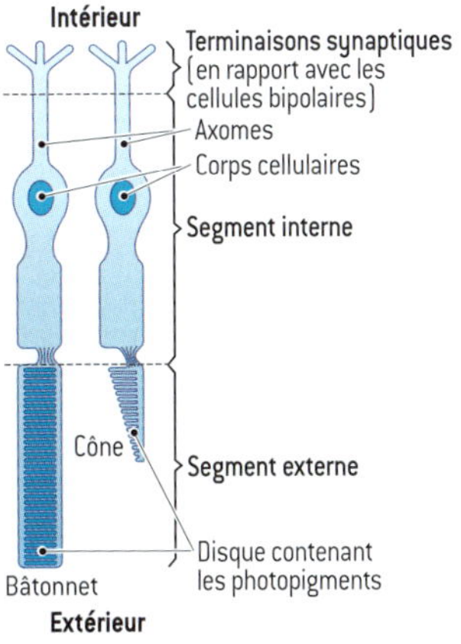

DOCUMENT 5 Structure des bâtonnets et des cônes.

Dans l'axe optique, la fovéa ne comporte que des cellules à cônes ; lorsqu'on s'éloigne de la fovéa, le nombre des cônes diminue et celui des bâtonnets augmente (DOCUMENT 4b ET c).

C'est dans le segment externe, dans les replis ou les disques, que sont localisés les **pigments** qui ont la propriété d'absorber les radiations lumineuses. Cette absorption déclenche un processus complexe qui aboutit à la naissance d'un message nerveux.

2. Le fonctionnement des cellules photoréceptrices en faible éclairement

Seuls les bâtonnets sont fonctionnels en faible éclairement. Le grand nombre de disques de leur segment externe et les propriétés de leur pigment, la rhodopsine, les rendent 1 000 fois plus sensibles à la lumière que les cônes.

La rétine périphérique, riche en bâtonnets, est donc la rétine fonctionnelle en faible éclairement.

En faible éclairement, **la perception des couleurs est impossible,** car les bâtonnets contiennent tous le même pigment, la rhodopsine, qui absorbe les photons (DOCUMENT 6) avec un maximum d'absorption pour les longueurs d'onde de 498 nm. Tous les bâtonnets stimulés répondent de la même façon aux mêmes longueurs d'onde. A une intensité lumineuse donnée, la réponse d'un bâtonnet (le message nerveux), qui dépend du nombre de photons absorbés, **est exactement la même** pour une radiation de longueur d'onde 450 nm (bleu-violet) que pour une longueur d'onde de 540 nm (vert-jaune) : il n'y a donc pas de discrimination des couleurs.

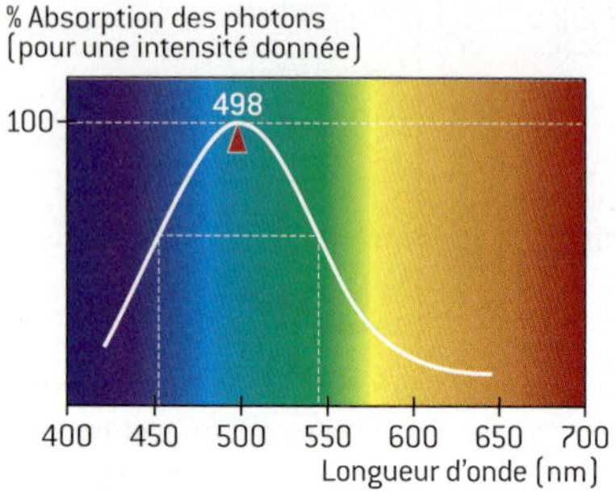

DOCUMENT 6 Spectre d'absorption des bâtonnets.

3. Le fonctionnement des cellules photoréceptrices en fort éclairement

Seuls les cônes sont fonctionnels en fort éclairement. Il existe trois types de cônes qui diffèrent par leur pigment et donc par des spectres d'absorption différents (DOCUMENT 7) :
– **les « cônes bleus »** présentent une absorption maximale des photons à **437 nm**, c'est-à-dire à des longueurs d'onde situées dans le bleu-violet (**pigment S** [small]) ;
– les « **cônes verts** » présentent une absorption maximale à **533 nm**, c'est-à-dire à des longueurs d'onde situées dans le vert (**pigment M** [middle]) ;
– les « **cônes rouges** » présentent une absorption maximale à **564 nm**, c'est-à-dire à des longueurs d'onde situées dans le jaune-rouge (**pigment L** [long]).

Les trois pigments sont des **opsines (iodopsines)** : ils diffèrent d'un type de cône à l'autre.

Chaque type de cône ne peut isolément adresser un message spécifique d'une couleur précise. Par exemple, un cône va émettre le même message pour des radiations assez peu intenses qu'il absorbe beaucoup et des radiations plus intenses qu'il absorbe moins (l'absorption de photons sera la même). Par contre, le message résultant de l'activité des trois types de cônes sera, indépendamment de l'intensité lumineuse, caractéristique d'une longueur d'onde et donc d'une couleur précise : qu'un seul type de cône ou que plusieurs soient concernés, le message résultant ne sera jamais équivoque (DOCUMENT 7).

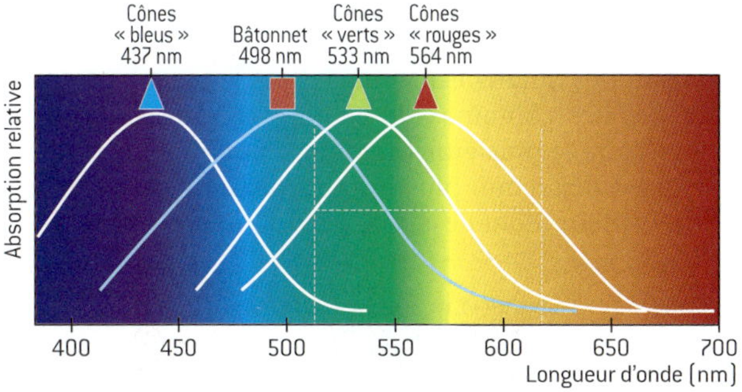

DOCUMENT 7 Spectres d'absoption des cellules photoréceptrices.
Les messages émis par les cellules photoréceptrices ne sont jamais équivoques. Ainsi, si les cônes rouges (L) absorbent avec la même intensité les radiations dans le rouge (618 nm) et dans le vert (510 nm), leur activité en réponse est couplée avec celle des cônes verts (M) pour la radiation rouge et à celle des cônes bleus (S) et verts pour la radiation verte absorbée. C'est donc l'association des messages émis par les trois populations de cônes qui est spécifique d'une radiation donnée.

Les anomalies liées au disfonctionnement des cônes confirment ce qui vient d'être établi en ce qui concerne la vision des couleurs :
– **en cas d'absence totale de cônes (achromatie),** la personne ne voit pas les couleurs ; la vision, peu précise, n'a recours qu'à la partie périphérique de la rétine ;
– **en cas d'absence des cônes verts et rouges (monochromatie),** l'acuité visuelle est meilleure en fort éclairement, mais la vision des couleurs n'est pas assurée (un seul type de cône est fonctionnel) ;
– **l'absence des cônes bleus**, affection très rare, empêche la perception dans la partie violet-bleu-vert du spectre ;
– **le daltonisme** est dû soit à l'absence de cônes verts, soit à celle de cônes rouges. Ces deux types de cônes sont actifs dans des régions très proches du spectre (DOCUMENT 7). Dans les deux cas de daltonisme, il y a impossibilité à distinguer les couleurs vert, jaune, orangé, rouge, qui apparaissent toutes sous une teinte jaune, plus ou moins délavée (DOCUMENT 10). Aucun daltonien ne confond exactement les mêmes couleurs, mais la confusion affecte en général la vision du rouge et du vert.

D Structure de la rétine et acuité visuelle

La discrimination des détails est imparfaite à la périphérie de la rétine car, dans cette région, des centaines de cellules réceptrices sont reliées à une seule cellule bipolaire et plusieurs bipolaires à une seule cellule multipolaire. L'acuité visuelle est beaucoup plus importante en vision centrale (fovéa) où chaque photorécepteur (cône) est relié à un neurone multipolaire.

La **convergence** du réseau nerveux est beaucoup plus marquée à la périphérie qu'au niveau de la fovéa :
– à la fovéa :
une cellule réceptrice ⟶ une cellule bipolaire ⟶ une cellule multipolaire
– à proximité de la fovéa :
10 cellules réceptrices ⟶ 5 cellules bipolaires ⟶ une cellule multipolaire
– à la périphérie de la rétine :
200 cellules réceptrices ⟶ 10 cellules bipolaires ⟶ une cellule multipolaire

3 La génétique des pigments visuels

A L'histoire des gènes responsables

- Chaque pigment visuel est une protéine codée par un gène. Il existe donc 4 gènes : le **gène *rho*** porté par le chromosome 3, qui ne s'exprime que dans les bâtonnets, le **gène *S*** porté par le chromosome 7, qui s'exprime dans les cônes « bleus », le gène *M*, dans les cônes « verts » et le gène *L*, dans les cônes « rouges », ces deux gènes étant portés par le chromosome sexuel X.

Bien que se trouvant dans tous les photorécepteurs, seul l'un de ces gènes s'exprime dans un type de cellule donnée.

- Les **séquences nucléotidiques** de ces quatre gènes ont été comparées.

Le **DOCUMENT 8** montre la très grande similitude (98 %) des gènes *M* et *L* (vert et rouge) et des protéines qu'ils codent (96 %). Cela signifie que ce sont des gènes homologues, issus de la duplication (voir page 70) d'un même gène ancestral.

	rho	*S* (bleu)	*M* (vert)	*L* (rouge)
rho	100	45	43	42
S		100	44	43
M			100	98
L				100

DOCUMENT 8 Comparaison des séquences nucléotidiques des gènes *rho*, *S*, *M* et *L*. Indication du pourcentage de sites identiques.

L'**homologie** entre deux gènes est révélée par le degré de similitude de leurs séquences nucléotidique. Ils sont en général homologues si la similitude est supérieure à 35-40 %.

Les similitudes nucléotidiques (exprimées en pourcentages) très fortes entre *M* et *L* se retrouvent, avec des valeurs plus faibles, avec les gènes des deux autres pigments (DOCUMENT 8).

Ces quatre gènes sont des gènes homologues, dérivant d'un même gène ancestral.

Ces gènes, qui existent aujourd'hui chez l'Homme, constituent une **famille multigénique** et ont pour origine un gène présent chez une espèce ancestrale et qui vivait il y a environ 800 millions d'années.

On admet que deux gènes d'une famille multigénique, ayant peu de différences dans leurs séquences de nucléotides, résultent d'une duplication plus récente que celle à l'origine de deux gènes ayant un plus grand nombre de différences.

Dans la famille des gènes des pigments visuels, le gène ancestral a subi **une duplication** qui a donné deux gènes, divergeant par la suite en raison de mutations :
- l'un a donné le gène *rho* codant pour le pigment des bâtonnets ;
- l'autre a donné un gène codant pour un pigment des cônes.

Une **deuxième duplication** (il y a 500 Ma) a affecté ce gène du pigment des cônes pour donner deux gènes :
- l'un codant pour le pigment S (bleu) ;
- l'autre codant pour un pigment ML.

Une **troisième duplication** (il y a 30 Ma), affectant le gène ML, a donné naissance aux gènes codant :
- l'un pour le pigment M (vert) ;
- l'autre pour le pigment L (rouge).

L'arbre phylogénétique (DOCUMENT 9) résume cette histoire des gènes des pigments visuels depuis 800 millions d'années.

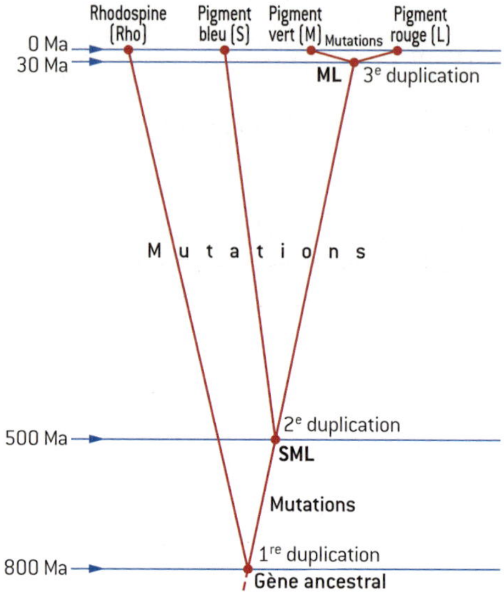

DOCUMENT 9 **Histoire évolutive des gènes codant pour les pigments visuels.**

Dans l'espèce humaine, certaines anomalies de la vision des couleurs (daltonisme) sont dues à des mutations ayant entraîné la disparition (délétion) d'un gène, soit le gène *M*, soit le gène *L*. Certains individus (surtout féminins) possèdent 2, 3 … duplicatas du gène *M* (vert).

B L'histoire de ces gènes au sein des primates

■ La plupart des mammifères sont **dichromates** : ils possèdent un gène *S* et un gène *ML*. Le chat possède un pigment S qui absorbe les longueurs d'onde vers 430 nm et un pigment ML qui les absorbe vers 555 nm **(DOCUMENT 10)**.

Spectre des dichromates (chat, certains daltoniens)

Spectre des trichromates

DOCUMENT 10

- Les primates platyrrhiniens (« singes du Nouveau Monde ») (DOCUMENT 11) sont dichromates alors que tous les primates catarrhiniens (« singes de l'Ancien Monde » : macaque, chimpanzé, Homme…) possèdent les trois gènes *S*, *M* et *L* : ils sont **trichromates**.
- Ce caractère commun aux catarrhiniens est hérité d'un ancêtre commun. Des données indiquent que la séparation entre platyrrhiniens et catarrhiniens a eu lieu il y a environ 40 Ma.

La duplication à l'origine des gènes *M* (vert) et *L* (rouge) a donc eu lieu après la séparation des catarrhiniens et des platyrrhiniens.

La comparaison des séquences des gènes *S*, *M* et *L* permet de préciser les relations de parenté entre les diverses espèces de catarrhiniens (voir méthode).

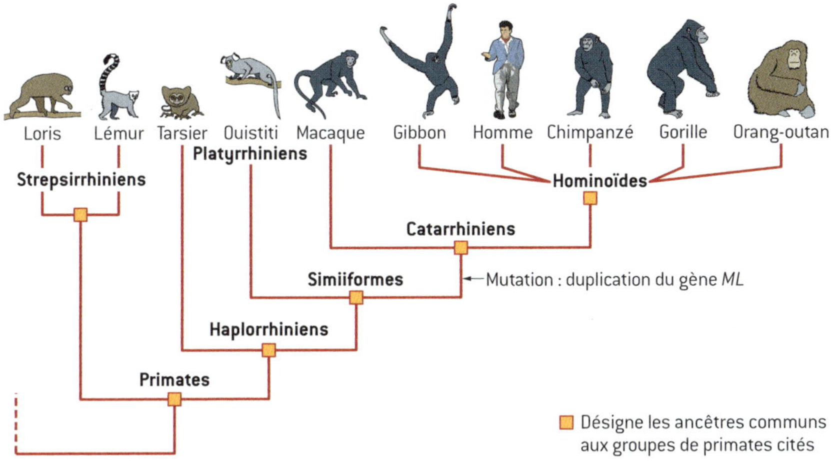

DOCUMENT 11 Arbre phylogénétique des primates.

RÉCAPITULONS

La rétine est une membrane d'origine nerveuse. Sa capacité à convertir les stimuli lumineux en messages nerveux est liée à la présence de photorécepteurs, les cônes et les bâtonnets, caractérisés par leurs pigments différents. Les bâtonnets sont uniquement fonctionnels en faible éclairement, tandis que les cônes fonctionnent en fort éclairement et permettent la vision des couleurs.

Chaque pigment visuel est codé par un gène. Les quatre pigments, celui des bâtonnets et ceux des trois types de cônes, forment une famille multigénique dont il est possible de reconstituer l'histoire.

4 Les aires corticales visuelles

A La liaison rétine-cortex cérébral

- La perception visuelle ne naît pas au niveau de la rétine. Celle-ci transforme l'image en messages nerveux qui sont ensuite véhiculés jusqu'au cortex cérébral. La perception visuelle résulte de l'interprétation de ces messages par le cortex.

- Les autres organes sensoriels, la peau, la membrane sensible de l'oreille interne, etc., émettent aussi des messages nerveux qui renseignent le cerveau sur d'autres paramètres de l'environnement. Quel que soit l'organe des sens, les messages nerveux sont de même nature : ce sont des combinaisons de signaux électriques. Cependant, le cerveau est capable d'identifier la provenance de ces messages, car chacun d'entre eux arrive en une zone bien définie du cortex cérébral **(DOCUMENT 12)**. Ainsi, les messages issus de la rétine arrivent dans une zone située dans le lobe occipital, appelée **cortex visuel primaire** ou aire visuelle primaire **(DOCUMENT 13)**.

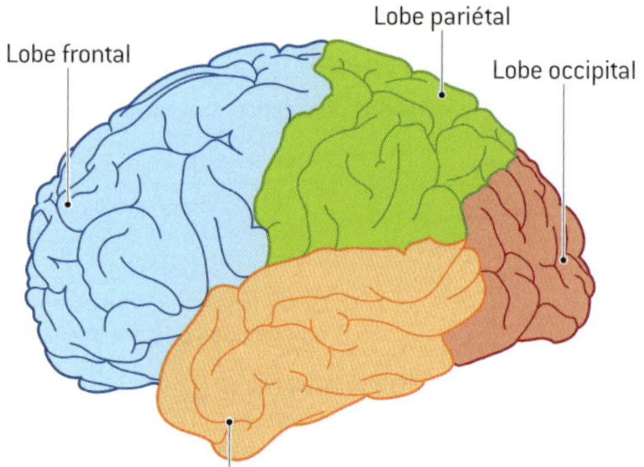

DOCUMENT 12 Les grandes régions du cortex cérébral.

> Le **cortex cérébral** désigne une couche de substance grise de quelques millimètres d'épaisseur à la surface des hémisphères cérébraux. La substance grise est constituée de milliards de neurones connectés les uns aux autres.

- Les messages issus d'une région précise de la rétine arrivent aussi en une région précise du cortex visuel. Il existe donc une représentation corticale de la rétine, mais elle est déformée. En effet, la zone du cortex visuel primaire qui traite les messages issus de la fovéa (rétine centrale) est surreprésentée par rapport au reste de la rétine. Cela est en rapport avec le fait que la fovéa est la région de la rétine permettant l'analyse de l'image la plus précise.

En raison du croisement des fibres nasales des deux nerfs optiques (DOCUMENT 13), le cortex visuel droit traite des messages du champ visuel gauche et vice versa.

La perception visuelle ne naît pas de l'activité de l'aire visuelle primaire, mais si les deux aires visuelles primaires sont détruites, la personne est aveugle. Ces aires visuelles sont le siège d'un **premier traitement des messages issus de la rétine** : les informations issues de ce traitement sont transmises à d'autres aires visuelles, d'où résulte la perception visuelle.

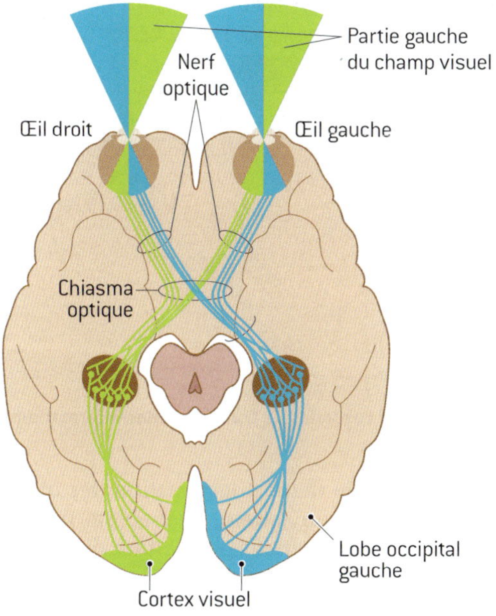

DOCUMENT 13 **Les voies visuelles vues du dessous.**

B Les deux grandes voies de traitement de l'information visuelle

Le traitement des informations visuelles fournies par le cortex visuel primaire s'effectue selon deux grandes voies (DOCUMENT 14) : la voie **ventrale** (ou occipito-temporale) et la voie **dorsale** (ou occipito-pariétale).

À la suite d'accidents vasculaires cérébraux, certaines personnes perdent la faculté de reconnaître la forme des objets et de les identifier. En revanche, elles peuvent toujours diriger leur main vers cet objet et placer leurs doigts afin de le saisir. Ces personnes souffrent d'agnosie visuelle : elles ne perçoivent plus consciemment les objets, mais ont conservé l'aptitude à les manipuler. Elles souffrent de **lésions touchant le cortex occipito-temporal** (voie ventrale).

- D'autres personnes sont capables d'identifier les objets, mais pas de les saisir ou de les manipuler convenablement (la main est mal dirigée, les doigts ne se referment plus en pince autour de l'objet). Elles souffrent de **lésions touchant le cortex occipito-pariétal** (voie dorsale).

- **La voie ventrale** est spécialisée dans le traitement de la forme et plus généralement des caractéristiques physiques des objets ; cette voie intervient dans l'identification et répond à la question : qui ? quoi ? (reconnaître).

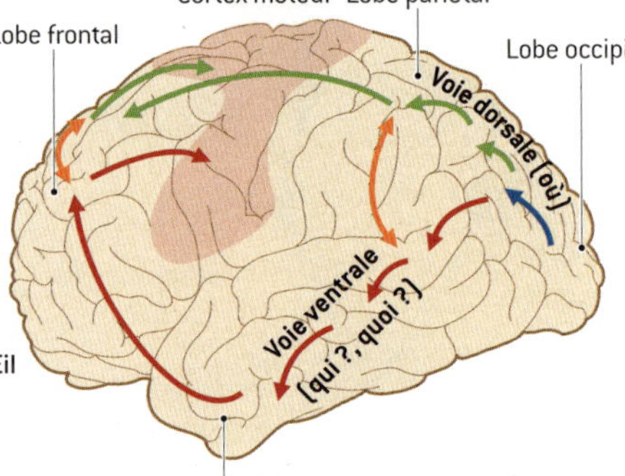

DOCUMENT 14 Les voies de traitement des informations visuelles.

- La **voie dorsale** est engagée dans la localisation des objets et leur analyse dans l'espace (analyse du mouvement) des objets perçus. Elle intervient dans l'envoi des commandes motrices permettant de manipuler les objets et répond à la question : où ? (localiser, agir sur les objets).

- Ainsi se dégage l'idée d'un traitement en parallèle de l'information visuelle. Il ne faut pas toutefois penser que ces deux voies fonctionnent de façon indépendante car, bien entendu, l'identification, la capacité à localiser et l'action sur les objets ont lieu normalement en même temps.

C Des aires visuelles spécialisées

- Les données cliniques et plus encore l'**imagerie cérébrale** ont permis de découvrir que le traitement de l'information visuelle ne se fait pas globalement, mais nécessite la coopération des aires visuelles spécialisées.

> L'**imagerie cérébrale** permet de repérer les zones actives du cerveau lorsque le sujet est soumis à des stimulations ou doit effectuer des tâches précises.

Par exemple, sur la voie ventrale, dans le cortex occipital, on a mis en évidence une aire (V4), très proche de l'ère visuelle primaire (DOCUMENT 15), spécialisée dans la reconnaissance des couleurs. Les patients chez qui cette aire est détruite décrivent leur environnement comme terne, formé seulement de nuances de gris. Ils restent toujours capables de percevoir la forme des objets, de les identifier. Pourtant leur rétine est normale et comprend les trois types de cônes.

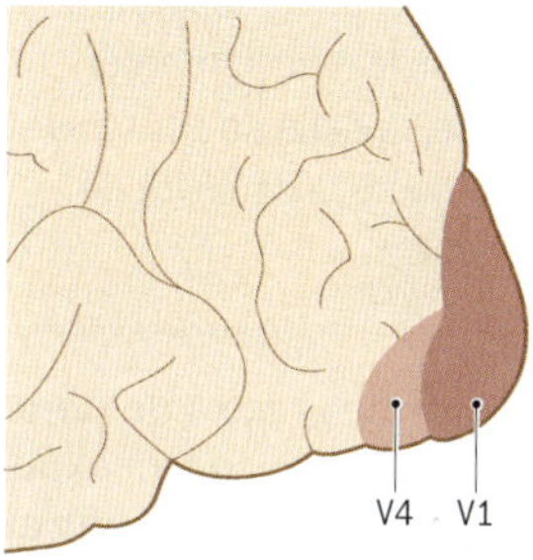

DOCUMENT 15 Situation de l'aire de reconnaissance des couleurs (V4) et de l'aire visuelle primaire (V1) dans le lobe occipital.

Dans le cortex temporal (voie ventrale), on a mis en évidence des aires spécialisées dans la reconnaissance des objets, des mots écrits, des visages, des éléments de l'environnement (maisons, bâtiments, paysages…) (DOCUMENT 16). L'ordonnancement de ces régions est le même pour tout le monde. Si la spécialisation n'est pas absolue, on a cependant trouvé des cas de personnes ayant perdu, à la suite d'un accident vasculaire cérébral, la seule capacité de reconnaissance des visages : elles ne parviennent plus à identifier le visage de leurs proches, ni à se reconnaître dans un miroir. Tous les visages familiers paraissent étrangers. En revanche, les objets et les lieux sont parfaitement identifiés.

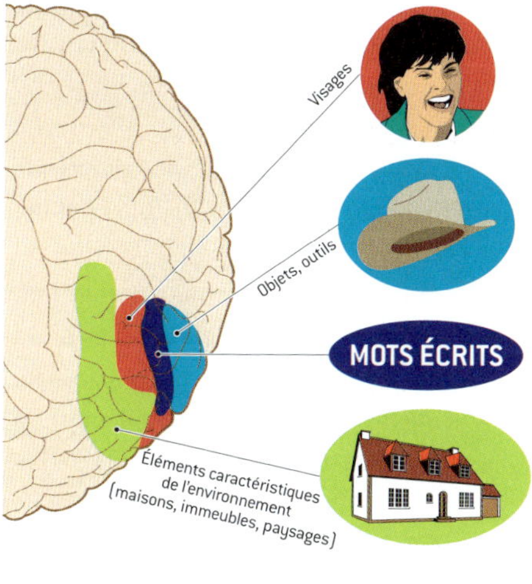

DOCUMENT 16 Exemples d'aires spécialisées dans le cortex temporal ventral.

LE SYNDROME DE LA CÉCITÉ AUX MOUVEMENTS

Sur la voie dorsale, on a identifié plusieurs aires spécialisées. L'une des plus remarquables est celle spécialisée dans la reconnaissance des mouvements. « Mme W souffre de l'étrange syndrome de la cécité aux mouvements qui se manifeste par des arrêts sur image de plusieurs secondes. Il lui est difficile de faire la conversation, car elle ne voit pas bouger les lèvres de ses interlocuteurs. Elle éprouve des difficultés à servir le thé, car elle ne voit pas le niveau monter dans la tasse. C'est pour elle une épreuve de traverser la rue, car elle ne peut pas estimer le mouvement des voitures. En revanche, elle a toujours la capacité de reconnaître la forme et la couleur des objets, et de les identifier. »

- Le cerveau construit une représentation visuelle du monde grâce à de nombreuses aires spécialisées fonctionnant en parallèle. Néanmoins, notre expérience de tous les jours indique que chaque scène visuelle est perçue comme un tout muni de tous les attributs adéquats. Cela est lié au fait que toutes ces aires sont interconnectées et en liaison avec des aires intégratives situées notamment dans le cortex frontal, d'où résulte une vision unifiée.

- Il est possible, en dehors de toute stimulation extérieure, de percevoir des images visuelles mentales : l'imagerie cérébrale à révélé que chez une personne imaginant un objet, un visage… il y avait activation des mêmes aires cérébrales **(DOCUMENT 15)** que celles mises en jeu par une stimulation visuelle externe.

Des substances comme le **LSD** peuvent activer directement ces réseaux neuroniques responsables de la perception visuelle en dehors de toute stimulation naturelle et être ainsi à l'origine d'hallucinations et de pertes de contact avec la réalité.

RÉCAPITULONS

Les messages issus des deux rétines (droite et gauche) sont véhiculés par les fibres du nerf optique jusqu'aux cortex visuels primaires situés à l'arrière du lobe occipital de chaque hémisphère cérébral. Après un premier traitement, ces aires visuelles primaires envoient des informations vers de multiples aires visuelles spécialisées, distribuées suivant deux grandes voies : la voie dorsale impliquée dans la localisation des objets (voie du « où ? ») et la voie ventrale spécialisée dans l'interprétation des objets (voie du « quoi ? », du « qui ? »).

5 Vision et plasticité cérébrale

A Généralités

- La perception visuelle est une **création de notre cerveau** qui résulte du travail d'un grand nombre d'aires spécialisées communiquant entre elles. Notre façon de voir le monde dépend de la façon dont notre cerveau est construit. La question du déterminisme de la construction du cerveau se pose alors. Quelle est la part d'un déterminisme génétique dans la construction du système visuel ? Quelle est la part de l'environnement ?

- Des études menées chez le singe macaque ont révélé que l'organisation du système visuel était la même que chez l'Homme : entrée des informations visuelles au niveau d'une aire visuelle primaire située dans le cortex occipital, existence de deux grandes voies de traitement des messages visuels avec les mêmes aires spécialisées, agencées de la même façon. Certes, le cortex visuel humain est plus développé que celui du macaque, mais l'architecture fonctionnelle globale est la même. Cela indique un **déterminisme génétique** de la construction globale du système visuel, héritage de l'ancêtre commun à tous les primates (dont l'Homme fait partie).

- Chez des aveugles de naissance ayant appris à lire le braille, des études d'imagerie cérébrale ont montré une activation du cortex visuel, notamment de l'aire visuelle primaire, au cours d'un exercice de lecture. Par cet apprentissage, le cortex visuel qui, normalement, traite les messages nerveux issus de la rétine, traite les messages tactiles issus des doigts. On a même mis en évidence une représentation des doigts dans le cortex visuel de ces aveugles lecteurs de braille. Cela traduit les possibilités de réorganisation des réseaux neurones cérébraux à la suite d'un apprentissage : c'est ce que l'on appelle la **plasticité cérébrale**. Cette dernière est notamment à l'œuvre lors de l'apprentissage de la lecture.

B Le système visuel impliqué dans la lecture

- Parmi les aires du cortex temporal impliquées dans la reconnaissance des objets, il en existe une qui est spécialisée dans la reconnaissance des mots et des lettres **(DOCUMENT 17)** ; c'est l'aire de la forme visuelle des mots. Toutes les personnes sachant lire possèdent une seule région de la forme visuelle des mots, située dans le lobe temporal gauche.

- L'imagerie cérébrale révèle une intense activation de l'aire de la forme visuelle des mots au cours de la lecture, alors qu'il n'y a aucune trace d'activation lorsque les personnes entendent les mêmes mots. Des cas cliniques montrent les conséquences d'une lésion de cette zone du cortex. La personne ne peut plus identifier les lettres et les mots, alors qu'elle savait parfaitement lire avant. En revanche, le langage oral est intact, l'écriture intacte (mais le malade ne peut plus lire ce qu'il vient d'écrire), la reconnaissance des visages et des objets est largement conservée. Le patient n'est « aveugle » qu'aux lettres et aux mots.

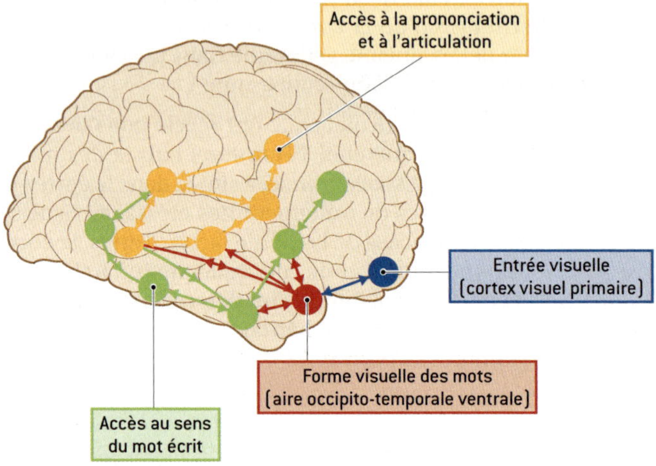

DOCUMENT 17 Modéle neurologique de la lecture.

- Dans le lobe temporal et le lobe frontal, il existe plusieurs aires impliquées dans le langage et connectées les unes aux autres (DOCUMENT 17). Pour simplifier, deux grands systèmes impliquent chacun plusieurs aires. Le premier intervient dans la conversion des lettres en sons, le second sert à analyser le sens des mots. Les aires de ces deux systèmes ne sont pas spécifiques à la lecture, car elles interviennent au premier chef dans le traitement du langage parlé.

- L'aire de la forme visuelle des mots est un goulot d'étranglement qui distribue les informations qu'elle traite sur les lettres et les mots à de nombreuses aires réparties dans tout l'hémisphère gauche selon deux grands systèmes qui fonctionnent en parallèle (l'un convertit lettres et mots en sons, l'autre en retrouve le sens).

Apprendre à lire revient donc à :
– créer une représentation visuelle des mots écrits dans l'aire de la forme visuelle des mots ;
– mettre en connexion cette aire qui est une « voie d'entrée visuelle » avec les aires du langage codant pour le son et le sens.

C Plasticité cérébrale et apprentissage de la lecture

■ L'universalité des régions cérébrales impliquées dans la lecture pose le problème de la façon dont notre cerveau acquiert des circuits cérébraux spécialisés. Puisqu'elle existe chez tous les lecteurs, on pourrait penser à un **déterminisme génétique** de l'aire de reconnaissance des lettres et des mots. Mais c'est impossible. En effet, l'écriture et donc la lecture est une invention datant de 5 000 ans environ, alors que les premiers *Homo sapiens* vivaient il y a près de 200 000 ans. On ne peut imaginer que des innovations génétiques apparues chez des *Homo sapiens* il y a 5 000 ans aient pu se répandre dans toutes les populations humaines en si peu de temps.

■ L'imagerie cérébrale a montré que, chez les analphabètes, l'aire visuelle de reconnaissance des mots n'est pas activée lors de la présentation de lettres et de mots, mais l'est lors de la présentation de visages. Dans cette région, au cours de l'apprentissage de la lecture, la « réponse » aux visages diminue à mesure que la compétence de lecture augmente. Autrement dit, au cours de l'apprentissage de la lecture, il y a une véritable réorganisation de cette zone du cortex – **un recyclage des réseaux neuroniques.** Les réseaux actifs lors de la présentation des visages deviennent actifs lors de la présentation des mots. C'est un exemple de plasticité cérébrale qui montre l'impact très important de l'éducation sur le cerveau humain. Il est à noter que cette réorganisation cérébrale se produit aussi chez les personnes qui apprennent à lire tard : la plasticité cérébrale, même si elle est plus forte durant l'enfance, persiste chez l'adulte.

■ La plasticité cérébrale n'intervient pas seulement dans la mise en place de l'aire visuelle des mots. L'imagerie cérébrale augmente les réponses au langage parlé avec la mise en place des connexions entre les aires visuelles et les aires de la reconnaissance des sons.

■ L'existence d'aires cérébrales spécialisées dans la reconnaissance des objets, et en particulier des visages, est **un héritage de notre histoire évolutive** que nous partageons avec les autres singes. Elle est inscrite dans notre génome. Mais les capacités de réorganisation de cette aire ont fait que, chez l'Homme au cortex particulièrement développé, les réseaux neuroniques traitant les caractéristiques des visages se sont spécialisés dans l'analyse des mots. La mémoire génétique a permis une mémoire individuelle, grâce à la plasticité du cerveau.

RÉCAPITULONS

• Les divers phénotypes d'un individu dépendent de l'interaction entre son génome et l'environnement.

• C'est particulièrement vrai pour le phénotype cérébral dont le déterminisme génétique laisse, grâce à la plasticité des réseaux neuroniques, une marge d'adaptation à l'environnement. Des inventions culturelles telles que la lecture mettent à profit cette plasticité.

SCHÉMA BILAN

Nous pensons voir le monde avec nos yeux, mais, en réalité, nous ne percevons que l'image du monde créée par notre cerveau en réponse à la réception de signaux électriques nés dans la rétine.

Œil

- **Cristallin**
  Accommodation : mise au point (focalisation) d'un objet sur la rétine.
- **Rétine**
  Ensemble de cellules photosensibles : bâtonnets (vision non colorée en faible éclairement) et cônes (vision colorée en fort éclairement).
  Traduction de l'image reçue (stimuli lumineux) en messages nerveux de type électrique.

Nerfs optiques

- Formés par les axones des cellules rétiniennes multipolaires.
- Véhiculent les messages jusqu'au cortex cérébral occipital (aires visuelles primaires).

Cortex visuel

- L'aire visuelle primaire constitue la zone d'entrée des messages provenant de la rétine.
- L'aire visuelle primaire traite les informations reçues et les distribue suivant deux grandes voies : dorsale (voie du où ?) et ventrale (voie du qui ?, du quoi ?).
- Comme les autres aires du cortex, le cortex visuel montre une plasticité importante (en œuvre lors de l'apprentissage de la lecture).

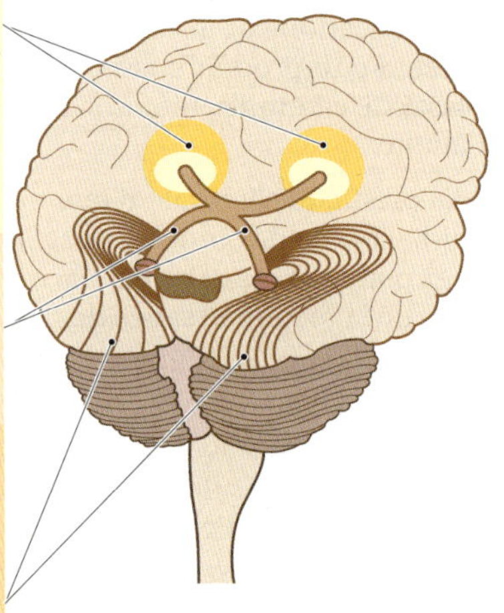

DOCUMENT 18

Établir des relations de parenté à partir de données moléculaires

ÉNONCÉ

On a comparé les séquences des gènes homologues qui codent pour le pigment S (bleu) chez cinq primates.
Le tableau ci-dessous indique les différences entre les séquences de nucléotides de ces gènes.

	Sapajou	Homme	Gorille	Chimpanzé	Macaque
Sapajou	0	25	26	25	26
Homme		0	1	0	13
Gorille			0	1	14
Chimpanzé				0	13
Macaque					0

1 À partir des données de ce tableau, établir avec quel primate l'Homme est le plus étroitement apparenté.

2 Construire l'arbre phylogénétique traduisant les relations de parenté entre ces cinq primates.

MÉTHODE

Il faut bien comprendre la signification de **« gènes homologues »** (à rapprocher de caractères homologues). Ces gènes présents chez les cinq espèces ont de telles similitudes dans leurs séquences que l'on suppose qu'ils dérivent d'un gène présent chez l'ancêtre commun de ces cinq primates.

Les différences entre les gènes homologues résultent de **mutations** ayant eu lieu dans chacune des cinq lignées après la séparation avec leur ancêtre commun.

Le **nombre de différences** entre les séquences de deux gènes homologues est d'autant plus faible que le dernier ancêtre commun aux deux espèces considérées est récent.

Deux espèces A et B sont plus étroitement apparentées entre elles qu'avec une espèce C si elles dérivent d'une espèce ancestrale commune qui n'est pas celle de C ; on parle d'un ancêtre commun à A et B et non à C.

Pour construire l'arbre phylogénétique, il faut placer les différents ancêtres communs en tenant compte de la plus ou moins grande similitude des gènes. L'ancêtre commun à toutes les espèces considérées se trouve à la racine de l'arbre.

CORRIGÉ

1 Les séquences de l'Homme et du chimpanzé sont identiques, alors qu'il existe des différences avec les gènes de tous les autres primates. C'est donc avec le chimpanzé, d'après ce gène du pigment S, que l'Homme a la plus étroite parenté.

2 L'Homme et le chimpanzé étant étroitement apparentés et le gène n'ayant muté ni dans une lignée ni dans l'autre, cela signifie que leur ancêtre commun est relativement récent. Cet **ancêtre commun A1** leur est propre ; ils ne le partagent avec aucun des trois autres primates **(DOCUMENT 19)**.

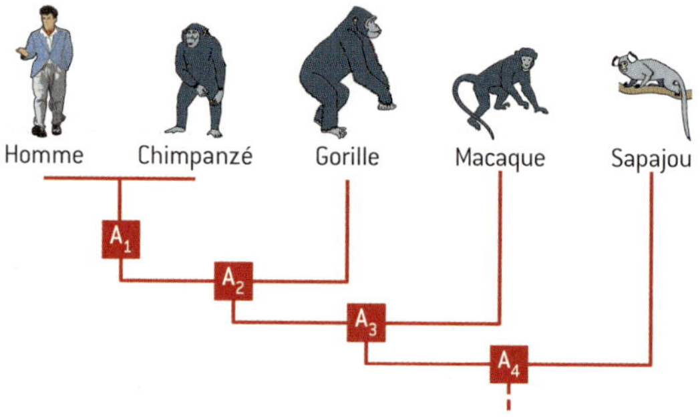

DOCUMENT 19

Le gorille est plus proche du groupe Homme-chimpanzé que ne le sont les autres primates (une seule différence pour le gorille contre 13 et plus pour les autres espèces) : le gorille partage donc un **ancêtre commun A2** avec ces deux espèces, plus ancien que l'ancêtre A1 et qui n'est pas celui du macaque ou du sapajou.

Le macaque est plus étroitement apparenté au groupe Homme–chimpanzé–gorille que ne l'est le sapajou (13-14 différences contre 25-26). L'**ancêtre commun A3** avec ce groupe est beaucoup plus ancien (nombre de différences beaucoup plus grand) que l'ancêtre A2 commun au gorille, au chimpanzé et à l'Homme.

Le nombre de différences entre le sapajou et les quatre autres espèces est à peu près le même (25 ou 26) ; cela montre qu'il n'est pas plus apparenté à une espèce qu'à une autre : l'**ancêtre commun A4** au sapajou et aux quatre autres espèces est encore plus ancien.

Ainsi, de proche en proche, on construit l'arbre phylogénétique **(DOCUMENT 19)**.

SE TESTER QUIZ

1 Le cristallin

Relever parmi les affirmations suivantes celles qui sont inexactes et les corriger.

Le cristallin :

- ☐ **a.** est constitué d'une superposition de cellules à longue durée de vie
- ☐ **b.** peut, chez la personne âgée, devenir opaque et provoquer un trouble de la vision appelé cataracte
- ☐ **c.** diminue sa courbure lors de la vision de près grâce à son élasticité
- ☐ **d.** est relié aux muscles ciliaires par des ligaments suspenseurs.

2 Les cônes

Relever parmi les affirmations suivantes celles qui sont inexactes et les corriger.

Les cônes sont des photorécepteurs :

- ☐ **a.** dont on peut distinguer les différents types par leur forme
- ☐ **b.** qui diffèrent par les gènes codant pour leurs pigments visuels
- ☐ **c.** qui répondent tous de la même façon aux différentes longueurs d'onde de la lumière visible
- ☐ **d.** non fonctionnels en faible éclairement
- ☐ **e.** plus nombreux que les bâtonnets.

3 La rétine

Relever parmi les affirmations suivantes celles qui sont inexactes et les corriger.

La rétine :

- ☐ **a.** est la membrane externe de l'œil sur laquelle se forme l'image
- ☐ **b.** est formée de cellules d'origine nerveuse qui sont toutes excitées par la lumière
- ☐ **c.** a la même structure sur toute son étendue
- ☐ **d.** est une membrane où naît la perception visuelle
- ☐ **e.** est à l'origine du nerf optique.

4 Notions clés

Associer à chaque élément du premier ensemble un ou plusieurs éléments du second ensemble.

1. Le cortex visuel primaire ☐	☐ a. possèdent 4 gènes codant pour les pigments visuels
2. Les bâtonnets ☐	☐ b. reçoit des messages issus des deux rétines
3. Le nerf optique ☐	☐ c. comprend une aire spécialisée dans la reconnaissance des visages
4. La voie dorsale du cortex visuel ☐	☐ d. permet de localiser les objets dans l'espace et de les saisir
5. Les cônes ☐	☐ e. possèdent un pigment commun à tous qui, en absorbant les radiations lumineuses, est à l'origine de la naissance d'un message nerveux
6. Les neurones multipolaires ☐	☐ f. reçoivent les messages nerveux des photorécepteurs par l'intermédiaire des cellules bipolaires de la rétine
7. La voie ventrale du cortex visuel ☐	☐ g. transporte des messages nerveux vers le cortex visuel primaire
	☐ h. sont, pour certains d'entre eux, absents chez les daltoniens
	☐ i. sont des photorécepteurs absents au niveau de la rétine centrale (fovéa)
	☐ j. peut être à l'origine d'une cécité totale en cas de lésion bilatérale

S'ENTRAÎNER

5 Interpréter une coupe de rétine

Légender les couches de la rétine **a**, **b** et **c** sur cette coupe **(DOCUMENT 20)** en vous basant sur la position de l'humeur vitrée. En justifiant votre réponse, indiquer si cette coupe a été réalisée au niveau de la rétine centrale ou de la rétine périphérique.

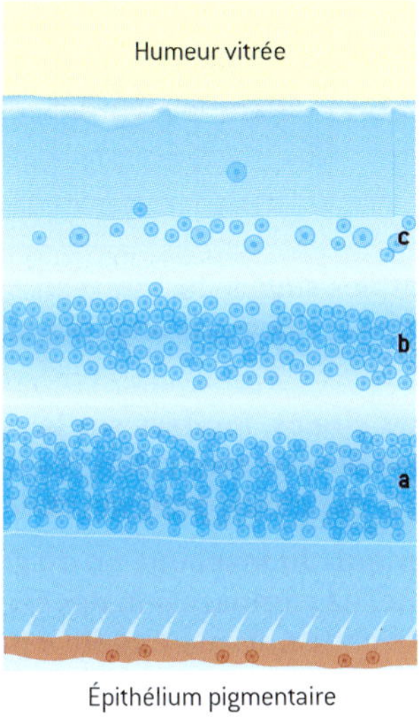

DOCUMENT 20

6 Relations de parenté

L'arbre du **DOCUMENT 21** traduit les relations de parenté entre divers primates établi à partir de la comparaison des séquences de nucléotides du gène codant pour le pigment visuel S (« bleu »).

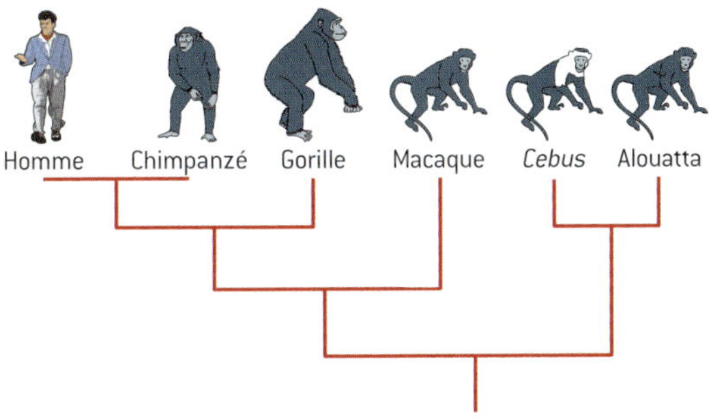

DOCUMENT 21 Relations de parenté entre divers primates.

Le tableau ci-dessous indique le nombre de différences entre les séquences de nucléotides du gène *Cox2*, qui code pour une enzyme intervenant dans la respiration des cellules.

	Chim-panzé	Homme	Gorille	Orang-outang	Macaque	*Cebus albifrons*	Alouatta
Chimpanzé	0	5	5	9	22	61	57
Homme		0	6	12	23	60	56
Gorille			0	8	23	61	57
Orang-outang				0	23	61	59
Macaque					0	66	65
Cebus albifrons						0	11
Alouatta							0

a. *Cebus albifrons* et alouatta sont des singes du Nouveau Monde, alors que le macaque, le gorille, le chimpanzé et l'Homme sont des singes de l'Ancien Monde (catarrhiniens).

Les relations de parenté entre ces singes, fondées sur la comparaison des séquences du gène *S*, sont-elles en accord avec celles résultant du nombre de gènes codant pour les pigments des cônes présents chez ces espèces ?

b. D'après le DOCUMENT 21, indiquer qui, du macaque ou du gorille, est le plus étroitement apparenté à l'Homme. La comparaison des séquences du gène codant pour Cox2 confirme-t-elle cette parenté établie à partir du gène du pigment visuel S ?

c. À partir du tableau, indiquer avec quelles espèces de primates l'orang-outan est le plus étroitement apparenté. Situer l'orang-outan sur l'arbre.

7 Zones actives du cerveau

Le DOCUMENT 22 indique les résultats obtenus au cours de la première étude (1988) sur les zones du cerveau actives au cours de différentes tâches.

a. Les messages nerveux issus des récepteurs de l'oreille interne et ceux issus de la rétine sont de même nature : ce sont des combinaisons de signaux électriques. Ils parviennent tous deux au cortex cérébral.

Tirer de ces clichés une information qui explique pourquoi la nature de ces messages est différenciée par l'activité cérébrale.

b. Expliquer la relation entre les deux zones actives au cours d'une lecture muette de mots (qui n'avaient pas de sens).

c. L'exercice d'association de mots consistait en ceci : un mot était présenté à une personne et elle devait inventer mentalement un usage plausible pour ce mot (par exemple « manger » si le mot était « gâteau »). Les auteurs n'ont représenté que la zone active lors de cette évocation (bien sûr, les zones actives lors d'une lecture muette étaient aussi activées durant cette tâche). **Quelle est la fonction de cette aire ?**

d. On vous présente le mot « chat » et on vous demande de prononcer ce mot. **Indiquer comment vous imaginez la succession des activités de votre cerveau qui vont alors se produire.**

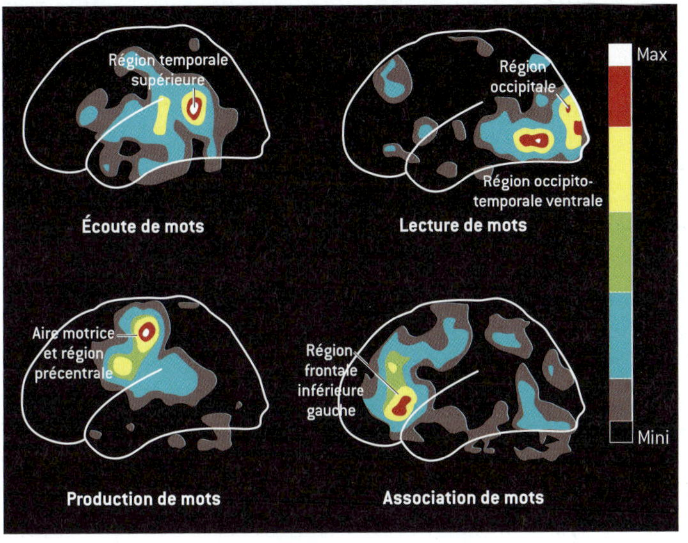

DOCUMENT 22 **Les zones jaune et rouge sont celles où le débit sanguin a nettement augmenté au cours de la tâche effectuée.**

OBJECTIF BAC

8 Le monde selon monsieur X

À partir des informations extraites des deux documents, proposer une origine possible aux troubles de la vision de M. X.

Monsieur X souffre depuis peu d'un problème de vision. À la suite d'examens et de dialogues avec lui, les médecins ont établi la façon dont M. X voit le monde (DOCUMENT A).

DOCUMENT A **Le monde vu par M. X.**

Par ailleurs, les examens ophtalmologiques n'ont révélé aucune anomalie au niveau des rétines de M. X.

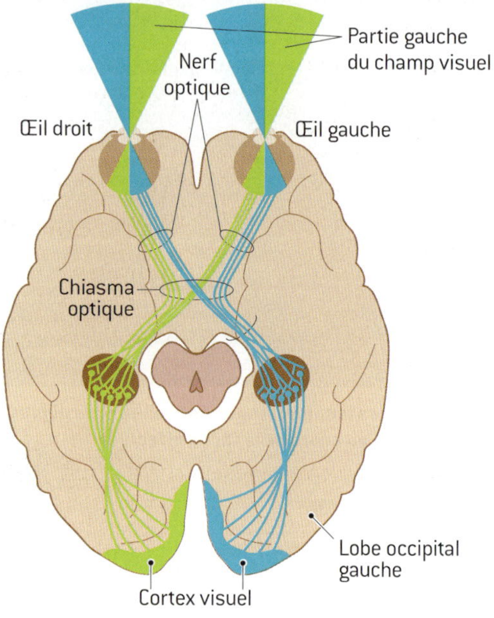

DOCUMENT B **Schéma des voies visuelles.**

SE TESTER

1 Le cristallin

a, b. Exact.

c. Faux. Lors de la vision de près, par suite de la contraction des muscles ciliaires, les ligaments suspenseurs tirent moins sur le cristallin. De par son élasticité, le cristallin se bombe notamment par sa face avant dont la courbure augmente.

d. Exact.

2 Les cônes

a. Faux. Tous les cônes ont la même forme ; ils diffèrent uniquement par le pigment visuel qu'ils possèdent.

b. Faux. Toutes les cellules de l'organisme et donc tous les photorécepteurs possèdent les mêmes gènes ; en conséquence, tous les cônes possèdent quatre gènes codant pour les pigments visuels. En revanche, un seul de ces gènes s'exprime dans chaque type de cône.

c. Faux. Il existe trois populations de cône ayant chacun leur propre pigment visuel ; ces trois pigments visuels diffèrent par leur spectre d'absorption (cônes S ; cônes M ; cônes L).

d. Exact.

e. Faux. Les bâtonnets sont des photorécepteurs fonctionnels en faible éclairement beaucoup plus nombreux que les cônes (environ 6 millions de cônes et 120 millions de bâtonnets).

3 La rétine

a. Faux. La rétine n'est pas la membrane externe de l'œil, mais la membrane interne.

b. Faux. Seuls **les photorécepteurs** sont excités par les radiations du spectre visible ; les neurones bipolaires et multipolaires ne sont pas stimulés par la lumière.

c. Faux. La structure de la périphérie de la rétine est très différente de celle de la fovéa (rétine centrale). À la périphérie, les photorécepteurs sont surtout des bâtonnets et **un grand nombre** d'entre eux sont reliés à **un seul neurone** multipolaire. Au centre, les seuls photorécepteurs sont les cônes, chaque **cône** étant relié à **un seul neurone multipolaire** par l'intermédiaire **d'un neurone bipolaire**.

d. Faux. La perception visuelle résulte d'un travail cérébral.

e. Exact.

4 Notions clés

Les associations correctes sont les suivantes : **1** b – **2** a, e, i – **3** g, j – **4** d – **5** a, h – **6** a, f – **7** c.

S'ENTRAÎNER

5 Interpréter une coupe de rétine

Légendes du document 20

a : Couche des photorécepteurs avec leur segment externe (contre l'épithélium pigmentaire) et leur segment interne.

b : Couche des neurones bipolaires.

c : Couche des neurones multipolaires dont les axones constituent les fibres du nerf optique.

Les noyaux des 3 couches de cellules sont les éléments les plus visibles sur une coupe de rétine et renseignent sur le nombre relatif de cellules de chaque couche. Les noyaux des photorécepteurs sont beaucoup plus nombreux que les noyaux des neurones multipolaires, ce qui indique que le nombre de photorécepteurs est beaucoup plus grand que celui des neurones multipolaires dans cette région de la rétine. C'est une coupe de la rétine périphérique. Cela est confirmé par le fait que les photorécepteurs sont surtout des bâtonnets (voir la forme des segments externes des photorécepteurs).

6 Relations de parenté

a. L'arbre établi à partir de la comparaison des pigments visuels S indique que les quatre singes de l'Ancien Monde ont un ancêtre commun qui n'est pas celui des singes du Nouveau Monde. Ils sont donc plus étroitement apparentés entre eux qu'avec les singes du Nouveau Monde. Cela confirme la conclusion tirée du nombre de gènes : seuls les singes de l'Ancien Monde ont trois gènes codant pour les pigments des cônes, les singes du Nouveau Monde, comme les autres mammifères, n'ont que deux gènes.

b. L'arbre indique que le gorille a, avec l'Homme (le chimpanzé et le bonobo), un ancêtre commun qui n'est pas celui du macaque. Il est donc plus étroitement apparenté à l'Homme que ne l'est le macaque. La séquence du gène *Cox2* du macaque présente plus de différences avec celles de l'Homme et du chimpanzé que n'en montre la séquence *Cox2* du gorille. Cela est conforme à l'arbre établi à partir du gène *S*.

c. Le tableau sur la comparaison des séquences du gène *Cox2*, en accord avec l'arbre établi à partir des pigments visuels S, indique que ce sont les séquences de l'Homme, du chimpanzé et du gorille qui présentent le moins de différences entre elles, donc que ce sont les primates les plus étroitement apparentés. La séquence présentant ensuite le moins de différences par rapport à celle de ces trois primates est celle de l'orang-outan (entre 8 et 12 différences) ; l'orang-outan est donc parmi les autres primates envisagés le plus apparenté à l'ensemble « Homme, chimpanzé, gorille ». On peut alors compléter l'arbre **(DOCUMENT 23)**. Le nombre de différences plus grand entre les séquences de l'orang-outan et du macaque (23) qu'entre celles de l'orang-outan avec le gorille, le chimpanzé et l'Homme est conforme avec la place de l'orang-outan sur l'arbre **(DOCUMENT 23)**.

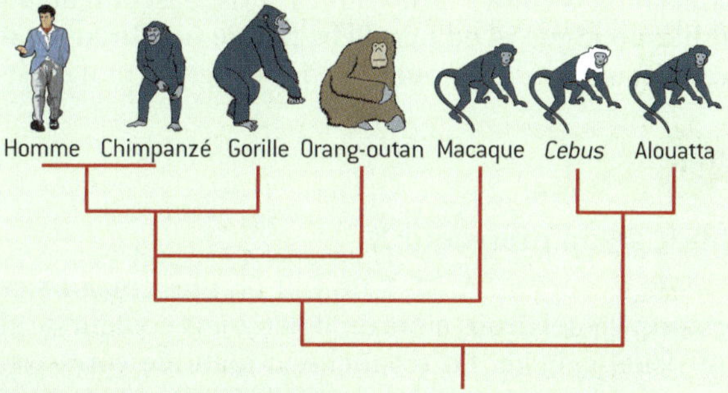

DOCUMENT 21 **Relations de parenté entre divers primates.**

7 Zones actives du cerveau

a. Lors de la vision d'un mot, on constate que les zones du cerveau activées sont celles du lobe occipital, alors que lors de l'écoute d'un mot, la zone active est dans la partie supérieure du lobe temporal. Les messages issus des divers organes des sens arrivent dans des aires cérébrales différentes, spécialisées. Cela explique qu'ils ne soient pas confondus et puissent être traités indépendamment dans un premier temps.

b. On constate que la lecture d'un mot active la région occipitale (arrivée des messages visuels au cortex visuel primaire) et une région ventrale de l'hémisphère gauche située dans le lobe temporal, près de la limite avec le lobe occipital. On peut penser qu'il s'agit de l'aire de la forme visuelle des mots. En somme, cela traduit le fait que les messages traités d'abord par le cortex visuel primaire sont ensuite adressés à la zone de la forme visuelle des mots.

c. La tâche proposée implique la compréhension du sens du mot. Cette aire active, située dans le lobe frontal, est donc en jeu lors de l'identification du sens des mots.

d. Les messages nerveux issus de la formation des images du mot « chat » sur les deux rétines arrivent aux cortex visuels primaires droit et gauche. Ces deux aires visuelles envoient le résultat du traitement des informations visuelles à l'aire de la forme visuelle des mots située dans la partie ventrale du lobe temporal gauche. Les messages sur ces mots sont envoyés à une aire située dans le lobe frontal dont l'activité aboutit à l'identification du mot « chat ». Elle est envoyée aussi aux aires impliquées dans le langage, notamment celles actives lors de la production de mots. Nécessairement, il doit y avoir des échanges d'information entre les zones du sens des mots et celles de leur prononciation. On constate ainsi que la seule prononciation du mot « chat », après la visualisation du mot, implique un **traitement hiérarchique et en parallèle, par de nombreuses aires cérébrales,** des messages découlant de la formation de l'image du mot sur les rétines.

OBJECTIF BAC

8 Le monde selon monsieur X

Exploitation du document A. M. X ne voit plus les couleurs des objets situés dans son **champ visuel droit**, alors qu'il perçoit la couleur de ceux situés dans son champ visuel gauche. En revanche, il identifie correctement les objets puisqu'il est capable de les décrire. Son déficit visuel se limite donc à la **perte de la vision des couleurs** dans son champ visuel droit. Puisque les examens rétiniens sont normaux, ce déficit ne semble pas dû à une maladie de la rétine : il doit avoir **une origine cérébrale**.

Exploitation du document B. On constate que les objets situés dans la partie droite du champ visuel ont une image sur la **rétine nasale** de **l'œil droit** et sur **la rétine temporale** de **l'œil gauche**. Les fibres nasales du nerf optique droit croisent de sorte qu'elles adressent leurs messages au cortex visuel gauche, comme les fibres temporales du nerf optique gauche. Les messages issus du champ visuel droit sont traités par l'hémisphère gauche.

Bilan

Puisque le trouble de la vision de M. X touche uniquement les objets situés dans son champ visuel droit, cela signifie qu'il y a une anomalie dans le **système visuel de l'hémisphère gauche** uniquement. Cette anomalie ne touche pas le cortex visuel primaire, sinon M. X ne verrait rien dans son champ visuel droit. Comme l'anomalie porte sur la vision des couleurs, on peut penser qu'à la suite d'un accident vasculaire cérébral, l'aire occipito-temporale indispensable à la vision des couleurs a subi une lésion.

Index

P

R

S

T

V, W

Table des illustrations

Dépôt légal n° 99538-5/01 - Décembre 2015
Achevé d'imprimer en France par I.M.E. By Estimprim